# 华为增长法

胡赛雄 著

中信出版集团 | 北京

图书在版编目（CIP）数据

华为增长法 / 胡赛雄著 . -- 北京 : 中信出版社，
2020.7（2025.7 重印）
ISBN 978-7-5217-1826-3

Ⅰ. ①华… Ⅱ. ①胡… Ⅲ. ①通信企业－企业绩效－企业管理－经验－深圳 Ⅳ. ① F632.765.3

中国版本图书馆 CIP 数据核字（2020）第 070256 号

华为增长法
著者： 胡赛雄
出版发行：中信出版集团股份有限公司
（北京市朝阳区东三环北路 27 号嘉铭中心 邮编 100020）
承印者： 河北鹏润印刷有限公司

开本：787mm×1092mm 1/16 印张：20.25 字数：251 千字
版次：2020 年 7 月第 1 版 印次：2025 年 7 月第 13 次印刷
书号：ISBN 978-7-5217-1826-3
定价：69.00 元

## 《华为增长法》获得的赞誉

这本书是胡赛雄基于在华为从事管理工作 17 年来积累的丰富经验和深层次的归纳总结而完成的，也是一本有助于企业提升核心竞争力的实用工具书。

——中国工程院院士、上海交通大学校长　林忠钦

不管是已步入成熟的企业，还是正在创业阶段的企业，都会从这本书的管理思想中找到灵感和启发。

——中国核能电力股份有限公司董事长、党委书记　陈桦

这本书系统梳理和呈现了决定公司经营好坏的 6 个关键法则，同时辅以案例解读，让相对抽象的法则更为具体，也更有启发性。

——宁德时代新能源科技股份有限公司荣誉董事长　张毓捷

这本书对那些有兴趣了解经营一家成功企业所面临的内在挑战的人来说是非常有用的，尤其对于处理复杂的组织问题，是一本很好的参考书。

——美国密歇根大学吴贤铭制造科学冠名教授、上海交通大学密歇根学院荣誉院长　倪军

胡赛雄以一个华为人的视角阐述了华为转型发展并取得成功的原因。这本书是值得企业管理者学习的参考书。

——美国辛辛那提大学特聘讲席教授、富士康科技集团原副董事长　李杰

华为的增长之路是中国奇迹，也是世界罕见，背后的规律是非常值得总结的。胡赛雄写的《华为增长法》给了我们一个非常独特的视角，值得认真阅读。

——TCL 集团董事长　李东生

这本书用基于人性和简单有效的管理方法，解决企业发展中各种复杂问题，大道至简，深入浅出，非常具有现实指导意义。

——浙江瑞江集团董事长　徐梦祥

胡赛雄来我们公司辅导后，我们公司在管理上获得了长足的进步，感谢华为的伟大探索，感谢胡老师的真知灼见，我推荐所有管理者花时间阅读这本书。

——双胞胎集团董事长　鲍洪星

华为的管理很系统、很实战，我们将之与方太文化相结合，已取得明显的效果。胡赛雄老师也带给了方太很多启发，他所著的《华为增长法》可以帮助我们了解更真实的华为。

——方太集团董事长　茅忠群

胡赛雄老师写的华为增长的心法很接地气，过去几年雅迪就在这样践行着，并因此成为行业领导者。希望更多中国企业家读到这本书。

——雅迪科技集团董事长　董经贵

德邦这些年一直在恭恭敬敬地学习华为，也因此让我们走在了行业前列，希望更多行业的企业管理者认真阅读这本书，《华为增长法》让我们看见了不曾看见的规律。

——德邦快递董事长　崔维星

作者胡赛雄在华为有近20年的管理经验，针对目前企业面临的一些增长困扰，《华为增长法》提出了一套切实可行的解决方案，值得一读。

——华夏基石咨询集团董事长、《华为基本法》起草组组长　彭剑锋

《华为增长法》的每一个篇章都做到了有哲学高度，有认知深度，有场景，有故事，脍炙人口，直指问题本质，令人深思。

——乔诺商学院创始人、乔诺咨询董事长　龙波

# 目 录

# 推荐序一

## 在努力活下来的当下，回归经营管理常识

创智组织研究院院长　陈春花

这是一本挖掘华为管理理念及其应用边界的书，更是一本给企业管理人员的通识之书。赛雄把企业面临的共性困扰，归纳为 6 个方面，结合华为的管理实践，一一剖析给大家看，从容而简要，平易但关键，是一本非常值得企业经营管理者看的书。

通读全书，读者可以感受华为“以客户为中心、以奋斗者为本”的价值主张贯穿始终，也正是源于此，我们才可以从企业经营管理的这 6 个方面真切地理解到，为什么华为可以成功，为什么华为的理念可以落实到产品、服务和华为人的行动上，为什么华为能够在巨大的挑战面前，拥有自己的确定性，并化危为机。

全书开篇以“客户增长：客户赚钱了，企业才能赚钱”展开，用赛雄在华为 17 年的切身感受，以零距离观察和体会向读者介绍华为。这些真实的记录和阐述，用平实的语言向我们展示了华为的观念与认知，仔细阅读，你会感受到书中所讲虽然是常识，但这些常识往往被掩盖、扭曲或误解，需要时时有人棒喝点醒。仔细阅读这本书，会让你在日常工

作中被不断提醒，我试举书中几个观点为例:

- 企业要以客户为中心，实现与客户的共赢，就要突破企业自身的业务框架，关注客户最迫切的需要，扭转“甲方”“乙方”的对立思维，构建“以客户为中心”的一元思维。企业实现客户价值就是要满足客户需求，但不是简单提供产品了事，而是要深入客户的痛点，诊断病根，对症下药，提供个性化的解决方案。业务部门和职能部门应是共同服务客户的伙伴关系，因为企业的成果只能发生在企业的外部，“内部客户”“内部市场化”等需要重新审视。
- 企业要抓住行业发展的机遇期，但机遇期里满是红海的激烈竞争，所以更重要的是企业要在培育期里发展自己的能力，要善于应对不确定性，做引领者和领导者，而不是做一哄而上的竞争者。企业的战略规划不在于看清未来，而是要看清未来大致的方向，重点放在中长期的价值创造上，然后在当下摸着石头过河，及时地做出应变和调整。企业是功利组织，不是公益机构，因此，员工幸福不是企业的直接目的，企业的最大目标是实现客户价值，企业通过实现效率进而满足公平的主观感受。
- 如果一个岗位换了别人就不行，说明组织建设一定出了问题，这样的组织是不安全的，必须通过岗位轮换和人员调整，逆向找到组织的问题，及时完善组织能力，把能力建在组织上。
- 人性化管理的实质是基于人性的管理，人性化管理是指根据人性的特点设计企业的机制和制度，从而让机制和制度变得更加有效。

这些观点是赛雄对华为的理解，也是对经营管理常识的理解。虽然这是他眼中的华为，但是，阅读此书，可以引发读者回归常识去理解企业的经营与管理，这也正是我推荐此书的原因。

多年前我自己在总结华为给中国企业的启示时，也认为华为带给我们最重要的启示就是让经营与管理回归常识。看完这本书，我继续强化了这个认识，同时，我也希望每一位管理者能够真正理解，做好经营管理就是要回归到客户，回归到客户价值，回归到如何激活组织成员等基本常识上来。

与赛雄相识于华为高管培训的课程上，随后开始有交流和探讨，并邀请他给学院的同学们分享华为案例。他的每一次分享，学生们都深受启发，也引发学生们去更深入地理解华为、学习华为。现在，他用一本书的方式，更全面地梳理和呈现了华为的经营管理之道，相信对大家会有更多的启发。

2020 年春天至今，疫情危机下的全球经济格局可能面临深刻而长期的改变。很多企业面临着生存的危机，先活下来，然后及时进行调整转型，是迫切的问题。在企业努力活下来的当下，回归经营管理的基本常识，会是一个必选项。读读这本书，你会有收获的。正如《道德经》所言："知常，容；容乃公，公乃王，王乃天，天乃道，道乃久，没身不殆。"

推荐序二

# 可复制的华为增长方法

浙江大学求是特聘教授　吴晓波

先说与胡赛雄相识的故事。我们相识于 2013 年。当时，经华为国际咨询委员会顾问田涛先生介绍，华为大学邀请我去做“引导员”。行前，有几位朋友好奇地问，你身为著名大学的管理学院院长，怎么去一个“企业大学”做“引导员”？“引导员”是个啥鬼？有点掉价呢。在“创新”的驱动下，我带着好奇和一丝疑惑，来到位于深圳华为坂田园区的华为大学。负责接待安排的就是时任华为后备干部系主任的胡赛雄。

初次见面的印象：这就是一个阳光灿烂的大男孩。他给我招待所的钥匙，领我到房间，指点了早餐、教室等注意事项……很热情而细心地向我介绍了要我“引导”的这个高级干部管理哲学班，希望我以专家的角度在学员听课和讨论的过程中答疑解惑。当时的学习主题是“力出一孔，利出一孔”和“不让雷锋吃亏”等亟待强化的华为价值观体系。他让我耳目一新，感觉他就是我行前想象中的华为干部，精力充沛，朝气蓬勃。其间，面对那些 30 岁刚出头的年轻而同样精力充沛、朝气蓬勃的高级干部，随着互动学习的深入，我们有了更多的交谈。我们谈到了华为的过去，谈到了他们曾经在华为所担任过的不同岗位，谈到了华为是如何将这些朴素而“顶天立地”的价值观贯彻到那些务实的干部行为中去的……这群年轻的“老干部”令我想到了前辈们传颂中的延安中国抗日军政大学，切实感受到了华为独特的企业文化和奋斗精神。后来我们一直保持着联系，成了“有天好谈”的忘年朋友。

言归正传：疫情肆虐，残害生灵，可万事总有另一面。历史上的大疫情似乎总能孕育出好的“作品”，如：14 世纪中叶黑死病横行之时，有薄伽丘之《十日谈》；1665 年伦敦大瘟疫，牛顿回乡避祸却发现了万有引力和七色光；1796 年在天花疫情中，英国赤脚医生爱德华 · 詹纳从挤奶工手上发现了“牛痘”；1832 年为了躲避伦敦流行的霍乱，达尔文远航，此后撰就了《物种起源》；1918 年西班牙大流感肆虐全球，弗莱明发明了青霉素……

作为此次新冠疫情中的芸芸众生，在精神紧张之余，亦有了前所未有的独处空闲。好在还有互联网上的即时通信工具，人们的交流并未被阻断。许多朋友说，想不到慢下来、静下来后还有这般空灵中的静思享受。

四月，我忽然接到赛雄的电话，说疫情期间很“无聊”，写就了一本书，请我作序。畅快允诺，这让我得到了先睹为快的机会。虽非巨著，亦无牛顿之灵气，但以他在华为业务部门和华为大学多年的“运动员 + 教练”之特殊角色，此书的视野很特别。他不仅以一个亲历者，更以一个思想者、思考者、反思者的视角，提炼出了自己站在一位教练立场的深度感悟和类似“军规”的“教条”。我觉得此书的特点就是：简明扼要而通俗易懂。他将“华为增长”的庞大而复杂的体系抽象为“法”：既是“方法”，又是“法则”。让人看了，既领得要领，又抓得住主线。

华为管理本是充满了矛盾的辩证唯物主义之精灵之用！领会不易，落到实处更不易，成为自觉的行为就更难了。本书抓住了华为管理的精髓。书中的六大部分，将华为管理之“魂”“略”“道”“人”“本”“核”，有机而顺溜地串联成了“增长之环”。而穿梭于各章节之间的图示和小故事，让华为的理念与实践如行云流水般让人读着舒畅。而当你读进去之后，各环之中却“暗藏杀机”，都有“反常识”的真“常识”，如“痛点不痛”“机会重于成本”“极致的管理，就是极致的伤害”“胜任是个伪命题”“利益比道理更有说服力”“情感契约在后”……确实，读来引人入胜。

2014 年，在任正非先生的支持下，我与田涛先生共同在浙江大学创立了睿华创新管理研究所，与胡彦平先生主持下的华为特训营结成紧密合作伙伴，共同创设了睿华创新管理四季论坛，论坛创设已 5 年多了。许多华为“退休老干部”成为特聘研究员，和我们浙江大学教授一起与一批批企业家互动交流，收获颇丰。作为其中一员，赛雄曾多次来这里交流，且总是带来一缕清风。祝贺有心而又有灵气的赛雄成此好书！相信这本书一定能为众多企业家、经理人、MBA 同学们乃至学者，带来余音绕梁般的缕缕清风。

衷心希望这样的好书多多，让华为管理超越“丰田管理”“稻盛管理”“IBM 管理”“GE 管理”“Z 理论”……树立起真正立足于中国最佳企业实践，而又能以科学原理去影响世界的管理理论和方法体系。让我们共同努力，致力于塑造让中国管理能够屹立于世界管理强者之林的管理理论体系——C 理论！

# 推荐序三

## 看清增长本质，实现有效增长

乔诺商学院创始人、乔诺咨询董事长　龙波

犹记得5年前与胡赛雄老师第一次见面，聆听了胡老师一天行云流水的演讲，这一演讲刷新了我对任正非的认知、对华为的认知，以及对管理的认知。

胡老师是我和我团队的榜样，他不仅是一个不折不扣的奋斗者，同时也是一个十分有高度的思想家。“企业家要敢于承认人性是自私的”“替客户着想和站在客户角度想是截然不同的两种思维方式”“没有偶然所得，就不会有必然所得”等思想深深地影响着我和我的团队。

在疫情期间，胡老师告诉我说要利用好这段特别的时间写一本书，我感到非常高兴。一方面佩服胡老师是一个不折不扣的奋斗者，另一方面很高兴有更多的企业家和年轻人将能够感受到他的正向影响，少走弯路。我相信胡老师如此丰富的人生阅历和深度思考，应该会助他写出一本有独特价值的书。因此，一直非常期待这本书的出版。

由于工作的原因，我几乎每天都游走在中国优秀企业家圈子之间，深刻知道他们正在经历着巨大的烦恼：

- 怎么增长?
- 怎么有效增长?
- 怎么持续有效增长?

这三个问题，如果没有认真回答清楚，就容易走向深渊，不能自拔。近十年来，多少家曾经优秀的企业陷入增长困境甚至被淘汰，如乐视之类；又有多少家新秀企业在高增长后迅速陷入困境，如共享单车之类。市场就像一个旋涡，企业很难顺利逃脱，尤其近几年贸易摩擦、疫情等“黑天鹅”，更是让企业迫切需要寻找增长之道。

作为中国民营企业，从国内到国外，从2B（对企业）到2C（对客户），华为在激烈的红海市场中走出了属于自己的持续有效增长之路。而有关这一切，市面上流传的各种版本的解释，令人眼花缭乱，多数人是站在某一个维度解释，少有人真正站在时代、站在客户、站在人性的视角进行深度阐述。

而此书，恰似时代呼唤的产物。通篇回答了中国企业当下最关心的问题：企业如何才能实现长期有效的增长?

从“客户”“机会”，到“战略”“举措”“团队”“激励”，再到“企业文化”，由外而内，层层深入，而非上来便大篇幅地谈管理本身，这恰好吻合了德鲁克先生的“一切成果都只能诞生于组织之外”的基本假设，一切的管理都是为客户增值。这本书的每一篇章都做到了有哲学高度，有认知深度，有场景，有故事，脍炙人口，直指问题本质，令人深思。胡老师给我们提供了一个非常独特的视角，让我们更近距离地看清增长的本质。

这本书除了教我们如何让企业实现增长，如何做好管理，还有太多不为人知的人生哲学。读完之后，犹如与一位智者长谈了一次，脑洞大开。

期待，你和我一样幸运，是读过《华为增长法》的人。

# 自序

## 创造增长机会，激活组织活力

2014 年从华为退休以后，我就产生了一个想法，希望有一天能够对华为的思想方法和实践经验有所总结，给其他企业一些借鉴，也算是一种社会贡献吧。但继而又想，自己了解中国的企业吗？它们管理上的痛点是什么？它们的迫切需要在哪些方面？对于我们这些长期在华为工作、未涉足其他行业和领域的人来说，这些问题很难回答，甚至可以说我们在这方面的认知几乎为零。如果仅凭自己的想象和一厢情愿，盲目地去总结，未必能给这些企业带来实质帮助，弄不好还可能造成误导。想到这一层，我决定还是先缓缓吧，找机会到一些企业进行实践，等自己有所了解、有所积累后再说。

这几年与很多企业打交道，我也结交了很多企业界的朋友，基本上知道了他们在企业管理上一些共性的困扰。这些困扰，其实华为在 30 多年的发展过程中也同样遇到过，而在华为都是有解的。我自己便尝试着把华为的做法和这些企业的具体实践结合起来，有针对性地帮企业做了一些方案，多数情况下起到了较好的效果。于是我就想，是时候把这些共性的东西整理整理，以便更多的企业有所触动，有所启发，有所参照。所以在写这本书的时候，我不光写了华为的思想方法和实践经验，还写了很多其他企业的案例，目的是想告诉读者，当华为的思想方法和实践经验映射到特定企业的特定管理情景时，我们到底该如何转化它们，如何将其变成一个适合本企业的有效方案。

现在市面上写华为的书很多，但这些书要么是单纯在讲华为的管理理念，要么是单纯在讲华为成长中的人和事，而少有人去挖掘华为管理理念背后的技术诀窍（know-how）及其应用边界，更缺少与其他企业进行连接方面的内容和思考。尤其是在理念落地关键的“最后一公里”，这些书往往语焉不详，一些企业高管看了之后直说，华为的理念好像都对，可就是不知道自己该怎么做。我不能保证本书能够彻底解决这个问题，但我的初衷是竭尽我之所能，努力去延展自己在这方面的思考。

如何实现持续有效增长是每个管理者都要回答的问题。我认为解决这个问题的关键在于两点：一是企业要学会攻击前进，去创造增长机会；二是要纲目举张，激活组织活力。对于前者，攻击前进的能力主要包括如何实现客户增长、合理利润率的成长最大化，以及不确定性的应对战略。对于后者，纲目举张，“纲”是什么？就是我们企业的文化；“目”是什么？就是人才发展机制和激励机制。本书六个部分的内容，就是和这六个方面相对应。

第一部分内容是想告诉企业界的朋友，企业赚钱的源头在客户那里，要想办法去开源。企业要生存，就要赚钱，但企业如果把思维定格在赚钱上，可能就赚不到钱。根据我的观察，企业讲以结果为导向的多，讲以客户为中心的少。为什么？因为在大家的理解里，以结果为导向是为了保证企业自身的利益，以客户为中心是为了保证客户的利益。这两句话有本质区别吗？我们假设员工想获得年薪 A，那么他必须给企业创造毛利 B；企业要获得毛利 B，就必须从客户那里获得收入 C；企业要获得收入 C，就必须给客户创造价值 D……由此我们不难理解，这两句话只是角度不同而已，本质其实是一样的，以客户为中心就是以结果为导向，以结果为导向就是以客户为中心。企业一定要从思想层面认识到，客户利益和企业利益是统一而不是对立的关系。

第二部分内容是企业特别关心的利润增长的话题。很多企业日子不好过，增长乏力，所以我想给企业一些建设性的内容输入，其中最核心的一点是，企业要自我打破增长问题上的思维局限。比如，看到同行不增长，自己增长了 5%~10% 就沾沾自喜，要知道社会成本是在不断上升的，企业只要一算账，就很容易发现这样的增长率其实是“温水煮青蛙”。再比如，企业要均衡发展，单纯追求利润或规模都不可能支撑企业长久生存。华为在增长上的两点经验是值得很多企业学习的：一是高目标快速突破和占领当前机会窗，二是不计成本地争夺未来的战略制高点。

第三部分是企业如何破局增长，同时涉及企业的动态管理。这部分阐述了企业如何跳出当前的生存局限，去提高前置性布局能力，积极创造机会，让企业进入战略无人区，攫取高价值，实现更高层次的生存与发展。同时在内部管理上，企业要懂得如何利用矛盾，引导矛盾的发展，在矛盾的运动中前进。在一些人的认知里，利润等于收入减去成本，这其实只是财务上的计算方法；在经营上，利润的本质是未来的不确定性风险。因此，企业要想活得更好，就必须想办法争抢未来，并处理好未来和现在的关系。在这个过程中，企业一定会出现各种新情况、新问题，确定性与不确定性并存，这时企业就需要实事求是，在实践中总结适合自己的最佳管理实践，化繁为简，找到简单有效的管理办法。

第四部分内容重点阐述如何打造能创造业绩增长的人才团队。绝大部分企业对人才不可谓不重视，可在人才发展上真正有实效的却寥寥无几，问题的关键是人才观念不正确，人才出不来。比如，人才是成本还是资本？把人才看成成本，管理上就是降本思维；把人才看成资本，管理上就是增值思维。再比如，人才是英雄还是平凡人？把人才看作英雄，就只能得到人才稀有的结果；把人才看作平凡人，就能产生“人才倍出”的效果。此外，观念正确了，还要有一套简单可行的人才机制。华为的人才机制非常实用且适用，特别值得推荐，它就像一个选拔和淘汰的筛子，通过挑战性的实践任务，把人才自然筛选出来。

第五部分内容是阐述企业的增长驱动机制，即如何强健内部的价值链管理，打通内部的“任督二脉”，让价值源源不断地导入企业。企业在这方面犯的错误非常多，典型的有三点：一是人性，很多企业建章立制往往缺少人性维度的考量；二是利益驱动，目标和利益之间如何建立关联关系，这对企业来说很多时候是一笔糊涂账；三是价值评价体系混乱，价值评价注入了太多的水分，从而导致价值评价结果失真，压力传导困难。第五部分对这些现象和问题都进行了澄清和纠偏。

第六部分讲增长的内核，也就是我们说的企业文化。人们一般把文化当成软件，其实它是组织中最坚硬的东西，是组织的硬核。员工的思维方式和行为方式是从小养成的，调整起来非常困难。所以，文化建设跟业务经营不一样，业务经营强调结果导向，文化建设要强调过程导向，要通过各种鲜活的方式，潜移默化地去影响员工。但对一个企业影响最大的还是最高管理层的思想，他们的基本假设才是决定企业未来的关键。企业的很多问题其实是由最高管理层的基本假设造成的。结合自己对企业的了解，我在这一部分列出了一些典型的基本假设，并给出了自己的观点。但基本假设的改变，主要靠最高管理层自己的心灵觉醒。

需要说明的是，书中谈到的有关华为的内容，是本人在华为 17 年的工作生涯中对华为零距离的观察和体会，是“我所认为的华为”，而未必是“华为的华为”。正所谓“横看成岭侧成峰，远近高低各不同”，每个人对同一事物的认知也会不一样，所以见仁见智，有不妥之处，敬请包涵！

第 1 章

# 客户增长

## 客户赚钱了，企业才能赚钱

企业无论有多少种收入来源，如果企业失去了源自客户的收入，其他任何收入来源都将失去存在的基础。基于这样的认识，华为将客户视为企业唯一的生存之本，一点儿都不为过。客户为企业创造收入，前提是企业能为客户解决问题。客户付给企业的钱，本质上是企业为客户创造的全部价值中的一部分，因此不难得出这样一个结论，真正决定一个企业商业成功的是聚焦客户、为客户创造价值的力量。

# 以客户需求为中心

华为一直将“以客户为中心”作为企业的发展信条和最核心的文化价值观。在任正非看来，企业的一切盈利都来自客户的贡献。客户也是华为一切工作的出发点，是企业的灵魂所在，华为只有一切都围绕客户着想，满足客户的需求，为客户提供优质的服务，才能赢得更多的客户，创造更多的价值，从而让企业走得更稳、更远。

## 以客户为中心是企业生存发展之路

近年来，华为的发展无疑是巨大的，取得的成绩也令人惊讶。2019年，华为尽管遭遇流年不利，但仍然以 8 588 亿元营收的骄人成绩完美收官，排名全球最大电信网络设备制造商和全球第二大智能手机制造商。人们在惊讶这份成绩的同时，也惊奇于华为顽强的生长能力和极限生存能力。

## 华为成功背后的根本原因

华为创立于 1987 年，当时的注册资本只有 2 万元。如今的华为，早已从一个初创时的小作坊发展成为拥有近 20 万员工、年营业额高达 8 500 多亿元的全球领先企业。

显然，一切存在不会自动展现在我们面前，华为能获得这样的成功，背后一定有原因。按照古希腊哲学家亚里士多德的观点，一切事物存在和生成的全部根据和条件，包括质料因、形式因、目的因和动力因。20 世纪 90 年代，通信行业纷繁芜杂，群雄逐鹿，就质料因来说，大家几乎是一样的，用于生产通信芯片和光纤的主要原材料是河沙，取之不尽，用之不竭。就形式因而言，当时同类产品大家基本上差距并不大，总体上西方公司产品更占优，且在网络应用层次上占尽了“天时”，华为长期扮演追随者角色，其生长过程恰如自己所言，“用乌龟精神，追上龙飞船”。

剩下的就是目的因和动力因了。关于目的因，华为在 1998 年审议通过的《华为基本法》里是这样描述的:“华为的追求是在电子信息领域实现顾客的梦想，并依靠点点滴滴、锲而不舍的艰苦追求，使我们成为世界级领先企业。”关于动力因华为没有明确说明，但在 20 世纪 90 年代，华为在内部雄心勃勃地喊出了“三分天下，华为有其一”的口号，没想到一语成真。无论目的因还是动力因，华为最后都梦想成真了。

我们仔细品味不难发现，华为在成立消费者 BG[①] 之前，一直是一家很低调的公司，媒体报道不多，行业外的人更是对华为知之甚少，但华为在字里行间却透出一种志在必得的豪迈之气，充满了对未来的无比自

① BG 即 business group，不是一个特指的部门，而是指华为的一个业务集团，华为有运营商 BG、消费者 BG 和企业 BG 三大部分，后文会有详细介绍。——编者注

信与坚定，这似乎与华为的组织性格不太相符。

这种强烈反差的背后只能说明一点，华为管理层当时已然敏锐地嗅到了通信市场将是一个巨大而长久的风口，可以给华为未来的成长预留足够的战略空间。要知道，对于一个追随者来说，进入一个新领域的学习曲线是很长的，一定会有试错带来的沉没成本和机会成本。在这一点上，概莫能外。管理层如果没有对未来的辽阔视野，就不会在通信领域大规模地投入。因为华为战略选择的第一原则是寻找大市场，只有大市场才会有大机会，大机会才会孵化出大企业。

事实证明，后来发生的一切正如华为所料，通信市场的风口一吹就是几十年。华为从农村市场到城市市场，从国内市场到海外市场，从单 BG 到多 BG，从 2G 到 5G，一路披荆斩棘、高歌猛进，旗帜插到了全球绝大多数国家和地区，已然形成云、管、端协同发展的棋局。通信市场的风口还能持续多久？谁也说不好，但可以确信，这一天还远未到来。超宽带时代正在来临，而华为从多年前就已在思考和布局如何应对超宽带时代的数字洪水。华为曾形容未来的通信管道会“像太平洋一样粗”①，谁能驾驭未来的数字洪水，谁就将成为超宽带时代的赢家。

## 客户是华为生存的唯一理由

身处巨风口上，为什么逆袭的是华为？不得不说，这与华为选择的道路不无关系。华为走的是以客户为中心的道路。老实说，当时通信行业普遍流行一种崇尚技术的风潮，以客户为中心这条路其实并不入流。

① 源自 2012 年华为总裁任正非在与公司 2012 挪亚方舟实验室科学家座谈时的发言。——编者注

以朗讯科技为例，朗讯科技拥有世界级的贝尔实验室。贝尔实验室的使命就是用最先进的技术来创造世界上最先进的电信系统，其发明的专利可谓汗牛充栋，但最后朗讯还是破产了，贝尔实验室也关门了。

目睹了 IT（信息技术）寒冬下很多企业的惨状之后，华为更坚定了走以客户为中心道路的信心。经过深入的行业洞察，华为发现人们对物质的需求和对信息的需求是不一样的：人们对物质的需求是无限的，但资源却是有限的；信息则恰好相反，人们对信息的需求是有限的，因为人的信息处理能力有限，而制造信息产品的资源却是无限的。也就是说，如果走以技术为中心的道路，技术的发展最后一定会超出人们的需要，从而不可避免地带来信息过剩，并形成下一轮 IT 泡沫，很多公司不是因为技术不先进而倒闭，而是因为技术太超前而破产。

于是华为提出要做工程商人，强调做出来的产品必须有人买、有钱赚，客户需要什么，华为就做什么；技术是实现客户需求的手段和工具，技术领先半步是先进，领先三步就会成为“先烈”。华为在选择新技术时要搭大船、过大海，跟着主潮流走。华为号召全体员工主观上要以宗教般的虔诚为客户服务，从而在客观上实现企业长久生存。

华为把账算得很清楚：从企业活下去的根本来看，企业要有利润，而利润只能从客户那里来，华为的生存是靠满足客户需求、提供客户所需的产品和服务，并获得合理的回报来支撑。既然提供企业生存价值的是客户，企业就必须为客户服务。所以，客户也是华为商业模式的心脏，是华为生存的唯一理由，是企业的发展之魂！

## “谁是我们的客户”是企业经营的首要问题

当然，将以客户为中心落实到实践中并不是一件容易的事。就企业而言，“谁是我们的客户”应该是企业经营的首要问题，因为客户是把产品变成商品的决定性力量。

上面我们所讲的客户是泛指，不是特指，所谓客户，其实不过是企业贴在某些特定团体或个体身上的标签而已，这就注定了企业在创造客户的过程中，难免会出现忘记贴标签或贴错标签的情况，以至给企业的经营带来困境。

谁是企业的客户？像华为这样的通信设备制造商，当它把设备卖给运营商时，运营商就是客户；把手机终端卖给运营商时，运营商就是渠道，渠道是不能被当成客户的。运营商与通信设备制造商之间具体洽谈业务的人叫客人，客人只是客户的代表，产品要满足的是客户的需求，而不是客人的需求。如果客户战略与企业战略匹配度高，有利于两者共赢，对企业具有现实或长远价值，并能带来高附加值，那么这样的客户就是价值客户。企业是要一直围绕价值客户来经营的。

谁是人力资源部门的客户？如果把这个问题抛给人力资源总监，那么得到的回答多数是领导、业务部门和员工，但这些都不准确。领导是要求员工去挣钱的人，而不是给企业钱的人，所以领导不可能是客户。业务部门和职能部门是共同服务客户的伙伴关系，故业务部门也不是客户。认为业务部门是客户的，多半是受了“下一道工序就是客户”这句话的影响。这句话本意是说要像对待客户一样为下一道工序提供合格的作品，但并不是说下一道工序真的就是客户。所以，我强烈建议一些企业杜绝“内部客户”一词，这个词很容易混淆视听，误导企业做无谓的消耗，让很多人忘了成果其实是发生在企业的外部。

把员工当客户就错得更加离谱了。员工是来承担责任的，不是来获得企业服务的。因此人力资源部门的客户和业务部门一样，都是外部客户，人力资源部门必须为外部客户创造价值，工作也必须能够映射到企业与客户接触的场景中，这才是有意义的。

## 客户需求 = 需（痛点）+ 求（解决方案）

什么是客户需求？华为给出的定义可以说最简单、最朴实，也最具有操作性。需求 = 需 + 求，“需”即客户的痛点，“求”即客户期望企业提供的产品、服务或解决方案。显然，要知道客户的需求，必须先清楚客户的痛点在哪里。痛在前，求在后；没有痛，何来求？这就好比医生看病，医生先要诊断病根，然后才能对症下药；病根是需，药是求，药到病除，就是创造价值。

但在现实生活中，人们习惯直接拿着产品去推销兜售，虽然产品是客户需要的，但产品仅仅是客户解决问题工具的一部分，客户真正需要的是一个解决方案。

举个简单的例子。客户要买一把电钻，想在自家墙壁上打个洞眼，安装东西。表面上看，客户的需求是一把电钻，但其实他想要的是解决方案——打出洞眼。如果你能提供其他方案帮他打出这个洞眼，那么他完全可以不用购买这个电钻。

所以，单一的产品很容易被竞品替代，只有充满个性化的解决方案才是难以替代的，也是客户真正所需所求的。而华为所做的，就是这个难以替代的个性化解决方案。

### 挖掘客户所需，引导客户所求

企业界有句话很流行，叫“引导客户需求”，这句话不知道误导了多少人。试问客户的痛点能引导吗？不可以！痛点是客户的真实存在，就像病人的病根一样，只能挖掘，不能引导，否则引导偏了，可能就会像吃错药一样，出现不能令人满意的后果。

比如，一个人才服务机构向一家公司推荐人才，理由是这个人特别有才华、有学问，工作能力超强，如果能进入该公司，可以为该公司创造多少多少价值。但是，如果这家公司没有招聘需求，那么不论该机构向其推荐的这个人才多么有能力，都不是公司的痛点；即便是，公司也要考虑这个人才是否符合公司的岗位要求。显然，服务机构引导半天，结果很可能是无功而返。

不能引导客户所需，那可不可以引导客户所求？可以！因为我们提供给客户的产品、服务或解决方案可以多种多样。我们要引导客户寻找自己的所需，然后根据自己所需做出正确的选择，从而实现双赢的目的。

所以，“引导客户需求”的说法是相当不准确的，只有“挖掘客户所需，引导客户所求”才不会产生误导。之所以强调这一点，是因为在现在的商业领域中，不关注客户所需，一味地引导客户所求的情况非常普遍。

第一种情况是“我为客户想”，而实际上却是自己一厢情愿地想，并不是客户的真正所想。

比如，我们去商场购物时，一些蹩脚的推销员总是不先探索顾客的选购意向，上来就自顾自地推销自己的产品，说自己的产品能如何为顾客增添价值、如何适合顾客等。在这种情况下，他们就不是站在顾客的角度与顾客一起选购商品，而是站在销售者的角度向顾客展现、推销产品。我们可能不会怀疑这些商品的价值，但不同顾客的需求也是不同的，只有商品的价值与顾客的需求相匹配时，它们才能真正满足顾客的需求，否则只会令顾客反感。

第二种情况是把技术自嗨当成客户需求。

一些企业在为客户提供产品或服务时，总是一味地强调技术性能，自认为这才是对客户的高度负责，殊不知技术性能本身并非客户所需。如果你不能从客户痛点出发，技术再好也没用。

比如，客户想买一款具有畅快游戏体验的手机，而你不断强调某款手机的拍照技术如何好、像素如何高，那显然不是客户所需。即使你这款手机性能再高端，若不对应客户的痛点，客户也不会为此买单。

第三种情况是除了能想到性价比外，便再没有其他想象力了。

一些企业喜欢用性价比来感动客户，但有些客户要的未必是性价比，还有可能要的是产品所带来的价值感和心理满足感。

比如，有些客户就喜欢最新款的手机、计算机，目的是要体验最新款电子产品带来的畅爽感。可你偏偏向客户推荐性价比高的手机、计算机等，那自然触碰不到客户的痛点，除了成交失败外，不会有更好的结果。

第四种情况就是把想象的或概念化的东西当成现实客户需求。

随着中国老龄化趋势的出现，一些企业似乎看到了商机，对养老产业跃跃欲试，但成功者寥寥无几。原因何在？仔细分析后不难得知，出现老龄化趋势是没错，但是具有消费能力的人还没有老，没有足够的需求支撑，过早布局养老产业显然很难成功。

因此，不搞清楚客户痛点，企业付出再多都是做无用功。乔布斯曾经说过，客户也不知道他们的需求。我认为这句话只说对了一半，客户有时确实不知道他们自己要什么，也不知道为什么痛，但他们一定知道他们有痛。所以我认为乔布斯也就是那么一说，我们千万别当真。苹果手机如果不能满足最终用户的需求，就不可能直到现在都在热卖。而摆在京瓷展览馆极其精美的陶瓷，一个大概都要几百万美元，这完全不是为了客户，而是满足稻盛和夫本人的兴趣，所以只能放在博物馆里。

## 找到客户痛点的“十六字方针”

挖掘客户的痛点并不是一件容易的事儿，就像寻找病人的病根一样。病人虽然不知道自己的病根在哪里，但一定知道哪里不舒服，所以医生一般会从病人提到的表象入手，望闻问切，逐步找到病根。

华为在挖掘客户痛点时，所用的方法其实和医生一样，总结起来共有十六个字："去粗取精，去伪存真，由此及彼，由表及里。"华为挖掘客户需求"十六字方针"的背景是因为一线存在这样的情况：只要客户提出需求，一线员工就要求后端提供各种支持，但他们反馈的也许只是某个客户的个人看法，未必是客户需求。

比如我们准备推出一款产品，那么在进行市场调研时肯定会随机采访很多人，看看到底有多少人会对这款产品感兴趣、有需求。这些被采访者肯定也会提出自己的一些观点、看法等，那么在这些人中到底谁说的才代表客户需求呢？

这是一件很有挑战性的事情，万一决策不好，公司就可能会遭受莫大的损失。

而华为的"十六字方针"，就是要求各部门不要头脑发热，要多进行一些客户调研，基于更多的数据输入和数据分析，先把客户需求搞清楚，谋定而后动。在实践层面的具体做法上，华为是很舍得把最优秀的人放到市场前端去倾听客户需求的，甚至会与客户一起成立联合创新项目组。只有前端锁定了客户需求，后端才能避免做无用功。

但是，现在很多企业在这方面的做法恰恰相反，它们喜欢把能干的人放在后端，把能力一般的人放到市场前端。由于市场前端的人听不懂客户的真实需求，找不准客户需求与企业能力的契合点，结果给后端带来了大量的无效工作，造成大量的机会成本和沉没成本。尤其是当客户已经定义了自己的需求后，企业再想介入为时已晚，而要让客户调整自己的方案来适应企业的方案，其难度系数可想而知。因此，企业管理者必须十分清醒，对 B2B（企业对企业）业务来说，前端控制才是重中之重。

## 建立以客户需求为中心的一元思维

很多人习惯把客户称为甲方，把企业自身称为乙方，但在与客户互动过程中，我们如果总是抱着甲方和乙方的二元思维，就会无形中与客户形成利益上的矛盾和对立。

那么，企业与客户之间到底有没有矛盾呢？未必有。

从认识论角度看，外部世界与我们的认知世界之间其实隔着一个思维架构，它叫作模型。甲方和乙方就是我们人为编织出来的一个模型、一个两难的困局，事实上这个困局并不是必然存在的。你不妨咨询一些企业人士，甲方和乙方孰强孰弱。一般人可能会认为甲方强势，乙方弱势，但其实这只是一种错觉。甲方为什么会需要乙方？因为甲方有痛点，乙方在解决痛点方面必须强于甲方，才能满足甲方所求。所以从这一点上来说，乙方是强于甲方的。甲方为了获得乙方的能力，需要让渡自己的利益；而乙方为了获得甲方的利益，也需要让渡自己的能力，双方各取所需，通过交换最后形成了事实上的利益共同体或事业共同体，把战术上的矛盾对立转化成了战略上的矛盾统一。这时候，甲乙双方只是表述上的称谓不同而已，事实上它们已经成为一体了。

由此可见，一元思维才是真正解决问题的思路和出路。

### 与客户实现共赢

华为与客户进行联合创新，就是一元思维的典型例子。华为与客户形成一个团队，共同开发业务，为下游创造价值；大家的目标和利益一致，技术等资源可以共享，客户赚钱了，华为自然就能赚到钱。

华为最早的基站都是一体化的，并没有分布式的概念。华为与欧洲某运营商成立了联合创新中心，开发出分布式基站，解决 CDMA（码分多址）基站在地下停车库安装成本高的问题（需要安装很长的全球定位天线或是馈线），从而解决了客户的痛点。

两年后，华为和欧洲另一家运营商又成立了一个联合创新中心，当时客户提出要降低成本、提高覆盖率，华为便和客户将分布式基站的技术从 CDMA 引入 WCDMA（宽带码分多址），开启了华为在欧洲 3G 大规模商用的序幕，从而给华为带来了丰厚的市场回报。之后分布式基站成为运营商主流无线基站的类型，爱立信和诺基亚纷纷效仿。

普通企业要实现与客户的共赢，同样需要突破企业自身的业务框架，关注客户最迫切的需要，构建以客户为中心的一元思维。

首先，你要真正关心客户需要什么，从客户的需要出发，而不是站在企业自身的利益上再去考虑客户的利益。

其次，企业家的视野要放得长远、宽广一些，不仅要服务好自己的客户，还要关注客户的客户。你能为现有客户提供令他们满意的优质的服务，你的客户就可能为你带来新的客户。在这个过程中，企业不但真正帮到了客户，还增加了自己在客户心目中的价值，增强了客户黏性。最重要的是，你的现有客户很可能会因此成为你的潜在客户的“中间人”，这在客观上就拓宽了你的客户渠道。

此外，既然是要以客户为中心，企业就要善于打破原有的以业务模式为中心的经营策略，不只局限于整合好自己的产品资源，还要多关注客户的经营状况。这就要求企业善于收集客户信息，增强对客户生态圈的了解，并注意终端市场的需求变化等，从而促进企业各部门提升对客户需求的敏感程度以及服务意识。

同样，对于企业来说，在与客户进行商业谈判时，运用一元思维也更容易实现共赢。很多人认为商业谈判不可能做到以客户为中心，这是非常片面的理解。要实现共赢，我们只需在谈判过程中注意以下三点。

第一，必须讲清楚我们为客户创造的价值是什么和能够创造多少价值，最好能与客户一起计算一下，也就是整个蛋糕有多大。但很多企业一上来就讲自己的产品特点和功能，就是不讲产品能给客户带来哪些利益，这就意味着没有戳到客户的痛点。这就是无效沟通。

第二，要知道自己为客户带来的利益有哪些，并充分利用自己的差异化优势，目的是创造溢价。但这个溢价到底有多大，企业最好能事先进行市场调研和压力测试。

第三，明确自己的生存底线。这个生存底线就是企业活下去的基础，但前提是确保产品有竞争力。如果产品没有竞争力，守住生存底线也是没用的，因为交易根本不会发生。

做到了以上三点，就算是做到了知彼知己，剩下的就是和客户一起切蛋糕了。但这时也要谨记，切蛋糕的手是客户的。很多企业错误地认为价格应该由自己掌握，其实不然，定价权应掌握在客户手里，企业只有创造价值的权利。蛋糕怎么分，最终由客户来定。只要价值足够大，客户自然不会切得过分，因为彼此还要长期合作。所以，在商业谈判中，以客户为中心的一元思维应该贯穿始终。

### 二元思维做不到企业利益与客户利益的统一

二元思维可能给企业带来什么样的伤害？下面我们就以华为为例，看看华为曾经是怎样以自我为中心，结果使企业遭受巨大损失的。

1999 年前后，华为在国内程控交换机市场上已名列前位，然而对于程控交换机下一步的演进方向，华为却并不清晰。当时行业内关于未来承载网有 ATM（异步传输模式）和 IP（网际互联模式）两个演进方向，其中以朗讯、阿尔卡特、北电、西门子等为代表的企业，陆续推出了它们下一代的 ATM 交换机；而以 Sonus Networks 公司（美国圣思网络）为代表的新势力，也在全球推广 IP 架构的软交换。在这种形势下，华为认为 ATM 方式不仅投入少，还可以更好地巩固自己的市场地位，于是就做出了有利于华为自己的决策，立项了基于 ATM 的 iNET 产品，以此作为自己的产业方向。但在当时，运营商是站在网络发展的角度来考虑问题的，它们更倾向于选择基于 IP 的软交换。所以在接下来的招标选型过程中，运营商就选择了多家供应商的产品来进行测试，结果华为的产品被排除在外。为此，华为不仅付出了投资上的巨大代价，还付出了巨大的时间成本和机会成本。

由此可见，企业不以客户为中心，只考虑自己的利益，是做不到企业利益与客户利益的统一的，最终客户没有获得利益，企业的利益同样得不到保证。

著名管理学大师德鲁克曾经提出关于企业与客户之间所谓的利益关系，他说："我们的业务是什么？我们的客户是谁？客户心目中的价值是什么？"同时德鲁克大师也回答了这些问题："从规定企业的宗旨和企业的使命来说，这样的中心论题只有一个，就是客户。"

所以，不管对于曾经历失败的华为，还是对于其他正在发展的企业来说，凡事都以自我为中心的利己倾向才是导致一切问题的根源。要避免这种情况发生，就要时刻站在客户的角度思考问题，以客户为经营之本，努力获得客户的好感和认同。只有这样，企业才能最终获得利润。

> 有一家成立不久但业务成长很快的光伏企业，由于其内部管理跟不上，该企业急于想找人梳理一下，尤其是内部的分配制度。从咨询公司的角度讲，这无疑是个可以实现收益的好项目，但如果咨询公司的现实获利不是建立在客户利益和客户业务的痛点上，这个项目就不可能取得好的效果。
>
> 基于这样的认识，咨询顾问在经过一番诊断之后，认为该企业当前的主要任务是迅速利用市场开启的机会窗扩大市场份额，此时强化内部管理反而会分散企业在市场拓展上的注意力。而且这家企业当前规模还不大，业务处在探索和发育阶段，管理成熟度不能超前于业务成熟度，否则管理就是凭想象，反而制约了业务发展。
>
> 因此，咨询顾问最后给出的建议是“让子弹飞一会儿”，建议该企业现阶段应把焦点放在业务爬坡上，到一定阶段后再说加强内部管理的事。该企业听取了咨询顾问的建议，很快把工作重心调整到了市场机会的管理上。咨询公司虽然暂时没有进行该咨询项目，但最终收获了客户的认可和未来的持续合作。

总而言之，企业从二元思维出发，通常是很难实现双赢结果的，甚至会因此伤害客户的利益，其结果最终伤害的也是企业自己的利益。而从一元思维出发，力求达成客户利益最大化，才能从根本上确保乙方的利益。因此，以一元思维处理客户关系，才能真正摆脱乙方在甲方心目中的从属地位，获得甲方发自内心的尊重，实现甲乙双方的平等对话。这其实也提醒各企业，以客户为中心才是企业的商道，只有紧紧把握商道，才能有效化解企业经营中的价值冲突，开启企业经营的未来。

# 成就客户是活下去的根本

企业如何才能活下去、活得好，想必这是包括华为在内的所有企业从成立第一天起就开始思考的问题。与大多数企业相比，华为的幸运在于企业很早就找到了活下去的根本——成就客户。更加幸运的是，华为将这一责任很好地落实到了企业内部。因此，经过 30 多年的跨越式发展，华为的企业文化、业务发展、技术研发、客户关系以及组织管理等各个方面都进行了持续的自我变革和进化，但是华为在发展中却一直都坚守着一颗一成不变的初心——为客户创造价值。

## 部门或岗位的独特价值定位

任何部门或岗位表面上看是在满足企业内部的运作需要，实际上都是要为外部客户创造价值的，纯粹对内的部门或岗位都是成本。因此，企业部门或岗位的价值定位要到企业与客户接触的界面上去寻找，看其有没有为客户创造价值。

事实上，一切的存在都是关系型存在，这意味着一个存在必须对其他存在有价值，同时也说明要把一件事情做对，首先要弄清存在的独特价值定位。一旦独特价值定位发生了偏离，工作实效就必然大打折扣，从而导致某种程度的形式主义。但现实情况是，少有人知道部门或岗位的独特价值定位，太多人都习惯把工作本身当成目的和意义，而不去思考其所指向的价值，结果导致很多无效的工作和无谓的消耗产生。

比如，流程 IT 部门的独特价值定位是什么？流程 IT 部门经常把自己定位为流程 IT 的实现者，但这个定位显然低了，因为这只是他们的本职工作，不是独特价值定位，甚至是一种价值消耗。流程 IT 部门的独特价值定位应当是从企业成长出发，前瞻性地引领和变革业务管理模式，从而实现企业高效运作，只有这样的价值定位才能体现企业的价值增值。

## 典型主体的独特价值定位

一般而言，B2B 企业经营层面的典型主体大致可以分为 MU（market unit，市场单元）、BU（business unit，业务单元）、SBU（service business unit，服务业务单元）和 FU（function unit，功能单元），参见图 1-1。

MU 在业务定位上属于市场机会中心，在财务定位上属于利润中心。MU 承担了开发市场、增加收入、签订正确的合同（实现利润）和有效关闭合同（确保回款）等职责。

BU 在业务定位上属于创新中心。在财务定位上，业务拓展阶段一般属于收入中心，业务规模化阶段则属于利润中心。在业务拓展阶段，BU 需要补贴 MU 去开拓新市场、新业务，如果定位为利润中心则不利于业务拓展。所以，BU 承担了创造新的收入来源、实现新产品规模复制和快速赢利，以及让产品更具竞争优势（例如，提高销售毛利率）等职责。

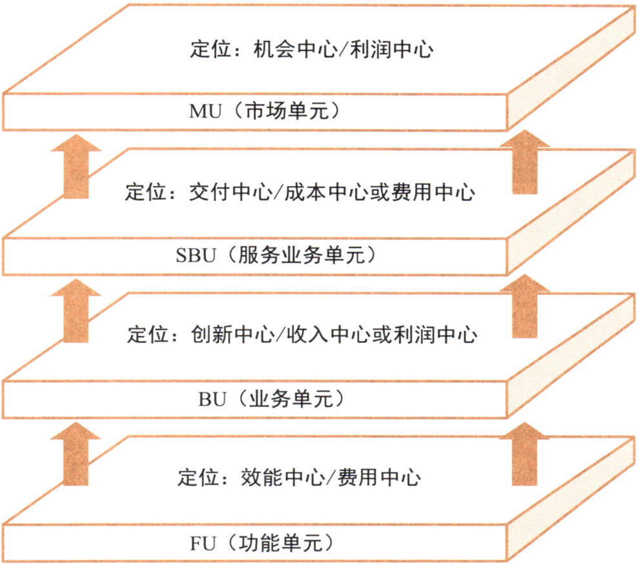


图 1-1 典型主体的独特价值定位

SBU 在业务定位上属于交付中心，在财务定位上属于成本中心或费用中心。SBU 承担了及时、准确、优质、低成本交付等职责，此外，它也可以在交付业务基础上附带提供各种增值服务，以对冲交付成本或为公司增加利润。比如，华为的全球技术服务部门，一部分业务是成本中心，一部分业务是利润中心。像华为大学这样的部门，虽然是费用中心，但它却通过内部创收的方式对冲了很大一部分费用。

FU 在业务定位上属于效能中心，在财务定位上属于费用中心。FU 承担了为业务提供功能服务、确保资源效率和有效管控风险等职责。以人力资源部门为例，人力资源部门既要成为业务的伙伴（前沿存在），帮助业务部门解决人力资源方面的痛点和难点问题，又要对整个公司人力资源的投入产出负责，还要防范人力资源管理风险，等等。

### 围绕客户确定独特价值定位和明确考核指标

清楚了典型主体的独特价值定位，我们就清楚了该部门到底对什么价值产出负责，从而可以对它有效地进行 KPI（关键绩效指标）解码。

还是以人力资源部门为例，人力资源部门的核心价值是实现人力资本的增值，不让企业养闲人。注意，把能干的人放在一般性工作岗位上，也叫养闲人。在华为，衡量人力资本增值的指标一般有 E/R 值（earning/revenue，薪酬收入比）或 E/M 值（earning/margin，薪酬毛利比）。

利润压力小的产业，可用 E/R 值；利润压力大的产业，建议用 E/M 值。这个指标反映了人力资源投入和企业产出的关系，体现了人力资源工作的有效性。可以说，人力资源部门各项工作基本上是冲着人力资本增值去的。作为费用中心，人力资源部门对自己的人效也要有指标约束。华为对人力资源部门的约束指标是人均服务比（人力资源员工 / 公司员工），以防止人力资源部门人员自我膨胀。其他诸如不胜任淘汰率等指标，其实都是实现人力资本增值的手段指标。

很多企业不知道一些部门或岗位如何考核，首要原因是不知道这些部门或岗位的独特价值定位。

> 某企业经营数百家连锁药店，每家药店都设一名门店经理和数名营业员，大约每 20 家药店设一名区域经理统筹管理，营业员、门店经理和区域经理的考核指标都是营业额和毛利。从考核指标设置可知，该企业对这些岗位的独特价值定位是不清晰的。
>
> 首先，营业员是否要对药店的毛利负责？在这个案例中，营业员的岗位价值在于识别不同顾客的需求，确保药品出售，故营业员只需对营业额负责，不需对毛利负责。
>
> 其次，考核了营业员岗位的营业额，就没必要再考核门店经

理的营业额指标了，重复考核会导致门店经理与营业员争抢订单，或营业员的营业额重复计入门店经理的考核。门店经理作为药店的全面经营者，应该考核利润而不是毛利，因为门店经理追求利润自然会关注营业额。

如果所有药店都有好的经营业绩，那么区域经理的定位就简单了，只需拓展区域市场。然而事实上，并不是每家药店都经营有效，区域经理还要承担教练的职责，帮助后进药店提升业绩，故区域经理的独特价值定位有两项，即拓展区域市场和改善区域内药店的经营效益，据此设计区域经理的考核才有效。

这个案例说明三点：

第一，不同类别的岗位，独特价值定位是不同的，考核指标也应有差别，企业尤其要避免“俄罗斯套娃”式的考核，这种考核会导致一些岗位形同虚设而沦为“躺银”阶层。

第二，要从客户与企业接触的界面开始梳理业务和组织运作，以准确定位部门和岗位的独特价值，明确后端组织的价值在于为前端组织补位。

第三，一些企业梳理业务和组织运作不是自下而上、由外而内的客户思维，而是自上而下、由内而外的管控思维。如果企业眼里没有市场和客户，部门和岗位的独特价值定位就必然会偏离。

## 以客户结果为导向的 KPI 解码

KPI 也叫关键绩效指标，它是衡量企业战略实施效果的关键性指标，可以将企业战略转化为具体可执行的活动，是一种持续增强企业核心竞争力和取得高效益的机制。

## KPI 要能够传递经营压力

每到年初时，很多企业的人力资源部门都会制定下一年的 KPI 指标，以求提高组织和员工的业绩，为公司创造更多的价值。但是，不少企业在制定 KPI 时存在着一些误区，比如脱离了客户需求，只根据员工的岗位职责和历史指标来制定，结果使 KPI 完全成了一种自娱自乐。员工的岗位职责要求是企业对员工最基本的要求，而历史的指标又是静态的，用静态的指标来管理公司动态的绩效，显然不合理，弄不好公司的客户就会被竞争对手抢走。有句话叫“皮之不存，毛将焉附”，企业为什么能生存？因为有客户。客户都流失了，KPI 也就完全沦为企业的自娱自乐，甚至给企业的生存带来风险。企业生存都出了问题，人力资源部的存在还有什么意义呢？

所以归根到底，企业 KPI 的制定一定要以客户这个结果为导向，并且还要根据企业战略和客户需求随时进行调整，从而有效地帮助企业传递分解压力，聚焦企业的目标。

当然，这个过程是比较艰难的。以华为大学高管培训为例，到底什么样的指标才能够传递培训压力，体现出培训的有效性呢？有人说是培训满意度，有人说是学员培训后的升职率，等等，这些其实都不是结果导向的 KPI，因为培训满意度可以通过人为操纵，或者增加一些培训投入来实现。

培训如果是福利，不管培训效果如何，学员的满意度一般都差不到哪儿去，尤其是那些在海外工作的高管，好歹还可以借机回国一趟。学员升职率和培训的关系那就离得太远了，几乎关系不大。那华为是如何给华为大学传递培训压力的呢？答案是有偿培训，即高管培训部门是 SBU，必须以盈亏平衡为目标。一个高管参加为期一周左右的培训，学费、差旅费和扣除的工资加起来费用不菲，它们就构成了华为大学的收入来源。

那么，学员为什么都愿意缴费参加培训呢？华为为此出台了一个规定，即一定级别的干部，在升职后必须参加高管培训。理论依据是：知识是劳动的准备过程，浇水要浇对对象，升职的干部就是重点浇水对象。

学员缴了这么多学费，培训效果如果不好，学员肯定不满意，不满意就会投诉；投诉多了，华为大学的日子就不好过，所以华为大学也必须绞尽脑汁地提升培训效果。这样一来，华为大学就通过市场机制传递了培训压力，盈亏平衡就是结果导向的 KPI。

结果导向的 KPI 不同于一般的 KPI，它代表的是可分配的价值。收入、利润、回款是结果导向的 KPI，华为把它们称为“三足鼎立”指标。像订货、客户项目概算利润率这样的指标，反映的都是企业未来获利的可能性，不能算作结果导向的 KPI。E/R、E/M、资金周转率等效率指标，才是结果导向的 KPI；成本率或费用率指标最终体现在利润变化上，也是结果导向的 KPI。

现在很多企业把市场占有率作为结果导向的 KPI，这其实是有问题的。市场占有率高不代表企业高效，因为还可能是通过增加投入、牺牲利润等方式低效达成的。只有能在财务层面带来公司价值增加的 KPI，才属于结果导向的 KPI，这样的 KPI 也才能有效传递企业的经营压力。

一般来说，一个部门或一个岗位结果导向的 KPI 指标不宜太多，原则上以不超过 3 个为宜，特殊情况下最多不要超过 5 个。KPI 多了，就会分散资源，反而不利于目标的达成。有的企业各部门 KPI 指标动辄几十个，这就完全丧失了 KPI 的牵引作用。就像在行军打仗中，主帅喊一声“兄弟们，冲啊”，可大家一看眼前有几十个山头，自然就不知道该往哪儿冲了，这显然就会影响部队的战斗力。

## KPI 解码的本质是下级对上级的目标承诺

KPI 通常由企业战略解码而来，首先要确定企业级的 KPI，然后再一步步解码部门 KPI 和岗位 KPI。然而，在所谓的目标解码过程中，恰恰容易出现一些问题。

从理论上说，目标解码需要遵循“层层连接，环环相扣”的原则，只有公司、部门、岗位三者相互依托、相互支撑，岗位和部门 KPI 达成后，企业的 KPI 自然也就达成了。但事实上，很多企业出现了“企业目标天上飞，岗位行为地下爬”的现象。上级管理者认为我的分解工作已经完成了，接下来就是下级的事情了，跟自己没关系；而下级的态度却是“你制定你的，我该干啥干啥”，企业 KPI 跟我有什么关系。结果，上级的目标看似分解了，下级的责任却无法落实到位，企业上下级之间根本无法形成真正的有效连接，企业 KPI 自然也无法完成。

事实上，出现以上状况，是因为很多人把解码理解成了分解，而这样的理解恰恰是错误的。KPI 的分解是自上而下的，但解码却是自下而上的，两种路径完全相反。目标管理的本质是自我管理、自动自发，如果目标是上级分解的，上级怎么可能比下级更清楚业务情况呢？这样的分解岂不成了拍脑袋决定一切？而拍脑袋产生的目标显然是不能促使下级自我管理、自动自发的。

所以，目标分解基本上就是一种数字游戏。而解码则不同，解码是上级先根据组织内外部环境确定一个自己的目标。为了确保目标的达成，上级就会要求下级对上级的目标做出承诺；而下级基于上级的目标要求，就会努力在自己的业务范围内寻找支撑上级目标的机会点，然后确定自己的目标，以此来支撑上级的目标。上级如果不认可，可以对下级的目标进行否决，直到下级对上级的目标有足够的支撑。只有这样，各个层级之间才能形成有效连接，并且每个层级的目标才有可能一一实现，最终使企业级的 KPI 得以实现。

因此我们也可以说，KPI 解码本质上就是下级对上级进行的目标承诺。而华为在这一点上做得非常到位。从每年的 10 月到第二年的 2 月，华为都会进行战略解码形成目标和指标集。在 4 月前完成这一工作后，公司会要求全员签署个人绩效承诺（Personal Business Commitment，PBC），这样就确保了目标解码和任务设置，并形成了书面承诺，将企业职责分担到每个人的肩上，再附加以高薪、股权及其他各种奖励措施等，激发员工的内驱力，从而实现企业各个岗位上的业绩管理，使员工劲儿往一处使，最终推动企业朝着一个更好的方向发展。

## 对准客户需求创新和运营

任正非曾说："思科在创新上的能力，爱立信在内部管理上的水平，我们现在还远远赶不上。要缩短这些距离，就必须持续地改良我们的管理。不能缩小差距，客户就会抛弃我们。"也就是说，企业如果想生存和获得长久的发展，就必须不断创新，并且要针对客户的需求进行创新和科学运营。

### 围绕客户需求建立相应运营流程

一个企业的运营流程，其实就是企业管理部门的日常作业流程，同时也是企业进行生产经营或贸易活动等的工作程序。另外，一些详细的流水线作业流程也构成了企业的日常作业流程。

企业只要设定了战略，选择了业务模式，就确定了企业的业务流程。接下来，所有的业务部门都将在这一业务流程中工作或支撑这一业务流程的活动。而所有与客户有关的业务流都是从客户到客户的，所以企业在围绕业务流程开展工作时，也必须对准客户，以客户的需求为中心。

客户需求往往多种多样，但从大的方面讲，可基本分为三类，即"买得对"、"买得来"和"买得放心"。华为围绕着客户的这三类需求建立了相应的运营流程（也叫作战流程）。这些运营流程就如同业务的高速公路，各部门的业务运转只要遵照运营流程的模式进行连续循环的活动，就能为企业实现业务目标，为客户创造相应的价值。

围绕"买得对"，华为建立了从概念到市场（idea to market，ITM）再到集成产品开发（integrated product development，IPD）的流程，致力于满足客户对产品的需求；围绕"买得来"，华为建立了从市场到线索（market to lead，MLT）和从线索到现金（lead to cash，LTC）的流程，致力于与客户连接和履行订单；围绕"买得放心"，华为建立了从问题到解决（issue to resolution，ITS）的流程，致力于满足客户的服务请求，使客户的问题能够得以解决。

运营流程作为主要的客户价值创造流程，端到端定义了客户价值交付所需的业务活动，并向其他流程提出了协同需求。为了确保运营流程更加快捷、有效，华为又在业务细分领域建立了相应的使能流程，包括战略到执行、资本运作、管理客户关系、服务支付、供应、采购以及管理合作伙伴等，以承接和响应运营流程的要求，最大化发挥运营流程的效用。同时，华为还建立了公共服务支撑流程，包括人力资源、财经、业务变革与信息技术、业务支持等，从而形成了公共服务平台，以支撑公司的高效与低风险运作。形象地说，使能流程就像是一艘航母上的各种武器系统，公共服务支撑流程就像是航母的平台，而运营流程则如同具体的作战过程。

对于一家企业来说，一个项目的完成必然需要多个部门的协同，其中不但包括销售过程，还包括采购、生产、交付等诸多活动过程。这些如果不能在流程中明确出来，那么这个项目是无法顺利完成的。而这些业务活动就需要构建流程来支撑，在不同的业务阶段，需要进行不同的业务集成，从而满足以客户为中心的企业诉求。

比如，华为一直以来对于交付的诉求都是“构建按合同履约的能力”，但在相当长的一段时间内，华为其实是做不到这一点的。结果，企业为此付出了大量的成本，还损坏了与客户之间的关系。

怎样解决这一难题呢？就是通过流程协同来进行解决。

首先，在运营流程中，企业要根据客户的需求，完成产品从开发到交付的所有业务活动，即完成客户的价值创造。在这个流程中，为了让企业实现按合同履约的能力，还要增设一个流程——预投入，即让交付人员提前介入项目，以了解项目运作的整个过程，并将后面流程中可能出现的一些风险带到前面来解决，比如交付成本、合同禁止条款等。然后，再向其他流程提出要求。

其次，使能类流程启动，积极响应运营流程的需求，支撑运营流程中的各种内部价值实现。

最后，作为企业运营的基础性流程，公共服务支撑流程为运营流程搭建了标准化的平台，使其可以平稳落地。

遵照这样一套覆盖全业务又能相互配合的流程，企业就能够为实现客户价值提供完整且可执行的解决方案了。

### 华为的创新流程

华为有没有创新流程？按照华为的说法，华为没有创新，只有满足客户需求。但事实上，创新已渗透到华为的各个方面，不仅包括产品、技术和工艺创新，还包括思维创新、管理创新、营销创新和文化创新等。

对于华为创新的观点，我们要这样理解：任何创新都是有成本的，但创新归根结底必须以客户为中心，要匹配客户需求，并有效服务于客户。客户只会为他们感知到的价值买单，如果客户不买单，那么你的创新就是无效创新。从这个意义上来说，创新的焦点在市场，而不在企业内部。任何技术和管理的进步都是实现客户需求的手段和工具，必须转化为商业成功才有效。因此华为始终认为：只有做到与时俱进，动态地满足客户需求，才是最好的创新。

通过以上的运营流程、使能流程和公共服务支撑流程的协同效应，华为也高效地响应了客户需求，可以说是从管理机制上保证了创新。

### 高效业务流程运作机制：主干清晰，末端灵活

与其他国内企业一样，华为也曾走过一段粗放式增长的时期。伴随着业务的突飞猛进，企业利润率应该逐年增加才是，但华为在2003年到2007年的营业利润率却在逐年降低。为此，任正非曾不无担忧地说："我们在海外拿了不少大单，但我不知道这些单子是否赚钱。"

2009年，华为开始在内部进行组织结构调整，对此，任正非说："我们现在的情况就是：前方的作战部队只有不到三分之一的时间是用在找目标、找机会以及将机会转化为结果上，而将大量的时间用在频繁地与后方平台的沟通协调上。而且后方应解决的问题让前方来协调，结果拖了作战部队的后腿。"

为彻底解决这一问题，任正非决定学习IBM的流程化管理策略。而在一些主干流程上，努力以规则、制度的确定来应对结果的不确定，简而言之就是围绕一个目标来形成共识。这样业务流程就可以围绕特定目

标的资源整合来努力，通过有效的管理过程，保证业务流程高效运作，从而确保在资源最精简的情况下及时达成流程所对准的目标，并提高投入产出比。

对于一个企业来说，业务流程要想高效运作，通常必须满足以下两个要件。

第一，在流程设计层面体现开源和节流。

如今，华为业务已经遍布全球 170 多个国家和地区，那么在这些国家和地区中，华为的运营流程和细节操作都是统一的吗？

并非如此。华为的业务流程思想是“主干清晰，末端灵活”。其前端要能导入不同细分客户的需求，确保向外扩张和战略机会点颗粒归仓，为业务发展服务，实现开源，主干清晰是为了确保向内收敛和运作的成本最优，实现节流；末端则高度灵活，一般不需要精细设计，从而能够让一线团队快速决策。

华为的业务流程颇有深度，既涉及流程细化，又涉及可执行。具体来说，华为的各业务流程自上而下分为几个层级。以 IPD 流程为例，IPD 流程是 L1 层级，其下开发流程就是 L2 层级，再往下架构开发就是 L3 层级，到了需求层次，就是 L4 层级了。L4 是末端流程，是各前端组织的微循环流程。

在 IPD 流程中，前端组织要围绕客户的需求和自身的最佳业务实践来构建 L4 流程，确保流程对所在国家和地区客户需求的灵活响应。L4 流程向上走到 L3 及以上时，就要依次收敛了，这样个性的客户需求通过收敛逐渐形成共性，汇聚到主干流程，最终才能实现高效运作。所以，一个高效的业务流程应当是面向客户，呈喇叭形状的。

第二，构建前端拉动的权力秩序。

在企业运作中，哪个地方权力大，资源就会向哪个地方汇聚；汇聚的资源越多，达成目标就越容易。显然，前端组织在识别客户需求、捕捉市场机会方面的触觉是最灵敏的。如果前端组织不能快速获得资源，就极有可能贻误商机。

为此，华为提出了“一线呼唤炮火，后方提供支援”的理念，要求把指挥所建在能听到炮声的地方，其核心点就是面向机会的组织可以获得密集资源的授权。前端组织被赋予了相应的权力，才能从机制上保证前端达成目标所需的资源，这就是华为简单有效的权力秩序。事实证明，这个权力秩序也保证了华为高效的运作秩序。在这个权力秩序中，大家关注的是结果产出，而不是活动；关注的是客户，而不是领导。

当然，后端组织也要有一定的权力，前端组织分权的目的是因地制宜，后端组织集权的目的则是快速协同。华为赋予后端组织在文化、战略、资源和能力建设等方面的权力，确保了前线需要的炮火资源。为防止前线不计成本地呼唤炮火资源，华为还建立了基本经营单元计划、预算和核算体系，将市场压力无依赖地传递到各个责任中心，守住了生存底线。

和很多企业不同的地方在于，在华为的运作体系当中，流程处在主导位置，组织处在从属位置，流程和组织是调用和被调用的关系。组织和流程不一致时，要调整组织适应流程，确保流程活动的完整性，避免在组织设计层面形成“肠梗阻”。而公司的战略绩效需要通过不同的流程来承载，流程的绩效通过不同的组织来承载，组织的绩效则通过组织内的不同岗位来承载。

为确保流程运作顺畅，华为为每一个主流程设立了流程 Owner（所有者）角色和跨部门流程管理团队，以便及时处理流程拥塞。为弥补 LTC 单一交易管理的不足，华为还建立了前端项目综合管理流程，从作战维度集成流程运作，围绕项目主计划修正其他业务计划，拉通全流程、跨流程、跨组织协同，发挥流程的组合效率，实现对流程的峰值管理。

从以上流程深度上来看，华为的流程架构是从流程大类到流程组、流程、子流程、流程活动，一直到最后的具体任务，都进行了一一细化，而主干流程则由集团统一制定，末端流程由区域制定，这样就很好地保证了主干清晰、末端灵活的运作机制。

# 创造客户

企业是什么？多数人的理解是：企业就是一个创造利润的组织，而利润就是检验企业绩效的唯一标准。但是，美国著名管理学家彼得·德鲁克认为，利润之于企业虽然必要，却并不是企业存在的唯一目的，“企业的唯一目的是创造客户”。而一切以客户为中心的华为，恰恰深刻地践行了德鲁克对于企业的这一定义，以产品为媒介，将寻找客户需求、满足客户需求、创造客户价值作为企业发展的根本目的。

## 痛点不痛

接受过中医理疗的人都知道，当医生按中了我们身体经络的某个痛点后，往往会让我们痛得大叫，这时我们会对医生产生一种莫名的信任感，觉得医生的医术很高明。

企业也是一样，如果你能快速击中客户的痛点，客户对你的信任感也会大大增强，合作的可能性相应就会大大增加。

## 击不中客户痛点，就会错失发展机遇

痛点，其实就是客户的理想与现实之间的差距，也就是缺乏感。客户的需求没有得到满足，或者没有得到完全满足，就会感到不满意，产生缺乏感。而企业想要击中客户的痛点，获得成交机会，就要准确地找到客户的不满意点或缺乏感在哪里。

2004 年 12 月 8 日，华为与荷兰 Telfort① 签订合同，在荷兰全境部署 WCDMA 网络。当时的欧洲可是爱立信的根据地，客户为什么会选择华为呢？其根本原因就在于客户站点获取困难，站点建设成本和租金过高，相比 TCO（total cost of ownership，总拥有成本）来说，设备成本基本可以忽略。针对上述情况，华为向客户推出了分布式基站解决方案，可以使客户的 TCO 下降约 50%，精准地击中了客户的痛点。

这个案例说明，以客户为中心，为客户创造价值，绝不是挂在嘴上那么简单的事儿，企业的成功必须构筑在客户价值的地基之上。

在 2016 年以前，全球智能手机几乎都存在性能差、耗电快、卡顿、拍照效果不佳等诸多不足。而华为就准确地抓住了这些痛点，从手机的软件和硬件两方面进行深度研发，并搭载华为自主研发的麒麟 960 处理器，全面提升了手机的速度性能。同时，华为

① Telfort 曾是荷兰发展迅速、业务领先的移动运营商，2004 年 12 月 8 日，中荷两国政府总理见证了 Telfort 公司与华为公司的 WCDMA 3G 项目合同签字仪式。2019 年 5 月 1 日，其母公司荷兰通信公司 KPN 因战略调整，宣布 Telfort 停止接受新客户，现有客户将在以后迁移到 KPN 品牌。——编者注

还使用了 4 000 mAh 更高密度的大容量电池和智电 5.0 技术，支持 SuperCharge 快充技术，增加了电池的续航时间和使用寿命。而且，华为还与汽车领域的奢侈品牌保时捷合作，采用产品双曲线设计，搭载徕卡双镜头，最终设计出品了 Mate9 手机。

这款手机发布后，由于满足了消费者对手机性能、续航、拍照等多种需求，受到了消费者的追捧。不到一年，Mate9 的销量就突破了 1 000 万台。

Mate9 的成功也表明，产品只有善于抓住客户痛点，并能够解决客户痛点，才会获得客户的青睐，从而使产品在激烈的竞争当中脱颖而出。

在对新员工培训期间，华为的培训老师曾讲了一个产品设计的案例，让新员工进行讨论：如果一个客户吃牛肉总是塞牙，而市面上的牙签都不好用，客户提出需要一种质量上乘的高端牙签，那么，我们该如何设计一款好的产品来满足客户的需求呢？

结果是，所有回答设计牙签的同学都答错了，最有效的答案是：研发一款不塞牙的牛肉！

这个案例其实就是在引导新员工，让大家明白：产品研发只有击中客户痛点才是王道，搞一些花里胡哨的东西不是根本解决方法。

很多人可能以为，华为差异化的解决方案成就了华为。这绝对是错误的认识。任何击不中痛点的差异化都如同隔靴搔痒，只有在满足客户需求方面击中痛点，才是真正的雪中送炭，而差异化不过是锦上添花，两者的顺序不能颠倒。特别对于研发人员来说，树立正确的产品观尤为重要（见图 1–2）。

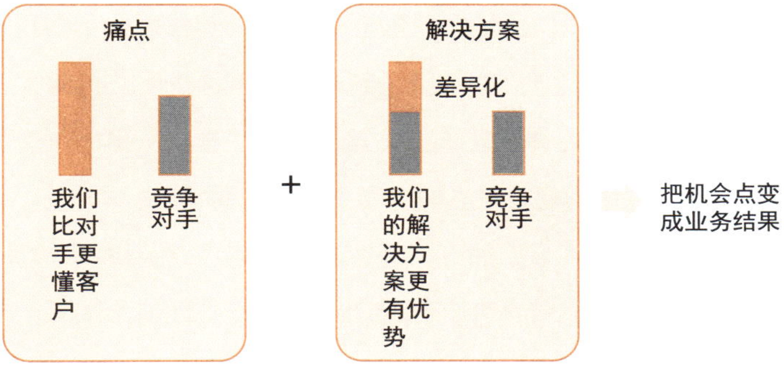


图 1–2 痛点不痛

## 要想找到痛点，准确诊断是关键

很多时候客户其实自己也不知道痛点在哪里，只是对现状不满意，就像人浑身不舒服一样，但就是不知道哪儿出了问题。在这种情况下，准确诊断是关键。

> 一家企业连续换了几任营销总裁，还是感到不满意，原因在哪里呢？按照彼得·德鲁克的观点，一个职位如果先后由两个或三个人担任都失败了，那么这个职位肯定是个常人无法胜任的职位，就必须进行重新设计。所以，这家企业的痛点不是没有找到合适的营销总裁，而是这个职位要求太高了，一般人根本达不到要求。即便有这样的人，也是可遇而不可求，因此必须降低职位要求。一块巨石没人扛得动，把它切割成几块，每个人扛一块，才是问题解决之道。基于这样的理念，后来该企业把营销部门按照客户群分成了几个客户部，问题也就迎刃而解了。

一切以客户为中心，就要求企业在面对客户时，要分清是想赚客户痛点（逃离痛苦）的钱，还是想赚客户“甜点”（追求幸福）的钱，知道客户真实的需求动机是什么。弄清了客户的需求动机后，再放大客户现有的痛点，激发客户的利益需求。要知道，与“甜点”相比，痛点的驱动力往往会更大，因为痛苦是人们想要急切改变的状态。

前文我们提到，客户的痛点就是客户的“需”。在寻找客户痛点时，大多数人的思维都是直接拿着自己的产品或服务去推销，试图让客户认可自己产品的性能。但实际上，客户需要的是一个合适的解决方案，所以在寻找痛点时，关键在于如何向客户提出问题。通过提问题来了解客户真正的需求是什么，自己的产品或服务能否帮客户解决问题；如果不能，该怎么向客户提出问题来激发客户的需求愿望。只有这样，才能准确地诊断出客户的痛点。

一般来说，以下两种方法可以帮我们有效诊断客户的痛点。

第一，纵向诊断。

纵向诊断就是在同一过程中，纵向去寻找影响客户使用产品的最大问题。比如，过去糖尿病人需要自己回家注射胰岛素，大部分企业关注的也都是产品使用过程中的性能和风险，努力研发更纯、更稳定的胰岛素产品。但随着胰岛素纯度的提高，再用性能和风险去抓客户就很难了。

这时，有的企业就开始关注，阻碍客户使用的最大问题是什么。经过一番市场调研，它们发现很多人一是不想让别人知道自己有糖尿病，二是觉得注射器使用起来非常麻烦。

这就是客户新的痛点。于是，企业开始转变原来的战略思维，开始在帮助客户提升形象和使用的方便性方面努力，最终研发出了笔形胰岛素。这种胰岛素在使用时不容易被外人发现，而且还不用注射器注射，增强了使用的便利性。

可见，纵向诊断客户痛点，就是要找出影响客户使用产品环节中的所有因素，然后判断哪个因素是客户当前最大的障碍。

第二，横向寻找。

横向寻找就是当所有竞争者都在关注客户的使用阶段时，你要去寻找其他阶段的痛点。

比如在汽车行业，20 世纪 70 年代时，美国主打汽车的性能，但后来一些汽车企业发现，影响客户购买汽车的因素不仅有性能，还有发生在使用阶段的油价。当时正处于石油危机，即使汽车很便宜，高昂的油价也让人感觉买得起车加不起油。在这种情况下，日系汽车开始转变思路主打省油，结果一进入市场便大获成功。

所以，诊断客户痛点还要关注客户使用的产品分为几个阶段，在哪个阶段出现了阻碍他们消费的障碍，然后对症下药，这样才能刺激客户的消费欲望。

## 创造价值的关键是发现场景

场景原本是电影学中的一个概念，指在一定时间、空间内发生的，有具体人物关系过程的生活画面。这个概念应用到商业领域中，就构成了场景式的商业模式。

比如保险业务员在推销保险时，就会巧妙地构建出人们在一些特定场景中的风险，如疾病、车祸等，然后重构人们对保险的认知，把与企业原本无任何关系的人变成自己的潜在客户。

在企业与客户之间，价值就是联结的纽带。企业能不能为客户创造价值，最终决定了企业能不能与客户走到一起。而企业为客户创造价值的关键就是发现场景，场景与风险结合后就会产生需求，而客户只为特定的场景买单。

### 重构客户认知，扩展价值市场

美国学者罗伯特·斯考伯和谢尔·伊斯雷尔在《即将到来的场景时代》中大胆地指出："未来的25年，互联网将进入新的时代——场景时代。"

其实不仅是互联网行业，其他很多行业也在逐渐向场景时代发展。比如汽车行业，很多人在买车时都打算买一款实用的车，但到现场经过销售人员推荐以及多次引导比较后，客户脑海中就会出现各种可以自我实现的场景，于是期望值就会提高，最后成交的往往也是超出预算很多的车。

这其实就是销售人员对客户的本来期望进行了重构，重新挖掘了客户的痛点，从而使客户改变了自己原来的期望，产生了一种新的认知，所以最终往往是扩展了价值市场，使客户和企业都获得了意外之喜。

重构的关键在于能够为客户创造一种新的场景，帮客户找到一种新的价值体验。为什么现在很多人都喜欢追求名牌？就是因为名牌的宣传能给客户带来一种心理暗示，让客户产生一种有身份、有地位的感觉，这就是客户的一种新的价值体现。

华为对沙特麦加的通信保障，就是典型的构建客户认知，用场景创造价值的例子。

> 每年在伊斯兰教历的12月，数以百万计的穆斯林都会聚集在沙特的麦加，参加朝觐活动。但由于人数太多，而麦加面积又很小，结果导致通信压力成倍增加。朝觐者跋山涉水来到麦加，希望能让家中的亲人听听圣城的声音，看看圣城的景象，无奈通信不给

力，这就给当地的网络服务供应商带来了一个严峻的挑战。

这样的场景，对于华为拓展价值市场无疑具有非凡的意义。但是，要保障 300 多万信徒在同一时间内集中、大量地通话，并不是一项容易的任务。之前爱立信、朗讯、阿尔卡特等公司分别承担过这项任务，效果都不理想。2005 年后，华为拿到了这个“接力棒”。由于此前几家公司都没能改变这一现状，沙特对华为也没抱太大的信心，但华为还是毅然决然地接下了这单业务。华为的技术人员几经辗转到达沙特，与当地运营商进行多次沟通，积极改造老旧网络，为沙特及朝觐者带来巨大便利。

最终，努力没有白费，华为凭借精湛的技术和超负责的服务态度赢得了客户的信任。此外，针对沙特麦加朝圣这样的重大活动，华为还专门为当地运营商量身定做了专业的解决方案和服务。到 2007 年，华为已成为沙特麦加朝觐通信服务中的最大合作供应商，占据了朝觐通信服务领域最大的市场份额。

由此可见，企业要想赢得更多的客户，就要努力让客户从认知上发生改变，去重新定义自己的价值。以前的营销，基本只讲产品、价格、促销、渠道等，而进入互联网时代，交易往往在一瞬间完成，这时客户的认知反而比你的产品价格、促销方案等更容易促成交易，也更容易扩展企业的价值市场。

### 与客户一起发现场景，推动双方业务

客户关系的本质是客户价值关系，一个客户购买某种产品的核心也是因为认可商品的价值。所以，客户的价值观应该包括客户发现、客户接触、商业连接、价值传递以及创造新价值等几个方面，这才是一个完

整的客户价值传递过程。

很多企业的营销人员在谈到自己的产品时，时常都是眉飞色舞，把产品的每项功能、每个技术细节都给客户讲得清清楚楚，但他们却唯独忘了一点：客户都会从自己的感受出发，从一种场景出发。假如企业不能带领客户一起发现产品所带来的价值场景，那么你对产品的推广也仅仅是一种简单的推销，而不是营销。

比如，有些企业在推广一款产品时，会先让客户试用，之后再对客户进行回访。那么有些客户的第一反应就是：你是想通过这种方式继续联系我，给我推销产品吧？

但是，如果我们换种方式，在让客户试用产品时就告诉客户：一段时间后我们会回访，了解一下客户的体验感受，继而会根据客户的体验感受再提供一些相应的服务措施。这样一来，客户就会欣然接受。

这其实就是一种价值场景化的包装。通过让客户免费体验，后期再提供相应的服务的方式，客户就会产生一种“原来这款产品用起来也蛮不错的嘛”的感受。那么接下来，双方便容易进一步推动业务合作了。

华为的数据卡业务就是客户场景应用的典范。

欧洲无线运营商在将网络从2G升级到3G后，面临一个很大的挑战，即语音业务收入增长缓慢，而3G数据业务又因为终端用户界面应用较少而远远低于预期。

如何拉动客户的流量消费？

华为经过分析洞察到，欧洲商务人士在商务活动和出差过程中很需要即时移动办公的场景。于是，华为就和欧洲的无线运营商一起面向企业和个人用户推出了无线数据卡业务，即在数据卡里插入运营商的SIM卡（用户识别卡），再通过无线网络和USB

接口把个人计算机或笔记本电脑联网，这样既解决了企业用户和个人笔记本电脑用户上网办公和移动办公的问题，同时也解决了运营商无线数据网络带宽消费不足的问题，拉动了无线运营商数据业务的增长。

数据卡业务取得巨大成功之后，欧洲无线运营商就想把数据业务复制到小企业或家庭用户当中。到了 4G 时代，华为又推出了 4G CPE（customer premise equipment，客户前置设备）终端。CPE 可大量应用于乡村、城镇、医院、工厂、小区等无线网络接入，大大节省铺设有线网络的费用。而且 CPE 还把数据卡个人用户业务延长到了企业用户和家庭用户，助力无线运营商，从而大大拓宽业务场景应用。

像孟加拉国、印度尼西亚等东南亚国家，地理位置十分特殊，岛屿和沼泽地带较多，当地运营商在推广语音业务和发展固话用户方面面临着很大的挑战。针对这样的场景，华为又推出一款无线固定台，采用了固定电话机的外观，内置无线 SIM 卡，通过无线网络实现电话语音功能，解决了固话挖沟铺线困难的问题，满足了运营商发展语音业务的需要，方便了当地居民。

华为深知“客户的痛点就是企业的商机”这样的道理。1997 年，华为提出边际网解决方案，可以说这是为中国市场量身定做的一款边际网系列基站产品。它以网络优化为切入点，对移动网络进行快速、低成本地补点和优化，大大改善了边际地区网络覆盖率和网络通信质量，极大地延伸了移动运营商在城乡接合部、城镇、乡村等地区发展用户的能力，助力客户实现了让移动通信进入寻常百姓家的梦想。最终，边际网解决方案不仅给运营商带来了巨大的经济效益，还为农村信息化架设了桥梁，消除了城乡间的数字鸿沟，创造了巨大的社会效益。

今天，我们普通消费者能够随时随地地享受到移动通信服务，边际网是功不可没的。要知道在当时，称霸中国移动通信市场的是西方企业，正是边际网成功地撬动了铁板一块的移动通信市场，为华为杀开了一条血路，赢得了生存发展的空间。

## 效用价值和虚拟价值

上文提到，重构认知的关键是找到一种新的为客户创造价值的方式。我们不妨把价值分为效用价值（或称使用价值）和虚拟价值。诚如我们所知，人类需求的无限性和资源的有限性的矛盾，决定了只依靠商品效用层面的初级交换是根本无法满足人类需求不断增长的需要的，企业只有创造出无穷尽的、虚拟价值层面的高级交换，才能满足人们的需要。

### 不要只关注效用价值而忽略虚拟价值

虚拟价值又被称为人的体验，也就是精神上的满足感，比如，人们对产品形式的体验，以及在接受他人服务时的心理体验等。很多企业往往将关注点集中在客户的效用价值上而忽视了客户的虚拟价值，这也许是这些企业找不到创新焦点、走不出业绩低迷的一个重要原因。效用价值是有限的，而虚拟价值却是无限的。

这也启示我们，真正的蓝海可能更多存在于人们的体验世界而非物质世界中，或者至少是两者的结合。企业在创造效用价值的同时，应同时把目光投向虚拟价值，比如，凡是品牌产品都是高虚拟价值的产品。我们看到很多珠宝商在为一对对新人举办现场求婚仪式，这就是创造虚拟价值的鲜活实例，无疑会大大促进珠宝的销售。在这种场景下，珠宝本身值多少钱已经不重要，重要的是要创造一种让顾客尖叫的爱的表达方式。

再比如，一家私人订制围巾的企业，营销人员并没有直接卖围巾，而是在公共场合组织儿童开展以爱为主题的绘画大赛，作品可通过手机 App（应用程序）上传到工厂，工厂经设计优化并经客户确认后，即可组织生产发货。显然这条订制的围巾效用价值基本可忽略不计，反而是虚拟价值——温暖的亲情、成长的记忆、珍藏的礼物等——才是这件产品的核心表达。

华为的产品在满足客户需求方面，同样很注重虚拟价值的体现。因为华为非常清楚，产品之间的竞争，比的不仅仅是谁的技术更高，更要看在追求客户的极致体验上谁可以代表和体现客户的追求。因此，当我们看到一个产品成功时，不能只看到它在技术和效用上的成功，能否满足客户的个人极致体验，也是收获客户、占领市场的重要原因。

2013 年，APEC（亚太经济合作组织）峰会在印度尼西亚的巴厘岛召开，印方的一个移动运营商客户要求各厂商提供 LTE（通用移动通信技术的长期缩进）体验的 DEMO（原型）。为拿下这一项目，华为代表处的工作人员提出了向客户提供全球首个 LTE 全息演示的想法。

由于没有经验可借鉴，华为在实现这个技术的过程中遇到了很多困难，有人甚至提议放弃。但经过一番努力，华为最终还是做出了 LTE 体验的 DEMO。随后的 LTE 全息演示，让印方通信部长既震撼又满意，客户也将此项目全部交给了华为负责。

由此可见，有时只要你坚持做到极致和非凡的客户体验，客户感受到的可能不仅仅只有产品本身的效用价值，还有客户看不到却能真实体会到的虚拟价值。而且，虚拟价值还是一种没有上限的价值，关键看企业赋予它怎样的内涵。同样的事情，把它放在不同场景中，客户感知到的价值就完全不同。

### 让客户赚便宜，企业才可能将价值变现

做生意，最理想的状态就是双赢。客户是我们的伙伴，只能真诚、用心地对待，不能总想占客户便宜。不仅如此，企业还要创造机会让客户赚到便宜，这样企业才能将客户价值变现。

一直以来，华为不仅把自己当成一家产品制造商，更当成一家服务商。华为认为，自己存在的意义就是要帮助客户解决问题，创造价值，这一价值既包括效用价值，也包括虚拟价值。所以，尽管华为在发展的道路上也犯过一些错误，不仅给客户，也给自己造成了很多损失，但最终还是通过以客户为中心、为客户创造价值、满足客户体验而赢得客户的青睐和忠诚度。

一位华为高管曾分享自己在负责某区域工作时的一件事，从中可一窥虚拟价值之重要。

> 一天晚上，华为为客户提供的设备突然出现故障，造成客户业务大面积中断，这显然不是什么好事，一般情况下客户很可能会暴怒。该主管当然不敢有丝毫怠慢，赶紧调集区域最好的资源，快速恢复业务，同时与客户保持紧密沟通，及时汇报事态进展。
>
> 业务恢复后，该主管越想越觉得这件事对客户的影响、对后续市场开拓的影响实在太大，应该想个办法尽快弥补。于是，他

当晚便紧急决定，要求所有骨干连夜赶到故障所在地，通宵召开现场工作会，分析原因，查找隐患，制定预案，防止类似情况再次发生，最后形成一份详尽的故障分析与改进报告。做完以上工作后，一行人又马不停蹄，一大早顶着鹅毛大雪来到客户总部，当面向客户道歉并做专题汇报。

客户见他们工作做得如此充分，再一看他们个个疲惫、真诚和歉疚的神情，客户彻底被感动了，非但没有责难他们，反而积极肯定了他们的态度和敬业精神，并当场表达了进一步深度合作的意愿。

可见，事情本无好坏之分，只要客户的体验好，即便是一般认为的坏事，也同样能提高客户忠诚度。

华为在市场上舍得花钱是出了名的，尤其对待重点客户，绝不含糊。为此，任正非还提出一个原则，要求员工接待客户的标准是看自己有没有吃亏，如果没有，那么就很难赢得这个客户。在进军国际市场时，华为也是本着过硬的产品质量和一切以客户为中心的策略，在国外做得风生水起。这种营销策略其实就是为客户创造了虚拟价值。虽然华为因此获得的利润低了些，但赢得了大量的忠诚客户，边际成本大幅下降。当企业与客户的关系逐渐成为一种信任、忠诚的关系时，客户的价值就会转向变现，这也是企业创造客户价值的最终目的。

那么，如何把客户的价值变现呢？且看一个管理培训的例子。

一位企业家在与培训师交流需求时，顺便说到他们企业从未请过这么贵的培训师，意思是培训价格能不能优惠一些。培训师是这样回答的：“企业应该请贵的培训师才值啊！企业开展管理培训，费用其实不是首要考量因素，而总拥有价值（total value of ownership，TVO）才是最重要的考量因素。试想，这么多高管放下工作来集训，如果学不到东西，那沉没成本岂不是太高了？如果大家被一般水平的培训师带错了道，那岂不是还可能发生更多的机会成本？而贵的培训师一般都经受过市场实践检验，客户认可度高，哪怕每位高管今后用到他讲的一两点内容，给企业带来的价值也比培训费不知高多少啊！”这一席话一下子便说到了那位企业家的心坎里，他立马打电话给公司人力资源部，强调便宜的培训师今后一律不允许请。

这个案例说明，理不清客户价值的企业，自然也就理不清自己的价格。只有让客户感到赚便宜，企业才可能将价值变现。

所以，在促使客户价值变现的问题上，可通过以下两种方式进行。

第一，在营销策略上，我们要明白这样一个道理：成功的营销是用产品证明自己的价格，平庸的营销则是用价格证明自己的产品。销售的过程，实际上就是要客户认识到你的产品价值远远高于产品本身的价格，如果客户认可了这一点，那么就会选择成交，并且他们还会觉得自己赚到了便宜。

第二，充分向客户呈现产品的价值。事实上，企业也只有这样的权利，因为真正的定价权是属于客户的。在这种情况下，企业就要充分地展现出产品的实际效用价值和虚拟价值，让客户感觉自己选购了这款产品，同时还获得了许多增值体验，这样客户才愿意出价。这才是经营的王道。

# 第2章

# 利润增长

## 聚焦主航道，平衡好规模和利润

任何一家企业，如果想要获得持续有效的增长，首先都要明确自己的经营目的。华为的经营目的是什么？正如任正非所说，是要让自己具有市场竞争力，能够赢得客户的信任，在市场上活下去。这既是一个企业的最低纲领，也是企业最难做到的一点。所以，华为一直都以长远的眼光经营公司，在合理的利润率水平上实现长期有效的增长，同时坚持开放整合的经营策略，积极抓住各种战略机会，提高自己在全球市场上的核心竞争力。

# 一定利润率水平上的成长最大化

在华为看来，企业的责任是获得利润，但利润却不是企业的唯一目标。企业如果没有长期有效的增长策略，就不会有足够的利润来支撑企业的发展，这样的企业就像穿上了红舞鞋，最终只会把自己累死。所以，《华为基本法》中写道，华为会追求“一定利润率水平上的成长最大化”，追求利润，更追求长远的发展。

## 单纯追求利润和规模都是企业的“红舞鞋”

“企业是做什么的?”对于这样的问题，我估计大多数领导会不假思索地回答:“企业是赚钱的。”这说明利润在他们心里一直占据着核心位置。也难怪，没有利润，企业如何维持生存。但如果据此下结论，利润就是企业的目的，那就错了。其实企业可以没有利润，只要有未来和现金流，照样可以生存下去，特斯拉就是典型的例子。但这种生存方式完全寄托在人们对企业未来的期许上，财务结果如果不健康，企业就难以持久；

即便一些企业当前财务结果健康，长期经营也未必健康，很多昙花一现的企业就属于这种情况。

华为对财务结果健康有明确的定义，就是要求销售收入、利润、现金流“三足鼎立”，共同支撑起公司的生存与发展。单纯追求销售额增长是一种不顾一切的疯狂，单纯追求利润会透支未来，不考核现金流将只能看见账面的利润。华为追求的是长期经营健康，近 20 万人聚在一起，目的是把华为做成一个更有价值的公司。这个价值一方面表现为公司现实的获利能力，另一方面表现为公司未来潜在的获利机会。具体来说，企业短期要追求经营结果健康，这是企业活下去的根基，要通过收入指标看销售效率，通过现金流指标看运营效率，通过利润指标看投资回报；中期要从产业的投资结构、成本结构和商业生态等方面，看企业的核心竞争力；长期要从战略和组织角度，看企业的长期价值是否有保障。

早在 1999 年，华为就担心企业可能会穿上“红舞鞋”。“红舞鞋”源自安徒生的一个流传甚广的童话故事：

> 女孩子把红舞鞋穿在脚上，跳起舞来会感到更加轻盈、富有活力。有一位姑娘实在抵挡不住这双红舞鞋的诱惑，悄悄地穿上它跳起舞来，顿时感到有舞之不尽的热情与活力。她不知疲倦地跳了一曲又一曲，最后姑娘累死了，在她的旁边散落着那双永不知疲倦的红舞鞋。

当时的《华为人》报登了一篇《企业不可穿上“红舞鞋”》的文章，强调“企业的首要责任是活着”，企业经理人的责任不是为公司寻找一双“红舞鞋”，使公司只能活一阵子，而是面对诱惑，保持战略聚焦，追求企业持续的生存与发展。

## 追求利润最大化会牺牲未来价值

企业为什么不能追求利润最大化？因为企业一旦穿上了利润的“红舞鞋”，就不容易控制自己的贪欲，就会牺牲企业的长期投入，牺牲一些战略机会点的获取，进而毁掉企业未来的大好前程。

我们身边总有这样一些企业，盲目地追求利润最大化，为此甚至会牺牲企业的品牌和声誉，只想在最短的时间内获得最高利润。这样的结果，短期内企业可能会获得较高的收入，有的甚至能走在行业前列，可是往往用不了两三年，企业就走到了尽头。

华为在这方面一直保持着清醒的头脑。按照一般规律，华为每年上半年的财报多数情况下利润为负，因为上半年业务规模还没起来。如果公司上半年利润很好，管理层则会认为这可能是个问题，一方面，这些利润极可能是牺牲了公司未来价值换来的，公司就要彻查各业务单元的资源投入情况，确保公司稳健经营。有一年的上半年，华为的利润确实太好了，于是便要求各部门突击花钱，理由是要增加土地肥力，只有土地肥沃了，以后才能长出更多的庄稼。另一方面，利润高了，带来的另一个困扰就是员工的分红会随之增加。员工现实获利多了也会是个问题，因为这些翅膀上绑了金条的“鸟”可能就飞不起来了。员工既然选择了艰苦奋斗这条路，就别老想着赚快钱。

华为的这些做法与一些企业形成了鲜明的对比。有的企业急于追求利润和股东价值最大化，不惜去盘剥合作伙伴、供应商甚至客户，这样获得的利润一定是短期的。有些企业还会故意做大规模，融资上市，而上市以后，一些高管得到了丰厚的回报，就立马失去了继续奋斗的目标。因为他们认为后面再难找到比上市更有吸引力的“奶酪”了，在这种情况下，上市反而成了企业的负累。由此看来，无论是企业利润最大化，还是员工或股东利益最大化，它们都是企业的“红舞鞋”。

实际上，企业利润高了，虽然员工和股东价值增大了，但有损客户的价值。企业在最初发展中，主要是为了完成销售任务，获得足够的资金来维持企业的继续发展。但企业要谋求长久的发展，就要从完成销售目标逐渐向与客户建立稳定、长期的合作关系转变，这才是长久之计。要想与客户建立长期合作关系，就要为客户持续创造价值，并不断体现企业的价值。如果企业只追求自己的利润，那必然就会牺牲掉客户的利益，这样怎么能赢得客户的信任和长久合作呢？

所以，华为每年都会根据自己的经营状况适当地向客户让利，从而“做厚”客户界面。客户关系稳健了，客户界面上的未来基本盘才会更加有保障。

## 保持有效规模是企业活下去的基础

华为对规模的认识是：企业必须保持有效的规模，这是企业活下去的基础。规模太小就会丧失竞争力，因为规模小面对的是外部因素，是客观规律，不以人的意志为转移，必然抗不住风暴。也就是说，规模是一个企业保持核心竞争力的前提，就像一艘巨轮和一叶扁舟在海里一样，巨轮抗风暴的能力当然更强。

但是，如果不考虑实际情况，盲目扩张，同样不利于企业的发展。

华为公司的通信设备和数据中心曾经需要配套电源，于是，华为就推出了一个名叫能源基础设施的配套能源业务。业务做起来后不久，华为便不再满足于仅为本公司的设备提供配套电源，于是开始大幅度扩张规模。但由于能源基础设施是个比较抽象的概念，在扩张初期就出现了盲目性。

幸运的是，任正非很快发现了这个问题。为防止力量分散，效益降低，华为立刻改变策略，决定对非主航道业务只考核利润，不再盲目追求规模。这样就限制了公司非主航道业务的盲目扩张，使业务定位更加清晰具体。业务定位也不再是能源基础设施，而是“以比特控制瓦特”。经过重新定义后的业务很快就发挥出了技术优势，提升了企业效益，每年都能为华为创造出丰厚的利润。

华为对规模的理解与很多企业不一样。很多企业是看见什么赚钱，就上马什么项目，不管这些项目和公司的核心竞争力是不是有相关性。这种“摊大饼”的多元化业务模式，由于学习曲线长、互相不借力等因素，反而会削弱企业的竞争力。有一位企业负责人曾经开玩笑地对我说：“我们的业务多元化，就像麻袋里装了一堆马铃薯，可一个个马铃薯彼此却没啥关系。”

华为认为，这种纯粹多元化的公司是很难生存的，企业必须保持有效规模。有效规模是以核心竞争力为前提，在与核心竞争力不相关的利益面前，要经得住诱惑，有所为，有所不为；在战略清晰的条件下，要有定力，创造机会。而具有有效规模的企业应该关注以下三件事。

第一，关注客户价值。

企业规模不是越大越好，规模大也不等于有效，规模太大，企业无法合理掌控，反而会被淘汰。而企业规模是否有效，关键要看价值客户的贡献。比如一个企业的销售额很大，但超过 80% 的销售额多是由小型客户提供的，行情不好就会亏损。这样的客户就是低价值客户，即使企业因为他们扩大了规模，也是不稳定的。

第二，关注区域构成。

举例来说，有两家企业，一家企业的规模是由一个区域贡献的，而另一家则是由三四个区域贡献的，那么哪家企业的有效规模更好？显然是第一家。所以很多企业认为抢占市场就是抢占了先机，但抢占市场的规模如果不是有效规模，即使再大也没有用。

第三，关注产品结构。

如果一个产品构成的规模和十个产品构成的规模相同，那么后者就不是有效规模。同时，产品结构之间还有一定的关联和替代关系，如果客户承接太多的产品，就很难实现有效的管理和营销。

如果企业不具备有效规模，就很难形成核心竞争力，也难以长远地生存下来。所以，华为只专注于自己的业务，从没有在房地产市场或资本市场赚快钱的想法。在华为看来，快钱如果赚多了，就没人愿意赚慢钱了。《华为基本法》中明确表示，“我们将永不进入信息服务业”，也是这个逻辑。一旦进入了信息服务业，就意味着要和客户抢生意，这样一来，华为就不可能获得客户的信任和忠诚；把网络设备左手卖给右手，也不可能倒逼华为产品进步。

## 保持规模和利润的平衡

2009 年，任正非在与 PMS（工程生产管理系统）高端项目经理的座谈中提出:“公司在前面 20 年是以规模为中心，因为那时的规模很大，利润还比较丰厚，只要抢到规模就一定会有利润。但是现在我们正在发生改变，我们强调每一个代表处、每一个地区部、每一条产品线，都必须以正的现金流、正的利润和正的人的效益增长为中心做进一步考核，我想三年内会发生较大变化。如果继续以规模为中心，公司会陷入疯狂。”

也就是说，经过 20 多年的发展，华为已经意识到不能再以规模为中心，开始将目光转向了利润。但是，华为一直以来的经营目标又不是完全地追求利润最大化，因为利润最大化“实际上就是榨干未来，伤害了战略地位”。

企业既不能追求规模最大化，也不能追求利润最大化，这两者之间该如何平衡呢？

## 追求一定利润率水平上的成长最大化

结合企业对利润和规模的诉求，华为提出了“一定利润率水平上的成长最大化”概念。一定利润率水平上的成长最大化，带来的价值是增加了企业的营业收入，扩大了企业的市场占有率，巩固了市场地位，为企业长期增长和获取可持续利润奠定基础。

如果我们注意看华为的财报就可以发现，华为每年的利润率一般在 8% 左右。所谓“一定利润率水平”，指的就是这个 8%，这就是华为给自己画出的一条生存底线。低于这个生存底线，就意味着华为的生存能力下降了；过高于这个生存线，诚如前面所说的，就会牺牲公司的未来。所以，华为将高于 8% 的利润部分全部拿来打造未来的核心竞争力。因此，连华为自己都说，华为就是舍得花钱。

2019 年，在著名的全球工业研发投资百强排行榜单中，华为作为前 50 名中唯一上榜的中国品牌，在研发方面的投入高达 113 亿欧元。排在华为前面的，是略微领先一点儿的微软公司。

这个数据说明什么呢？说明华为每年的销售额相当可观，但光投在研发上的资金就抵得上很多企业全年的营业额或利润额了。正因为这样舍得花钱，华为的净利润相对就减少了。

利润率锁定在 8% 还有一个好处，就是减少了竞争对手。这个世界上不缺有钱人，对一些喜欢赚快钱的人来说，8% 的利润率是没有多少吸引力的。而通信行业技术门槛高，利润又薄，很多人自然知难而退，这样就可以起到封闭市场的作用，让市场上的竞争对手减少了。

所谓“成长最大化”，指的是围绕企业的核心竞争力，最大限度地保持市场覆盖率，通过为客户提供低成本优质服务，摊薄成本，企业就能生存下来，并能攫取业务规模所带来的利润，从而自然地把企业今天的钱变成明天更大的现金流。所以《华为基本法》写道：“我们将按照我们的事业可持续成长的要求，设立每个时期的合理的利润率和利润目标，而不单纯追求利润的最大化。”“我们追求在一定利润率水平上的成长最大化。”

所以，企业要追求利润，只有这样做才能保证企业的进一步发展，但这不等于将追求利润作为唯一的发展动力。企业要持续发展，就必须不断成长，这就要求企业在保持增长与利润之间寻找合理的平衡点。

第一，将多余利润投放于市场。

利润是企业发展的动力，企业获得利润后，再将多余的利润投入市场，最终市场就会回馈更多的利润给企业。这样企业才能获得良性的发展循环，促进企业的持续发展。

第二，拓展业务要以利润为导向。

很多企业为抢占市场份额，不惜让企业亏损。这种情况短期内是可取的，但从企业长远发展来看，如果企业不能获得合理利润，显然就无法支撑企业的持续发展。所以，企业应该像华为一样，拓展业务先以利润为导向，只要市场有需求，就抓住机会，加大投入，以获得持续的利润。只要获得利润了，企业才有多余的钱加大开发力度。

第三，在守住生存底线的基础上，不惜代价争夺战略制高点。

任正非曾经说过，上甘岭虽然不打粮食，但上甘岭要是丢了，就没有打粮食的地方了。在那些边际收益小于或等于边际成本的地方，从短期看可能减少了公司的利润，但从长期看会增加公司未来的竞争力，有利于公司未来的成长。从这个意义上说，追求一定利润率水平上的成长最大化，最终还是追求长期利润最大化。

## 快速增长策略和长期生存策略

一定利润率水平上的成长最大化，可以用华为的“薇甘菊战略”来形容。

薇甘菊是南美的一种野草，在深圳的梧桐山上也有这种草，它疯狂的生长速度超过了所有的植物，植物学家称其为“每分钟一英里”的恐怖野草。它只需要很少的水分、极少的养分，就能迅速而蓬勃地覆盖所有植物。就是这样一种迅速成长、快速扩张的特性，使得与它争养分、争水分、争阳光的其他植物一个个走向窒息，走向衰亡。

华为引入薇甘菊概念是想说明，华为几十年来其实就是一株薇甘菊。它最早不过就是一粒薇甘菊草籽，随后迅速长成一株小苗，然后抓住几个重要发展节点，以“每分钟一英里”的速度迅速扩张。到了今天，华为的竞争对手，那些百年通信巨头，一个一个地衰落，一个一个地垮掉，而华为却异军突起，成了通信制造行业的全球领导者。

由于薇甘菊战略具有很强的攻击性，后来华为采用了“深淘滩，低作堰”这种相对比较温和的表述。“深淘滩，低作堰”是战国时期秦国蜀郡太守李冰修建都江堰水利工程时留下的治堰准则，同时代的古巴比伦空中花园、古罗马水渠和澡堂早已荡然无存，而都江堰水利工程至今仍然灌溉造福着成都平原。

华为认为，都江堰长盛不衰的主要诀窍及其蕴含的智慧和道理远远超出了治水本身。现在的华为，在所在行业要生存下去所遵循的法则，与 2 000 多年前都江堰水利工程的修建原则非常相似。

首先，“深淘滩”就是不断地挖掘内部潜力，降低运行成本，为客户提供更有价值的服务。客户绝不肯为你的光鲜以及高额的福利多付一分钱，企业短期的、不理智的福利政策就是饮鸩止渴。

其次，“低作堰”就是节制自己的贪欲，为自己留存的利润少一些，多一些让利给客户，并善待上游供应商。将来的竞争就是一条产业链与一条产业链的竞争，从上游到下游的整条产业链强健，才是华为的生存之本。

“一定利润率水平上的成长最大化”“薇甘菊战略”“深淘滩，低作堰”这些提法本质上没有什么不同。其中，“一定利润率水平上的成长最大化”是从经济学的角度阐述了华为的成长方式；“薇甘菊战略”是用特定植物的生长模式来形容华为在空间维度上的成长，它更形象，也更具有攻击性和力量感；“深淘滩，低作堰”则是从企业的内涵和时间维度上阐述了企业成长和经久不衰的原理。无论是 B 端（面向组织）业务还是 C 端（面向用户）业务，华为所有的产业总体上都遵从了以上成长规律。因此，华为的这一成长规律尤其值得其他企业借鉴。

现在中国很多企业在管理思想上都会犯一个很常见的错误，就是喜欢谈企业利润、谈快速发展、谈未来展望，却很少关注企业如何长远地生存下去。因此，很多企业往往发展几年就被市场淘汰了。

实际上，对于任何一个企业来说，要获得长期的生存和发展才是最重要的。这不是说企业发展规模越大越好、赢利越多越好，只有在企业规模与利润保持平衡的情况下，让企业获得稳定的发展速度，在市场竞争中存活下来，有足够的抵御风险能力，能够坦然地面对危机和挑战，企业才算是成功了。

# 提高核心竞争力的开放整合

企业要生存，就必须拥有自己的核心竞争力，这样在行业内与其他企业竞争时才能立于不败之地。而伴随着企业的市场化，市场机制对企业价值创造的影响力越来越大，此时企业就要积极对外开放，整合资源，促进企业各要素的组合效率，提高企业的核心竞争力。华为是开放的，在创新过程中，它不仅注重开发自己有优势的领域，还注重加强与其他伙伴的合作，从而构建起了真正属于华为的战略力量，保证华为能够拥有长期有效的发展策略。

## 市场机制激活价值创造诸要素

企业一定要聚焦自己的核心领域，不能什么事情都自己做，从而分散了注意力。因为企业不可能什么事情都擅长，要懂得把自己不擅长的领域让渡出去，并和其他企业形成优势互补，这样既实现了产业链共赢，又提高了企业自己的整体效率。

华为与国家开发银行的合作就是一个很好的范例。2006 年，国家开发银行工作组第一次到达阿尔及利亚，华为利用自己的资源优势帮助工作组找办公室、招聘员工等。在华为的帮助下，国家开发银行工作组顺利地在阿尔及利亚展开了工作。此后，国家开发银行陆续在全球成立了上百个工作组，每到一个新的地方，他们就寻求与华为合作。这样一来，国家开发银行从中获得了帮助，而华为也获得了海外拓展销售融资业务的有效资源。所以，开放整合资源是快速进入市场的有效方式。

## 对外开放，整合资源，提升竞争优势

当不同的分工以市场机制参与企业的价值创造和价值分配的时候，各种价值创造的要素都最大限度地得到了激活，这时企业创造的价值最大。

为什么一些从事线上业务的企业做不好产业互联网？主要原因在于它们缺少对相关产业的理解与洞察。为什么一些做机器人的企业做不好学习机器人？主要原因在于它们没有从事相关教育的经验和对教育心理的理解与洞察。而市场机制可以很好地把不同专业能力集成到一起，让不可能变为可能。比如，做产业互联网必须是产业和互联网两种领域的能力相结合，做机器人辅助学习必须是研究学习方法的人和研究机器人的人相结合，等等。

华为提倡的市场机制是一个开放的机制，即在核心领域，以核心成长为基础，降低成本，提高效率，提升核心价值；在非核心领域优势互补，提升竞争优势。

尤其是在产品研发方面，倘若光靠企业自身的内力也是能做到的，但是成本太高，而且支撑体系大了以后效率就会非常低，因此要借用外部力量。华为具体的做法是：与很多大学建立了联合实验室，共同创新；

研发体系专门成立了合作部，主要任务就是寻找合作。

在拓展海外市场方面，华为如果不寻求与其他企业间的联合，也是很难成功的。

2015 年，华为海洋公司在与朗讯、NEC（日本电气股份有限公司）、Tyco（泰科）等世界巨头的竞争中，赢得了海底光缆市场的国际大单。

当时的华为海洋公司刚刚成立不久，能在与几个世界巨头的竞争中获胜，凭借的是什么呢？

事实上，要进入海底光缆市场并不是一件容易的事。一方面，这一项目需要投入大量的资金；另一方面，海底光缆系统工程对技术要求非常高，既包括光纤通信，也包括海底光缆的铺设、维护等。华为在通信方面是行家，但在海底光缆的设计、铺设和维护方面却是个门外汉，对海底光缆市场探索多年的朗讯等世界巨头在各方面都远超华为。

因此，华为为了能进入海底光缆市场，便积极在全球寻找合作伙伴，最终与全球海事系统公司合资，成立了华为海洋公司。由此，华为成功克服自身短板，利用开放的资源整合策略，成功实现了企业间的优势互补，打入了国际海底光缆市场。

毫无疑问，善于整合资源是企业的一种更加开放的商业模式，同时也是一种实现共赢的商业模式。甚至在竞争越来越激烈的商业社会，企业的核心竞争力主要看的就是整合资源的能力。

但是，有些企业一提到整合资源，立刻就会想到一件事："跟对方合作我能得到什么好处？"这就是一种典型的占别人便宜的思维，是要不得的。企业对外开放，与其他企业进行整合资源，互相合作，绝不是空手套白狼，自己也必须具备被别人利用的资源。也就是说，企业必须具有自己的核心竞争力。如果连核心资源都没有，别人凭什么会与你进行整合呢?

所以，企业在准备实施资源整合时，应注意下面几个问题：

第一，要分析一下自己有哪些资源可以为别人利用，也就是企业的优势资源、有效资源等。只有企业具备了自己的优势，才有可能与其他企业形成整合。

第二，企业要善于通过各种平台将现有资源在开放的市场中展示出来，让其他企业看到，从而实现资源互换。

第三，通过利用其他企业的资源，不断扩大自己的优势资源，盘活自己的将死资源，这样，企业才能逐渐变得强大，用有限的资源撬动市场上更大的力量。

## 内部市场机制时刻激活组织

目前很多企业内部做不到市场机制，而华为内部却鲜明地体现出市场机制对于内部的激活作用。目前，很多企业内部都是计划机制，做不到市场机制，或者说不能完全做到市场机制。而一个健康有活力的企业，绝不仅仅体现在与外部对手的竞争上，更重要的是体现在内部机制的市场化。很多企业管理不好、效益不好，并不是因为它们没有制度、没有规范、没有市场，恰恰相反，它们有很复杂的管理制度，但管理却相当混乱。表面看很规范，其实缺乏的恰恰是有竞争力的内部市场机制，而不是制度本身。

有一家制药公司，它的销售队伍很庞大，队伍中的许多人都是跟随企业一同成长起来的。随着公司的发展，这些人也拿到了丰厚的回报，但他们的战斗力并没有因此而增强，反而更加安于现状、不思进取，一些区域甚至发展到向公司报假业绩，欺骗公司的地步。公司也采取了各种严厉的措施，但效果并不明显。最后，公司下定决心，重新招聘了大批新人并进行培训，与旧机制形成竞争态势。这样一来，很多原来不能落实的制度、规则等反而逐渐落实了。

这就是建立内部市场机制的作用。

华为内部的很多管理制度都采用市场机制，目的就是通过无依赖的市场压力传递，使内部机制时刻处于激活状态。服务型 BG（service business group，SBG）的工作不到位，BG 有权选择服务型 BG 以外的服务。消费者 BG 采购手机芯片，海思和其他厂家一样，也要参与招投标。华为内部很多行政服务，诸如食堂、用车、停车场、安保等，都是外包和有偿服务。员工在华为大学的学习是有偿的，业务部门使用办公场地和华为大学的教室，都是有偿使用，要计入部门成本。这样就减少了企业不必要的人员和资金浪费，提高了企业的效益。

所以，任正非多次强调，华为不能因为短期利益而损失企业长远的发展，“不能一边救今天的‘火’，一边埋明天的‘雷’”。当然，华为在业务发展的过程中，也会不可避免地遇到各种新情况、新问题。

比如，随着事业规模的不断扩大，管理体系建设就成为一个绕不过去的关键问题。没有管理，华为的人才、技术、资金就形不成力量。但如果管理都靠华为自己摸索，这个时间成本就太高了。所以，华为就采用市场机制和“拿来主义”，聘请咨询顾问，并且华为也是中国所有企业中咨询费花得最多的企业。经过 30 多年的努力，华为在管理体系建设方面开展了一系列的变革，集成了很多世界级的管理理念与管理实践，一些世界著名的咨询公司长年在华为办公，帮助华为梳理管理体系。

而更多的企业要想通过内部市场机制激活组织，可以从以下几方面努力。

第一，积极寻找改进点，并使持续改进变成一种习惯，不断改进企业的管理体系，从而持续地为企业赢利。

第二，充分发挥高端专业人才的智慧。企业内部环境的改善、各个部门的合作，不仅需要依靠“拿来主义”的经验，更需要内部人员通过专业的能力去沟通和推动。

第三，人才是企业最核心的资源，企业要加强对人力资源的整合，毕竟现在已不再是靠单打独斗赢天下的英雄主义时代了。一个成功的企业，管理者要将员工当成自己的合作伙伴，而不仅仅是下属。当管理者能真正为员工利益考虑时，企业才会有活力和希望。关于这一点，华为的企业内部全员持股制度最典型，企业与员工捆绑在一起，形成了一个“力往一处用，劲往一处使”的企业生命共同体。可以说，华为已经将内部资源整合做到了非常有效。

华为认为竞争对手的存在也是一种市场机制，没有竞争对手，也就不可能有今天的华为。就拿同城竞争对手来说，它们好比是鲇鱼，往往会以更低的价格和华为竞争，华为没办法，市场端不得不适度降价，而且后端还得涨工资，否则员工留不住，这样就逼着华为不断成长和进步。

## 市场机制下，机会牵引资源

在计划机制下，企业一般会选择垂直整合，所有的分工都被企业垄断，内部分工效率低下，却又无法被外部更高效的分工取代，资源效用因此难以放大。而在市场机制下，企业通常会选择开放整合，主动发现新的分工，并寻找机会，以更高的效率介入这些分工。

### 计划机制重在资源驱动

华为从创立初期到取得今天的成就，依靠的是不断地根据市场更新自己的目标，在目标牵引下不断寻找自己新的发展方向。

2006 年，华为在 GSM（全球移动通信系统）上的投入终于获得了回报——GSM 连续三年实现了增长，并为公司带来了利润。但是不久，一场重大的危机出现了。

在华为不断扩张的过程中，国外电信公司也在不断努力，并从质量、价格等方面与华为形成竞争态势，华为与各竞争对手之间差距越来越大。为了提高在市场上的竞争力，华为开始研发新产品，GSM 研发团队在上海研究所开始了夜以继日的奋战。经过大家大半年的艰苦奋战，新双密度基站终于推出，华为在市场竞争中重新赢得了优势。

多数企业在制定目标时，一般会综合分析自己的能力和市场环境，然后制定一个适合公司当前发展的目标。但华为的经验告诉我们：企业如果想获得更高的发展，就要结合市场机制不断发现机会，更新目标，然后在机会和目标的牵引下，积极整合内外部资源，找到自己真正的发展方向，并为之努力。

有一家经营了 20 多年的生猪养殖企业，年养殖生猪 20 多万头。这家企业初步确立了第二年养殖 25 万头生猪的目标，增长率为 25%。但根据市场调查，其所在的省早已从猪肉输出大省变成了输入大省，这说明市场空间足够大，本地养殖业完全跟不上市场发展。当被问及企业为什么不大幅调高增长率目标的时候，该企业给出的答案是："我们能力跟不上，因为养殖先得拿地，拿了地要建养殖基地，然后引进母猪、生产猪崽，养殖成熟后再贩卖。"

该企业的做法在管理上叫作垂直整合，即通过企业内部分工，而不是通过企业内外分工来完成资源和要素整合。垂直整合的效率是很低的，因为企业内部每一个分工都是串联而非并联关系，能力发育都需要时间，这不仅大大增加了企业进入市场的时间成本，而且任何一个分工所造成的能力短板都将给整个系统带来破坏性的影响。

经过高层战略务虚会，这家企业后来放弃了垂直整合，改用开放整合方式，即通过整合企业内外部分工，充分发挥外部资源和能力优势，快速补齐自身资源和能力短板，同时将企业的目标和策略也都做了根本性调整。

第一，他们把第二年的生猪养殖目标调到了 40 万头，增长率从 25% 变成了 100%，同时明确，到年底要形成年产 100 万头生猪的养殖能力。

第二，他们用"公司 + 农户"的养殖模式取代自建养殖基地的模式，同时把市场拓展与长效机制的扶贫政策结合起来。

第三，用机会牵引能力，边打仗边建设，在开拓市场的同时，着力配套终端服务、金融支持、猪崽供应链等能力要素。

开放整合后，该企业一下子就由重资产变成了轻资产，资源和能力不求所有，但求所用，企业效率获得了大幅提升。

上面这个案例隐藏着一个非常重要的理念差异：市场机制重在机会牵引，而计划机制重在资源驱动。当一个庞大的市场已经出现在企业面前，该企业最先想到的却是大规模资源投入而不是尽快占领市场。不妨试想，几年后该企业若建成了一定规模能力，市场却被其他企业瓜分完毕，企业背负如此重的资产去和其他企业拼抢，如何能赢？那必将是一个悲惨的结局。

## 市场机制促进各要素的组合效率

垂直整合为什么效率低下？我们再通过一个案例加以佐证。

> 一家汽车企业为网约车公司生产汽车，可汽车就是卖不动，该企业就想：不如我们自己成立网约车公司，开展网约车业务，这样汽车左手卖给右手，既可以缓解汽车销售压力，还可以增加新的收入。

显然这也是计划机制，最终也难以达成企业的商业目的，原因有四点：

第一，汽车卖不动，说明根本问题出在汽车不太符合网约车公司的需求上，办法应该是提高汽车的核心竞争力，而不是为卖不动的汽车找出路。

第二，把卖不动的汽车内部“出售”给自己的网约车公司，必然弱化自己网约车公司的竞争力，加上做网约车公司本来就不是自己的强项，这么做岂不是更增加了自己网约车公司的生存压力？

第三，成功地把其他网约车公司从客户变成了竞争对手，不利于汽车销售。

第四，内部消化产能造成最大的恶果是：企业和企业的产品继续平庸。

因此，市场机制可以说是一种最好的竞争机制，它可以促进企业持续发展和进步，促进要素的组合效率，让企业在有限的资源下为客户提供更优质的服务。当一家汽车企业允许自己的员工不买自家企业的汽车时，当一家通信企业允许部门不用集团生产的芯片，允许员工不买自家企业的手机时，说明这家企业心理上已强大到足够自信，成为伟大企业也是必然的。

前两年大家纷纷宣称，爱国就要买华为产品，不买苹果产品。对此，任正非的回应是：对于华为的产品，大家喜欢用就用，不喜欢就不要用，不要上升到政治高度。甚至任正非和家人也会使用一些苹果的产品，因为这些产品真的好用。这也许正是企业家对自己企业和产品的信心表现。

当然，计划机制和市场机制并非二选一的关系，它们完全可以做到相辅相成。

首先，涉及基础原材料（如石油）等创新不明显的要素市场领域，以及投资驱动的研究领域，可以以计划机制为主，其他领域则以市场机制为主。

其次，企业进行商业选择时应以市场机制为主，各部门对各自的业务损益负责，找到各自的业务发展规律，但业务过程管理可以是计划机制。

# 战略机会面前大胆投入

在信息网络飞速扩张的时代，所有新技术、新产品的生命周期都越来越短。在这种情况下，如果企业不能抓住机会窗短暂的开启时间，获得规模效益，企业发展就会越来越困难。所以，企业要获得生存和长期有效的发展，在战略机会面前就要敢于投入，敢于追求成功。

在任正非看来，华为既要聚焦于主航道，也要“一杯咖啡吸收宇宙的能量”，只有坚决攻入“无人区”，才能跨越利益冲突和矛盾。在全新的领域中，没有了竞争对手，企业就可以自由发挥，抢占战略机会点。

## 针尖战略

2014 年，任正非提出，要把握客户真正需求，坚持主航道的“针尖战略”。针尖战略其实就是物理学上的压强原理，即在同样作用力的情况下，面积越小，压强越大。任正非曾说，水和空气是世界上最温柔的东西，但火箭升空却是靠空气推动的。火箭燃烧后高速运动的气体通过一个叫拉瓦尔喷管的小孔扩散出来的气流产生巨大的推力，可以把人类推向宇宙；涓涓流水一旦在高压下从一个小孔中喷出来，就可以用来切割钢板。

## 聚焦主航道，收窄战略面

华为认为自己是一个能力有限的公司，只能在有限的宽度赶超西方公司。若不收窄作用面，压强就不会增大，就不可能有所突破。而且，华为只可能在针尖大的领域里领先西方公司，如果扩展到火柴头那么大的领域，就绝不可能实现这种超越。因此，华为只允许员工在主航道发挥主观能动性与创造性，不能盲目创新，分散了公司的投资与力量；对于非主航道的业务，员工要认真向成功的公司学习，坚持稳定、可靠地运行，保持合理有效、尽可能简单的管理体系。

> 华为曾经的产品序列有很多，由此带来的直接后果就是品牌不聚焦，服务成本过高。如果一直这样盲目铺摊子，战线过长，就很难形成拳头优势。
>
> 于是在2014年初，华为将十几款产品线进行了精减，只留下两款拳头产品。此后，研发团队、市场销售团队、服务团队一一聚焦于这两款产品。当时也有人质疑，认为产品品类一旦收得过窄，是不是给客户提供的选择就少了？销售额是不是就会下降？但经过一段时间的挣扎后，华为最终还是认为要聚焦主航道，因为这么多款产品再同时铺开，产品线就会承受不住。
>
> 很快，华为看到了可喜的进步：研发团队在聚焦产品上的投入得到了保证，产品开发速度加快；销售团队和客户服务团队得到的培训和赋能也更加精准；备件库存下降；成本逐渐降低……华为几乎

将企业大部分的精力都聚焦在主航道上，最终也用事实证明，华为的做法是可行的。

聚焦主航道其实就是实施针尖战略，收窄战略面。企业聚焦在针尖领域，就踩不到别人的脚，不会与别人产生利益冲突，同时要防止盲目创新，四面八方都喊创新，那将是华为的葬歌。

对于其他企业来说，华为的针尖战略同样适用。企业要敢于将战略能力的中心放到战略资源的聚焦处，就像任正非说的那样：大公司要敢于用密集投资缩短时间、追赶时间和延长机会窗开启的时间。在世界大型的成功企业当中，大部分企业都是集中优势打造主航道的“专款”，如比尔 · 盖茨聚焦软件行业，可口可乐公司将碳酸饮料做到极致，等等，它们都是在自己的主航道上成为全球企业的领导者。

第一，聚焦主航道，抢占战略制高点。

对于企业来说，主航道就是大数据流量的管道战略。任何一个企业的资源都是有限的，只有确定了最核心、最主要的战略方向，再将所有的资源、人才都调上去，聚焦在一点上全力攻击，就一定能有所突破，让企业在这一点上抢占战略制高点。

第二，舍得放弃，有所为，有所不为。

任正非曾说，战略战略，只有“略”了，才会有战略集中度，才会聚焦，才有竞争力。因此，企业发展要舍得外包，要敢于放弃一些非主流航道，勇于与外部企业进行互助合作。

第三，建立开放的市场系统。

企业一定要具备开放的观念，无论是产品开发、供应链管理、财务管理还是销售服务，都要尝试去打破原有的组织平衡，利用耗散的结构去吸收新的能量，建立新的组织平衡。这样，企业才能构建自己核心的竞争力。

### 市场开拓：集中力量打歼灭战

针尖战略应用在市场开拓方面，就是遵循机会大于成本原则，而集中力量打歼灭战的具体做法是：当机会窗开启的时候，华为利用压强原理先形成局部突破，将人力、物力、资金集中在一个点上，快速超越其他公司。撕开口子以后，就有了市场；有了市场，就继续加大投入，形成更大的突破；有了更大的突破，就可以占领更大的市场。

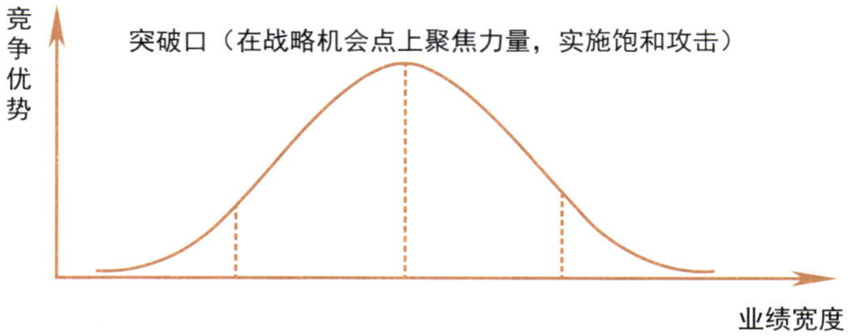


图 2-1　针尖战略

对于华为的“集中力量打歼灭战”，任正非在 2013 年企业业务座谈会上说：“我认为企业的业务不必追求立刻做大、做强，还要做扎实，要赚到钱，看谁活到最后，谁活得最好……华为并不是什么了不起的公司，我们就是要坚持活下来，所以我认为不要盲目扩大业务，要聚焦在少量有价值的客户和少量有竞争力的产品上，在这几点上形成突破。”

华为在市场端撕开口子、占领市场的经验做法有三种。

第一，开实验局。具体的做法就是在市场端对研发成果先进行 Beta 测试，形成稳定的产品和服务，然后复制到其他市场。

1993 年，应中国通信网络数字化的要求，华为在 C&C08 A 型数字程控交换机研发上押下了巨大的赌注，终于研发出了样机，这时必须在市场上快速找到应用点。经过努力，华为在浙江义乌成功开通了第一个数字程控交换机实验局，此后依靠市场人员的不懈努力，C&C08 A 型机快速推广到中国绝大部分县城。自此，华为终于在强手如云的通信市场站稳了脚跟。

第二，借货。华为销售端经常遇到这样的问题：因为客户找不到新产品的应用场景，所以对产品不感兴趣。于是，华为销售人员便通过客户关系运作，先把产品从公司借出来，供一些客户无偿使用。客户在使用过程中对产品性能逐渐认可后，销售人员再把产品卖给客户。

第三，样板点。这是指华为重点推广的产品或解决方案在市场端成功应用以后，再把它打造成宣传样板，然后邀请其他客户来参观，并通过现场推广现身说法，争取越来越多的客户接纳华为的产品或解决方案。

华为 3G 在海外市场的突破就是样板点的成功应用。2003 年，华为在阿联酋开通了全球第一个 WCDMA 3G 商用网络，然后以此为样板点，邀请全球各地的客户到阿联酋开现场会，观摩华为提供的可视电话、会议电视、高速快速上网等 3G 业务，让客户充分认识了华为 WCDMA 系统在性能、技术、品质及业务等领域的优势，进而为陆续打开海外其他市场奠定了基础。

总之，在市场竞争中，任何一个企业都要学会针对重要的战略机会点集中力量，从而实现重点突破，开拓市场。

## 研发领域：集中攻克，迅速占领山头

针尖战略应用在研发领域，就是要在变化中探索真理，攻克新技术时队形要“尖”一点，增大压强，快速获得竞争优势；当新技术的作用减弱时，要根据客户的需求进行力量的正态分布，实现产品的组合管理。

> 华为创业初期的C&C08程控交换机在市场上形成突破后，华为就以交换机为核心，形成了一个“交换机＋接入网”的产品组合。“接入网”这个概念听起来好像很简单，其实不简单。接入网没有交换功能，它只是单纯地把用户的语音、数据等信息汇聚起来，这就需要用到传输网络、铜线、光纤、无线技术等。这就是所谓的固定移动融合（FMC）。
>
> 华为早期的无线产品没有自己的品牌，不得不依赖交换机做无线的核心网，然后无线以接入网的方式扩大战果。由于核心网占无线网络的比重并不大，华为便利用C&C08交换机的优势，先把交换机以较低的价格卖给客户，甚至送给客户，目的是占领山头。一旦交换机作为无线核心网的主要设备卖给了某个客户，华为就可以围绕核心网，也就是交换机这个大平台，再把无线基站、光纤、铜线、双绞线、同轴电缆、无线蜂窝、无绳电话等接入网产品卖出去，形成产品组合，从而获得市场整体突破，迅速满足客户差异化的接入场景需要。多样化的接入网产品概念，可以说是华为早期的一个创造。

华为的针尖战略其实就是一种企业的和平崛起。怎么理解这句话呢？当一个企业逐渐突破战略无人区、冲到最前面后，它就触及不到任何人的利益了，这就为它的和平崛起铺平了道路。所以对于华为来说，这一战略的直接结果就是避开了与西方企业的利益冲突，实现了在高价值领域与对手的互补需求。

其实，现在很多企业都应该借鉴华为的针尖战略。

首先，集中自己的优势资源，实现重点突破，打造自己的产品或服务在某个领域内的核心竞争优势。

其次，将产品或服务投放到一个特定的目标市场上，满足特定的客户需求，通过这种方式快速增加自己的销售额和市场占有率。当然，要做到这一点还有个前提，就是企业的业务一定要专一化，不能有过多的细分市场，这样才能快速、高效地为某一个特定的、狭窄的细分市场服务，超越那些在广阔市场范围内的竞争对手。

## 规模经济和范围经济

华为当年喊出“三分天下，华为有其一”的口号，未必是真想成为行业领导者，而是华为经过行业洞察以后，发现自己其实只有两条路可走，要么成为行业领导者，要么死亡。当时无论是产品、技术、品牌、行业地位还是市场份额，华为都全面处于劣势；华为唯一的产品优势就是成本，当然还有西方公司无法比拟的良好服务。

华为要获得持续的成本优势，就意味着必须形成规模经济和范围经济，持续降低单位产品的成本。和 20 世纪 90 年代相比，现在华为的网络设备价格几乎已降到了极限，可华为还能保持赢利，除了摩尔定律和技术降本的因素，还有规模经济和范围经济的因素。

### 通过规模经济发挥比较竞争优势

所谓规模经济，是指通过扩大生产规模而引起经济效益增加的经济。

企业在生产某种商品时，产品的长期平均成本与它的产量呈反向关系，产量越大，平均成本就越低。

20 世纪初，美国福特公司引入了流水线生产。在 1908 年时，生产一辆 T 型汽车要花费 12.5 小时；然而到了 1925 年，生产一辆同样的汽车只需 10 秒钟，此时每辆汽车的价格却只有开始时的 10%。这说明，福特汽车的成本伴随着生产规模的扩大而降低了。

这就是规模经济的典型体现。

一般来说，规模经济越明显的行业，就越有可能率先占领市场份额，通过发挥自己的比较优势，以低价策略战胜对手，获得竞争优势。这一点在华为刚刚准备全球化时就体现得十分明显。

2000 年，华为拉开全球化序幕，它要尽快将核心能力扩展到全球，整合全球资源，通过规模经济降低成本，发挥比较竞争优势。从要不要全球化的角度看，华为认为全球化是必由之路。因为通信产业是一个全球充分竞争的市场，产业特点决定了全球化是华为活下去的必然选择，只有在全球化竞争中发挥比较优势，企业才能成为长久的赢家。从能不能全球化的角度看，通信产品标准已经全球一致，不存在互联互通问题，且西方公司早已通过全球化获得了行业规模和格局，通信产业在国家与国家之间基本上也不存在市场壁垒。

基于以上认识，华为断然决定走全球化之路。应该说，华为开拓海外市场有一定的经验，因为在国内，华为就处在一个与西方公司同台竞技的业务环境，全球化后只不过是把战场移到了海外。事实证明，华为这一决策无比正确，到 2004 年，华为海外业务就已经达到了和国内业务并驾齐驱的规模。

那么，一个企业要运用规模经济的正确姿态应该是什么样的呢？

首先，企业不能随便采取规模经济，而要看该企业每增加一项产能要素时，是否获得了更高倍率的产出递增；或者每增加一个单位的产出，造成的成本消耗是否低于这一单位产出所带来的收益。

其次，企业不能因为规模经济能节约成本就盲目地扩大规模。规模经济最有效的作用在于：已拥有一定规模的企业可以聚拢关于产出过程的各个要素，然后再进行合理、精确地分工，而且分工越精确，效率就越高。这样企业才能提高自己在市场上的比较优势。

但是，当企业发展到一定规模后，规模经济的优势就会逐渐消失，此时企业就要考虑是否应跨入范围经济状态。

### 范围经济要找到新增长点

所谓范围经济，是指由厂商的范围而非规模带来的经济，即当同时生产两件产品的费用低于分别生产每种产品所需的成本总和时所存在的状况。相较于规模经济，范围经济的挑战性更大，因为范围经济涉及商业模式的重构，要在“桃树上结西瓜”。

2009 年前后，华为明显感受到了运营商 BG 增长乏力的趋势，为了未来的可持续发展，华为必须寻找新的增长点。

2010 年，华为正式提出“云管端”战略（云指企业 BG，管指运营商 BG，端指消费者 BG），成立企业 BG 和消费者 BG，形成“云管端”融合的 ICT[①] 业务架构。2020 年初，华为着眼于未来，对产业进行组织变革，成立云和人工智能 BG。其总体思路是：立足耕耘了 30 多年的管道业务，面向云和产业，“向下扎到根，向上捅破天”。也就是说，向下深入终端，面向广大消费者，将业务延伸到智能手机、消费类电子、智能家居等领域；

① ICT，全称 information and communication technology，即信息和通信技术，这是电信服务、信息服务、IT 服务及应用有机结合的一种服务。

向上延伸到云端，面向企业，布局人工智能和云产业，构建基于芯片级的云服务能力。

“云管端”融合的ICT架构构建了一个商业生态。在这个生态中，管道就是那棵“桃树”，云和端就是“西瓜”。3G和4G网络建成以后，运营商投资成本高企，如果没有应用拉动，运营商收回投资成本都成问题，更别谈投资5G了。而随着云和端的广泛应用和成熟，流量消费将不再是问题，在数字洪水的推动下，运营商自然就有了升级管道的积极性，投资5G也就有了热情。因此，“云管端”的融合其实是一个相互促进的商业模式。

在市场空间越来越小的今天，规模经济扩大的成本已大大提高了，对于很多企业来说，再盲目地追求传统的规模经济已经不是明智的选择。而范围经济属于一种新兴经济，它主要是基于客户思维，围绕着客户的需求来开发和创造客户价值。一般来说，企业在发展初期可以专注于主业的规模经济，一旦进入快速发展期或成熟期，就可以考虑“规模经济+范围经济”同时发展，或者直接跨界发展，获取范围价值了。

> 苹果公司就是“规模经济+范围经济”的典范。一开始它只生产手机，随着手机业务的增加，单一产品规模化后，产品平均成本降低，企业获益增加。这时，苹果公司就开始向范围经济延伸，逐渐推出一系列产品，如iPod（数字多媒体播放器）、iPad（平板电脑）及Mac（个人消费型计算机），都获得了较好的成绩。

当然，要使企业从规模经济过渡到范围经济，并不是降低成本就能成功的，成本的降低只能是为企业带来范围经济的原因之一，除此之外还有多种因素，比如企业的研发能力、巨大的品牌效应等。最终企业能否获得范围经济，应该是各个因素合力的作用。

## 机会重于成本

在巨大的战略机会面前，企业要有持续投入的思想准备和定力，这就像钻井，钻到深处，才有可能出油。如果以成本思维看问题，不敢持续投入，就不可能取得成功。华为第三代通信产品 SingleRAN 就是在这样的背景下应运而生，为企业发展开辟了新赛道的。

### 机会面前大胆投入

2G 时代，华为无线产品开发充满了艰辛，GSM 没有品牌优势，无法进入高端市场；CDMA 看不清方向，只能少量投入；重金投入的 WCDMA，却迟迟看不到中国市场发放牌照的希望。无线产品线当时连年亏损，对公司的经营业绩形成不小的拖累。

SingleRAN 到底有什么独特之处，能给华为带来巨大成功？原来，随着通信技术的发展，标准也越来越复杂。2G 时代 GSM 一枝独秀，CDMA 很难与其分庭抗礼。在这种情况下，无线运营商客户的网络结构相对简单，无线的核心网就是一套移动交换机，无线接入网就是一套控制器基站，设备形态也比较简洁，运营商建网的总体成本可控，经营利润能够得到保证。但是到了 3G 时代，主流的无线通信标准一下子从两个变成三个，分别是欧洲的标准 WCDMA、美国的标准 CDMA 1X 和中国的标准 TD-SCDMA。

以中国联通为例，如果想连续地为消费者提供业务，联通的网络至少要同时支持 GSM、CDMA、WCDMA 三套标准。当时移动通信渗透率日益饱和，如果要同时建设三套独立的网络，那么建网成本就要翻三倍，这对增长乏力的联通来说无疑是雪上加霜。

华为这个时候提出的 SingleRAN 概念，就是要用一套网络设备，同时提供三种、四种甚至是五种以上通信标准的无线通信服务，这不但降低了运营商的建网成本 CAPEX（资本性支出），而且降低了运营商的运维成本 OPEX（企业的管理支出），运营商的 TCO 也大大降低。因此，SingleRAN 一经推出，就在全球受到了广泛的欢迎，移动运营商争相采用这种新型的共平台的网络产品。SingleRAN 好比是航母平台，上面搭载着 WCDMA、CDMA、TD-SCDMA、GSM 等不同制式的无线产品，而这些产品就好比是一架架舰载战斗机。SingleRAN 大平台的市场推进，让 WCDMA 很快在欧洲取得了突破，让 CDMA 在中东、北非取得了重大进展，同时带动 GSM 和 TD-SCDMA 在中国市场取得了规模商用。

话说回来，华为如果没有前期在移动通信领域的大规模投入，就不可能厚积薄发，也就不可能有 SingleRAN 的成功。因此，企业一时的失败或试错，恰恰是其学习的必经过程。在机会面前，任何急功近利和患得患失，都可能导致与成功失之交臂。

为了能好好把握住战略机会，在机会来临时大胆投入，企业还要做好下面这些准备工作。

第一，努力将战略机会清晰化、准确化。

战略机会可不是企业等来的，大多数时候要自己去创造，只有这样，才能引导市场。当然，在创造机会的同时肯定要付出相应的成本，但相对于机会产生的回报来说，成本的付出是值得的。

关键在于，企业应在战略机会来临时，通过各种措施将战略机会清晰化、准确化，这样才能更好地把握战略机会，增大资源投入，为企业和客户创造价值。

第二，积极设计与构建战略控制点。

什么是战略控制点？简而言之，就是企业的中长期核心竞争力，如品牌、客户关系、产品性价比等。企业只有积极地设计与构建这些战略控制点，才能维护好自己的品牌形象，从而主动把握战略机会，为企业战略的成功实施铺路。

## 把握好理想与现实之间的动态平衡

把握好理想与现实之间的动态平衡很重要。成功的管理者所具备的一个重要特质，就是在攸关企业生存的现实机会面前敢于采取机会主义。而面对理想与现实的冲突，不敢采取机会主义，则有可能错失发展良机。

华为就曾经在这方面犯过错误。2005 年左右，全球以 PSTN（公共交换电话网络）技术为基础的电话网络和以铜线 DSL（数字用户路线）技术为基础的宽带网络将要被以光纤接入 FTTx（各种光纤通信网络的总称）技术为基础的超宽带网络替代，但 FTTx 有 GPON 和 EPON 两种技术路线[①]，华为到底走哪条路线？

在这个关键转折点上，全球绝大多数运营商选择了 GPON，

① GPON 是基于 ITU-TG.984.x 标准的最新一代宽带无源光综合接入标准，具有高带宽、高效率、覆盖范围大、用户接口丰富等优点。EPON 是基于以太网的 PON（无源光网络）技术，具有低成本、高带宽、扩展性强、与现有以太网兼容、方便管理等优点。——编者注

原因是 GPON 在带宽和 TCO 方面优势明显。但相比 GPON，EPON 的优势是技术成熟，而且建网成本 CAPEX 低。从大趋势看，GPON 代表正确的方向，似乎毋庸置疑，但问题是中国电信在 EPON 上有了自己的专利和发展规划，中国电信正大力推广 EPON，并带动中国联通也在紧锣密鼓地布局 EPON。

面对理想与现实的冲突，华为当时固执地坚持 GPON 路线，结果在这一轮“光进铜退”的盛宴中，眼睁睁地把市场机会拱手让给了友商。直至后来，华为用最快的速度在产品上实现了 GPON 和 EPON 的融合，并自主开发了全系列的光网络产品（ONT），同时配合诱人的商业服务，才逐渐抢回了曾经丢失的阵地。然而华为却为这一失而复得的艰难过程付出了巨大的经济代价。

华为一直拒绝机会主义，这也使华为抵抗住了很多赚快钱的诱惑，始终踏踏实实聚焦自己的管道战略。但在大机会时代，不搞机会主义，不等于放弃市场上出现的战略机会。当机会来临时，及时把握就能先发制人，相反就会受制于人。

所以对于企业经营来说，还是应该时刻发现战略机会，善于抓住客户的痛点和真实诉求来设计、构建自己的战略控制点，审时度势地把握好理想与现实之间的动态平衡，不要总用成本思维来考虑问题，毕竟“敢于胜利，才能善于胜利”。就像 2014 年任正非在一次座谈会上说的那样，“战略机会永远都会出现，技术在进步，时代在进步，客户在变化，不是要完全颠覆已有的优势才可以获得战略机会”。

当然，上面这个案例也给我们带来了更深层次的思考：华为为什么能在犯错之后做到成功逆袭？未来是不确定性的，这个世界上没有人可以先知先觉，这意味着企业在捕捉未来的过程中经常犯错是一种常态。

从基业长青的角度，管理者需要思考一个命题，即企业如何避免因为犯错而导致的昙花一现。相比犯错本身，企业生存显然重要得多。

华为在这方面的经验是：在企业内部建立强大的自我批判机制。华为认为，自我批判是一个企业最大的战略储备。时至今日，我们还没有看到哪个企业把自我批判上升到这样的管理高度，不得不说这是华为超越一般企业的生存智慧。这启示我们，企业与其一味要求员工不犯错，还不如建立一种快速纠错的机制，后者较之前者，可能来得更加现实。企业有了自我批判的机制，就可以在市场发展的主轴上小幅震荡地长远前行，而不会一遭遇点儿风险就翻船。

# 第 3 章

# 破局增长

## 跳出生存局限，实现动态管理

在这个市场竞争日益激烈、“黑天鹅”频出的时代，几乎所有企业都会面临这样的挑战：如何应对各种不确定性，实现稳健增长。

对此，华为的做法值得借鉴。首先，努力创造机会，抓住市场上出现的各种机遇，以规则的确定性应对结果的不确定性；其次，对于不确定性的项目投资保持适度的灵活性，做好战略投资决策；最后，做好企业内部管理，在不断总结过去经验的同时，积极探索未来的发展方向，在经营理念方面不断更新。

# 创造机会，引导消费

在任正非看来，“战争打到一塌糊涂的时候，高级将领的作用是什么？就是要在看不清的茫茫黑暗中让自己发出微光，带着你的队伍前进，走向胜利。‘寻找机会，抓住机会’是后进者的名言；‘创造机会，引导消费’是先驱者的座右铭”。机会是企业发展和扩张的动力，企业只有善于创造机会、抓住机遇，才能走得更远，这一点华为深以为然。

## 没有现成的机会，机会是创造出来的

华为一直认为，企业在发展过程中是不可能有现成机会在那里等着你的，只有自己积极创造机会，才能获得不断的发展。中国移动的“神州行”和中国联通的“如意通”，就是华为创造机会的经典案例。

移动通信早期属于高消费，高消费意味着可能出现高欠费。为了防止高欠费，移动运营商不得不采用开户制度，即用户使用移动通信服务前，必须先开户，登记个人信息和缴纳一定金额的入网费等，这样就大大限制了运营商发展用户的能力。尤其是那些随中国经济发展形成的大量流动人口，以及消费能力一般的广大普通人群，硬生生地被移动运营商的开户制度排除在移动通信服务范围之外，这当然也是移动运营商极不愿看到却又无可奈何的事情。此时，华为及时洞察到客户的这一痛点，准确地预见到这又是一个极大的商机，便着力开发预付费业务，以解决运营商在扩大消费者准入、降低消费者门槛方面的困扰。

1999 年，华为积极配合移动运营商，开通了中国第一个移动智能网，开放自动漫游的神州行预付费业务，用户无须缴纳入网费和月租费，只需要购买充值卡就能方便灵活地享受移动通信服务，并可以自动漫游和异地充值。随着“神州行”和“如意通”的推出，中国的移动用户每年以数千万的数量呈爆发式增长，让移动运营商赚得盆满钵满。

“神州行”和“如意通”为中国移动通信事业的发展立下了汗马功劳。有了规模庞大的用户作为基础，移动运营商每增加一项增值服务，都会带来海量的经济收益和充裕的现金流。比如，华为和移动运营商共同开发的短消息业务，在微信出现之前相当长的时间里简直成了运营商的摇钱树，当时被冠以“拇指上的经济”之称谓，可见创造机会带来的商业价值之大。

## 分清机遇和机会，提高前置性布局能力

我的老家是桂花之乡，一段时间里，粗壮的桂花树一株可以

卖几千元甚至上万元；刚长成的桂花树，一株也可以卖到 1 000 元左右。于是，老家很多人开始跟风，种植桂花树。可到了桂花树长成的时候，有些人将桂花树引入了市政建设，创造了机会。但同时，桂花树受城市建设和楼市行情的影响，突然卖不动了，不得已，乡亲们只好等待每年秋季，把树上的桂花收集起来，去市场卖一个微薄的价钱，算是作为投资的回报。显然，大家的投资基本上打了水漂。

这只是诸多商业投资中一个再简单不过的案例了，但这个案例有着极广泛的代表性，因为现实中人们屡犯类似的错误，甚至可以用前赴后继来形容。黑格尔说，人类从历史中学到的唯一教训，就是人类没有从历史中汲取任何教训。

那么，到底是什么原因导致了这种情况的出现呢？通过案例追溯，我们不难窥见其中端倪。其关键在于：

第一，人们错误地把机遇当成了机会，混淆了机会和机遇之间的差别。机会是指未来可能出现的、能够让人产生强烈动机的某种有利情形；而一旦有利情形显现，机会就成为现实，就成了事实上的机遇（或者叫机会点），可见机遇是机会发展到一定阶段的产物。

第二，虽然机会和机遇无所不在，但并不是每个人都与机会或机遇有缘。世界上只有少数人能够预见未来，并前置性地开展能力布局。当机会发展为机遇时，机遇正好与能力相遇，成就事业是必然的。淘到第一桶金的往往是这一类人，产生利润的根本原因即在于此。

多数人只有到了机遇期才幡然醒悟，开始布局能力，出现的大概率情况是能力虽成而机遇期行将结束，赶上的可能是机遇的末班车甚至与机遇无缘。在这种情形下，若还能延续事业，那么唯一的可能就是在他所处的风口，风吹得足够长久。

一般而言，机会都存在一个机会窗，机会窗大致可分为培育期和机遇期。

首先，培育期是机遇的形成期。如果在培育期同步发育能力，那么到了机遇期，市场的稀缺性往往可以为投资收益最大化提供可靠的保证。

在培育期，机会是不确定的，因为没有足够显性的事实构成市场相信的力量，多数人习惯于追求确定性而非不确定性。在这种情况下，他们只有等到机遇期，看到大量的事实，才敢发力跟进。他们擅长竞争而不是引领，这也就注定了多数人只能是跟随者而非领导者（见图 3-1）。

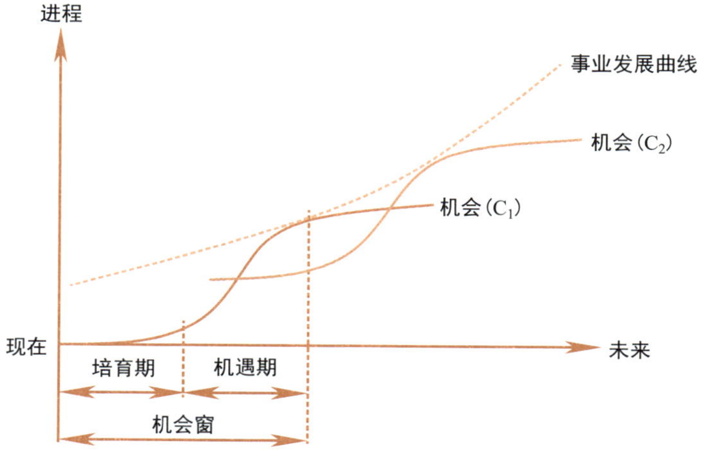


图 3-1 事业发展曲线图

但是，当多数人拥挤在机遇期后期苦苦挣扎时，少数先知先觉者早已在寻找下一个风口（机会），并开始变频（新一轮能力布局）。等到另一个机遇期到来，他们便华丽转身，捷足先登，成功离开了当前竞争。成就大事业者，大抵如此。可见，不谋未来者没有未来，唯有谋在今天，才能成在未来。

> 就拿华为的 5G 来说。2019 年被称为“5G 年”，同样也是华为发展的机遇年。上半年，华为被美国打压，列入了实名制黑名单，世界上许多国家的企业都不能再与华为继续合作。这样一来，华为使用的外来技术及配件就等于断了货源，自己的出口产品也被挡在国门之内，结果导致华为的营业收入锐减。
>
> 对于华为来说，这无疑是雪上加霜，企业似乎到了生死攸关的时刻。但危机往往也孕育着机遇，就在“四面楚歌”之时，华为及时宣布自己研发了近七年的鸿蒙系统即将上线。结果，不仅之前纷纷不想与华为继续合作的企业再次抛来了“橄榄枝”，就连美国都提前解除了对华为的实名制黑名单。更重要的是，鸿蒙系统即将上线的消息还将华为送上了热搜。

这里有一个思维陷阱需要特别引起注意。我们经常说，要顺应发展趋势，这句话其实具有很大的误导性。事业发展往往是从一个机会到另一个机会跃迁前进的，所以看到趋势转折远比看到趋势更为重要。这里也提醒各企业，所谓的趋势转折，就是机会窗已开始出现了拐点，必须及时做出其他选择和安排。看到趋势，充其量可以抓住趋势延长线所覆盖的机遇，只有看到趋势转折，才能创造一个又一个机会，确保事业长青。为什么有人前期事业高歌猛进，后期事业轰然坍塌，就是因为前期他们可能因为某种特殊性或偶然性成功逮住了一个机遇期，但由于不具有创造新机会的意识和准备，事业后期自然无法延续成功。这就是很多企业昙花一现的原因。

## 发现、洞察或抓住机会并不是创造机会

这里有一个悖论：不谋未来者，没有未来。但事实上没有人能够准确预知未来，未来只能预测，无法预知。所谓预知未来，不过是一种神秘化的夸张说法，现实生活中如果真有预知未来的情形，那也只能将其归入赌概率一类的事件看待。既然如此，我们不妨将悖论转化为一个更具现实指导性的讨论：那些先知先觉者到底依据什么笃定未来？或者说，他们是如何为自己创造机会的？

请注意，这里有一个特别用词——创造机会，而不是发现机会、洞察机会或抓住机会。发现机会、洞察机会或抓住机会，听上去给人感觉机会是一种客观存在，只要擦亮双眼，我们就能很容易看到。试想机会如果真是这样，又怎么会降临到我们身上？成功岂不太过容易？

很多企业在做战略规划的时候，习惯从行业、市场、竞争、技术等角度去分析，期待从中发现机会点，但这无疑是徒劳。原因在于，机会从来就不是一种客观存在。形象地说，机会就像开启事业的钥匙，只不过这把钥匙并不首先存在于我们的现实世界，而是存在于我们的思想世界。确切地讲，机会是人为创造出来的存在与存在之间的某种关系，它借助分析，但高于分析，是在分析基础上的思想升华。

> 华为在研发方面投入了大量资金和人力，并对战略预研与起步进行了基础性研究，但刚开始因为不懂行，造成了内部管理的混乱和大量的浪费。为此，1997 年，任正非访问了 IBM 公司，表示想向 IBM 公司学习如何从一个小公司向规模化企业转变的方法。
>
> 任正非在访问 IBM 公司后，决定引入 IPD 体系。这一管理体

系把从了解客户需求到满足客户需求的过程划分为多个阶段和决策评审点，然后认真地定义了相应的流程、规范、方法等。

经过企业上下的共同努力，在改革后，华为的产品开发逐渐走向了规模化和流程化，并且对于市场机会的把握也越来越准确。

这其实也提醒现在的企业，在经济环境复杂多变的情势下，如果只是被动地适应市场需求，不主动创造市场机会，就可能失去占领市场的先机，企业也难以获得长期稳定的发展。

存在与存在之间并不必然存在某种关系，而创造机会就是创造关系。如果这种关系已经存在，我们就不能把它称为机会，而只能称为机遇，或者说是过往机会的延续。比如，我前面讲的例子中，当我们看到桂花树很卖钱，于是赶紧把已有的桂花树出售，这只能叫作抓住机遇；而当初把桂花树引入市政建设的这些人，才是真正的机会创造者，他们一定是提前种植了大量的桂花树，抢占了先机，因而才是真正的事业赢家。

## 创造机会，重构客户的认知

世界著名的高科技公司之所以能够成功，是因为它们依靠自己的技术研发创造出了许多新的市场机会，从而重构了客户的认知，引导了客户的消费需求。当然，企业在创造机会的同时，也要注意客户的真实需求，任何市场机会的创造都必须依托客户的真实需求。

### 重新建立需求关系

创造机会的本质，就是在存在与存在之间重新建模，重构新的需求关系，让成功成为可能。

这样说未免空洞，我们不妨看一个例子。

> 光伏产品能为人们提供低成本的清洁能源，但事情的另一面是用电成本与清洁能源未必成为人们愿意消费光伏产品的痛点。痛点不痛，该产品就自然无法成为人们必然的消费选择。有一家企业便开始花心思，在光伏产品和人们的需求之间重新建模，把光伏产品打造成一种类金融产品，通过光伏发电，把电售卖给电网。这样做就从满足人的用电需求变成满足人的财富增值需求。机会被创造出来以后，光伏产品需求大增，该企业业绩快速增长。

众所周知，新能源和智能汽车已逐渐成为当今的一种消费时尚，其中固然有节能环保等方面的政策驱动因素，但根本的驱动因素在于，汽车产业历经 100 多年的发展，传统汽车制造技术已日臻完善，新兴汽车制造企业几乎不可能在传统汽车制造技术领域实现超越，因而它们有强烈的内驱力，去重构人们对汽车消费的认知，创造新的消费机会。新能源和智能汽车正是在这种内在商业动机的张力下应运而生的。

华为的手机营销，同样是一种商业运作下的重新建模。无论是“徕卡双摄”还是“保时捷”，都是为了通过与知名品牌的连接重构人们对华为手机的品牌认知，从而创造出更高的虚拟价值和营销热点。

比如，华为的徕卡双摄手机就配备了后置的 1 200 万像素黑白和彩色双摄镜头。在拍摄过程中，黑白和彩色镜头同时工作，其中黑白镜头主要用于捕捉图像的细节，而彩色镜头则是为了捕捉颜色。这样一来，华为手机拍摄出来的照片就会成像更清晰、色彩更饱满，让用户使用时也更具真实感和体验感。

所以，我们也看到了这样一个规律性的事实：商业的本质其实就是重构认知。几千年来，人类的需求就这么多，但满足人类需求的方式却永不枯竭。一种满足需求的方式在被创造出来以后，必然带来社会发展的新的不平衡，从而引发新的创造。故而机会在任何时候都可以创造，前提是我们有能力重构客户的认知，创造一个让客户充满渴望的购买理由，从而将认知变现。从这个意义上说，创造机会是一种充满心力的竞赛。

具体来说，在重构企业与市场、客户的需求关系时应从以下几方面努力。

第一，详细地评估重构价值。

根据重构客户认知的原因，企业要先评估出重构可以带来的价值，同时还要评估出正常迭代所能带来的价值，只有重构价值大于迭代价值时，重构才有意义。

第二，做好商品模式差异化定位。

在与竞争对手拥有相同产品、资源等情况下要赢得客户，就必须通过重构的方式来构建产品的差异化定位，比如产品特色、品类特性、文化差异等，以此来塑造品牌的张力。

第三，提供优质到位的服务。

真正吸引客户的产品，会在每一步都努力让自己做到尽善尽美，将每一个可优化的点都记录下来，在后期不断优化。尤其是在服务方面，华为的一切以客户为中心是最值得企业借鉴的。这样，客户才能真正看到一个用心做产品的企业，对企业的产品也不会拒绝。

## 机会要依托真实需求

至此我们清楚了，先知先觉者并非看见了未来，而是他们定义了未来。未来其实是设计出来的，我们本可以有各种版本的未来，但由于他们的设计，我们只好拥有了某种符合他们预期的未来。事实上，我们举手投足，无不留下被人定义的烙印。比如，今天我们成了手机的奴隶，这都是被人设计的结果。当然，我们生活的世界其实是一个纷繁复杂、交叉定义的虚拟现实。如果有能力，我们也可以定义别人的未来，更可以定义自己的未来，

美国太空探索技术公司（SpaceX）2015年成功发射新型火箭“猎鹰9号”，并在10分钟后成功回收了一级火箭。这就是创造机会，因为它重构了我们低成本发射火箭的认知，为人类遨游太空提供了可能。但出售月球土地就不属于创造机会，因为我们迄今为止还没有谁想移民月球。也就是说，创造机会一定要以我们真实的需求为前提。

就像任正非所说：“华为是不是互联网公司并不重要，华为的精神是不是互联网精神也不重要，这种精神能否保证企业活下去是最重要的……一定要相信汽车必须是汽车，金融必须是金融，豆腐必须是豆腐。”

所以对于传统产业来说，虽然现在互联网时代已经来临，但即使再有互联网焦虑，也不能盲目跟风。

首先，企业要确定自己创造的机会或需求是否真是客户需要的，这种需求是否真实存在。

其次，在对某一款或某一类产品进行需求分析时，要注意甄别表象需求和伪需求。不根据客户真实需求，拍脑袋创造出来的机会只能是企业的自娱自乐。今天的大机会时代，更要避免机会主义的出现。

机会一般具有一定程度的颠覆性，它在依托真实需求的同时，还要能构筑长久的优势。在马车和牛车作为主要交通工具的时代，人们压根儿就想不到要坐汽车，但汽车重构了人们对出行的认知，满足了人们更加便捷的出行需求，因此汽车颠覆了马车和牛车。而1998年摩托罗拉推

出铱星计划，66 颗近地卫星组成星群，让用户在世界上任何地方都可以打电话，就是一个创造机会失败的例子。这个复杂的创新体系最终宣告失败，原因是这么庞大的投资计划，需要在一定周期内尽快收回投资，通信费肯定降不下来；但对消费者来说，通信费才是真正的痛点，而通信方式他们并不关心。

这也提醒现在的许多企业注意下面几个问题。

第一，在重构客户认知时，过分远离产品目标和客户的真实需求，就会迷失方向，造成资源的浪费，最终导致产品核心用户流失。

第二，客户的预期一直都在提高，企业如果受限于解决非痛点问题，长期缺乏有效的客户需求挖掘和优化，最终只会在激烈的市场竞争中失去优势。

所以，企业不管是在创造发展机会，还是在构建客户认知，都必须依托真实的市场需求。在进行调研时，许多客户往往表示愿意使用某种产品或服务，但在现实环境下并不代表他们真的会用。只有发掘出他们真正的痛点，依托他们的真实需求创造机会，企业才能获得发展。

## 边打仗，边建设能力

只要走到大城市的街道，你就可以看到每天道路上车水马龙，不舍昼夜。但这只是市场，不是机会，如果你什么事情都不做，就不可能等到机会，甚至一份车辆保险也不可能卖出。

所以，在激烈的市场竞争中，企业究竟怎么做才能瞄准机遇，抓住未来可能出现的机会，为自己创造价值呢?

## 建立由外向内的思维

企业必须瞄准未来的机遇去构建能力，有了能力这个变量的投放，才有可能捕获未来的机会。然而，构建能力是一种瞄准未来机会的长期投入，具有不确定性风险，因此需要魄力。华为则将其称之为“反周期成长”，也就是在市场低迷的时候开始布局、投入，在市场大市的时候开始收割。

> 2002年是IT行业的冬天，很多公司裁员，华为却加大投入，构建自身的能力。2004年以后，市场逐渐复苏，华为正好抓住这个机遇，而别人只能眼巴巴地干着急。
>
> 但有一家养殖企业，见大市不好赶紧收缩市场，可大市来的时候，猪肉价格上涨，他们又没有顺应大市场能力，只能望洋兴叹。以这样的思维做企业，每次只能与机遇无缘。

在能力布局方面，多数人的思维定式是：根据业已具备的条件和资源，循序渐进地发展自身能力。这种由内向外的思维方式，最大的风险是极易错过机会窗。当一些人还在不紧不慢地蜗牛移步时，其他人却神不知鬼不觉地走到了前面，抢占了大片市场，成功反超。这种“起了个大早，赶了个晚集”的例子实在是数不胜数。正如我们所知道的，任何一种能力的获得必须经过大量的实践积累，才能达到知行合一，所以能力的培育过程呈S形曲线。

如何解决能力培育周期长与时不我待之间的矛盾呢？推荐的做法有两点。

首先，建立由外向内的思维方式，以目标为导向，以目标定资源；在资源不足的情况下，开放合作，不求所有，但求所用，团结一切可以团结的力量，整合一切可以整合的资源，确保机会实现。

其次，根据企业自身能力培育的节奏，渐次置换外部能力。

这种做法的突出优点是占领市场在先，能力培育在后，从而确保了能力的最大化利用，做到机会和能力两不误。此外，还可以有效避免能力培育走弯路，减少沉没成本，防范经营风险。

有一种相对稳妥的做法就是快速获得后发优势，即在机会窗开启的瞬间，集中优势资源，快速突破，后来追上。但一些成长型企业一味寄希望于内部垂直整合来慢慢地培育能力，不懂得开放整合各种资源，这种做法注定企业发展裹足不前。

苹果公司和特斯拉是被人们谈论最多的两家公司，它们的内部垂直整合程度也是名列前茅。比如苹果，不但大部分软件是自己写，芯片也是自己设计，就连商店都是自己开；特斯拉有大约 80% 的产品都是由自己公司生产，然后直接向客户销售。

但是，这是在公司已发展到一定规模且资源充足，技术又站在行业前沿的情况下，垂直资源整合才容易实现。如果是一个正处于成长型的企业，在资金、资源及客户等都相当有限的情况下，这条路根本走不通。

显然，开放资源整合适合成长型企业，垂直资源整合则适合资源充足的规模型企业。

在华为的业务实践中，以上两种做法都采用过。在华为看来，抓住了战略机会点，花多少钱都是胜利；抓不住战略机会点，不花钱也是死亡。在战略机会点面前，《华为基本法》在第十四条明确提出："必须达到和保持高于行业平均增长速度和行业中竞争对手的增长速度，以增强公司的活力，吸引最优秀的人才，和实现公司各种经营资源的最佳配置。"

## 能力建设必须匹配未来客户需求

需要注意的是，企业能力建设往往是为了满足客户未来的需求而不是当下的需求，企业当下对客户所做的承诺其实是把未来卖到了现在。所以，企业能力建设必须面向未来，匹配未来客户需求。问题是如何预知未来客户需求呢？很多企业在这一问题上一直找不到有效方法，有闭门造车的，有通过与客户互动寻找突破的，等等，这些都未免太过理想化。

华为摸索出来的真正有效的企业能力建设，其实遵循的是“边打仗，边建设”的规律性，能力是在不断满足客户需求的业务过程中迭代完成的。

2006 年，华为在做 HLR V9 的技术架构时，由于网上频频曝光存量产品事故，技术人员就想尽快推出新产品。从技术规划到立项，只用了四个月的时间，到第六个月时，基本架构和方案已经完成，于是技术人员就想使其通过产品需求和概念技术评审，但产品经理坚持让技术人员听听客户的想法和要求。

于是，技术人员就单独拜访了客户。由于客户是国外公司，技术人员英语不好，只能通过一些简单的单词和图画来与客户沟通，最终明白他们的方案是符合客户要求的。

原以为产品终于可以开发了，结果代表处又成立了一个架构评估小组，这个小组针对该架构又提出了许多问题，技术人员只能再次进行修改。最终经过多次探讨与验证，产品才得以开发。

这个过程虽然艰难，但能以客户为中心，倾听客户的价值需求，反而可以让工作少走许多弯路，提高工作效率，而企业自身的技术能力也在这个过程中获得了不断提升。

落实到具体操作上，华为的这个“边打仗，边建设”的规律是这样执行的。

首先，机会第一，不轻言放弃任何一个能为企业创造未来的客户需求，要在能力还不具备的时候，敢于向客户做出承诺，当然这种承诺也要与企业的发展方向保持一致。只有通过外部机会的牵引和倒逼，企业能力建设才有方向感和紧迫感。

其次，企业一边导入客户需求，一边迭代能力，一边兑现承诺。这就好比卖楼花，先占领市场，然后再用客户的预付支出成本，并行实现企业自身能力迭代和客户承诺兑现。应该说，没有比这种方式效率更高、损耗更小、响应更快的了。

在市场瞬息万变的今天，以上做法的价值在于，先快速抢占市场制高点，为企业赢得未来市场空间。可见，机遇未必青睐那些有准备的人，更多的时候青睐的是那些敢于对赌明天的人。

但一些企业在这方面太过谨慎，它们不是用以客户为中心的思维方式思考问题，大凡它们能力达不到的，就一律排除在外，不敢承担任何风险，这就是现代版的守株待兔和按图索骥。事物往往在矛盾的运动中前进，如果不能直面客户需求与企业能力建设之间的冲突，不以客户利益为优先考虑，不创造性地统筹客户需求与企业能力建设，那么这样的能力建设就不可能有效。

所以，在能力建设的具体实践中，企业要做到以下几点。

第一，企业必须克服担心超前承诺可能兑现不了的心理障碍，要认识到追求确定性的企业不可能取得商业成功。需求就是商机，放弃需求就是放弃商机。

第二，企业尤其要摒弃完美心态，不要动不动就喊追求卓越，要习惯在迭代和不完美中前进，努力把每一次迭代转化为商业成功。

第三，对未来的取舍是鉴定有没有企业家精神的核心判据。有企业家精神的人，懂得直面未来，在能力还不具备的时候就开始谋篇布局；他们往往通过虚构激动人心的故事，向人们描绘愿景，发起动员；他们深谙不确定性才是利润的原因。

推而广之，人类真实的历史，哪一个不是从编织一个个虚构的故事开始？所谓真实，不过是以想法的形式呈现自己罢了。

# 不迷信过去，不执着将来

如今，华为已经成为全球通信设备企业的领导者，但任正非却认为，“今天的华为恰恰可能是最脆弱的时候，为什么呢？成功容易让人变得怠惰和自大，让组织变得盲目骄傲和故步自封。过去的成功不是未来成功的可靠向导，不能陶醉于过去的成功，迷信过去成功的经验，要敢于不断地批判自己”。所以，在总结过去经验的同时，华为仍然在积极探索未来的路该如何走。

## 过往的成功不是未来前进的可靠向导

在华为内部的一次高级干部管理哲学学习班上，一位引导员在给学员上课时讲道：“学习管理哲学的目的，是更好地指导大家未来的业务实践。”这句话后来传到了公司领导那里，结果这位引导员被公司领导狠狠地批了一通，理由是：凭什么这些管理哲学能指导大家未来的业务实践？

华为以前的主要业务是运营网络业务，后来随着不断发展，现在已经延伸到企业业务、消费者业务等。不同的业务，客户要求自然也不同，甚至在更多的情况下，客户也不清楚自己到底要什么。同时，员工的工作方法、思维模式等也要面临改变，由团队创新逐渐转向个体创新。

在这种情况下，企业以前的经验和成功就不能成为未来发展的可靠向导。企业要想在未来的不确定性中保持长远发展，就必须不断从实践中总结各种理念和经验。

## 理念是在实践中总结出来的

华为所有的管理理念都是在过去的业务实践中总结出来的。即便在过去，往往也是先有实践，后有理念；而不是先有理念，后有实践。

所谓最佳实践，从来就不是别人的实践，而是自己的实践。鞋子合不合脚，只有自己才知道。未来更是如此，我在前面强调过，没有人可以预见未来，未来只能预测，无法预见。未来充满了不确定性，时间、空间和管理者的状态都在变化，照搬照抄过去的东西指导未来，就是犯了本本主义的错误。华为要求，各级干部要时刻保持对未来的警醒，要有惶者生存的心态，在自己所负责的业务领域探索出合乎自己的业务发展规律，对各自的业务损益负责。

华为坚持以客户需求为导向，为客户提供真正能够满足他们需求的产品与服务，“提升对客户需求理解的准确性，提高打中靶心的成功率，减少无谓的消耗”，这其实就是华为在长期的实践中总结出来的。

2012 年，华为参与了一项位于印度尼西亚的竞标项目，项目周期为三年。客户对技术要求非常高，而且还不断变换要求，项目组制订方案的时间十分有限。项目 LTE 投标时，客户要求一个月交标。面对 1 000 多页的标书、8 000 多项 SoC（statement of compliance，逐点答复），项目组几乎陷入了崩溃。但为了达到客户需要，项目组硬是连续奋战了一个月，终于准时交标。

接下来是技术澄清环节，一轮接一轮的商务汇报、项目测算整整持续了 12 个月，但项目还是经受住了巨大的考验，最终在竞争中获得了胜利。

现在，华为所倡导的一切以客户为中心、艰苦奋斗等经营理念，都是从这样的一次次实践中总结出来的。

其实，任何一个企业的经营理念都要从实践中慢慢总结，比如索尼公司的“创新决定一切”、海尔的“用户永远是对的”等理念，都是带领企业长远发展的价值标准。但这些价值标准的有效性在于与业务实践相结合。

## 未来的持续成功必须以经验为背景

从哲学的角度来讲，人不能两次踏进同一条河流。成功都是相对过去的，过往成功的经验没法完全复制到未来。当然，完全否定过去也是不对的。华为认为，未来的持续成功必须以经验为背景，在继承过去经验的基础上，积极洞察未来，并顺应时代变化，勇于变革。也就是说，持续成功需要传承经验，同时又不能犯经验主义的错误。因此，华为每年都会派高级干部学习管理哲学，其目的不是指导未来，而是传承思想，发酵文化。“发酵”两个字非常传神，指的是华为的管理哲学就像是一粒酵母，要把这粒酵母扔到华为未来的酒坛子里去，发酵出一坛好酒来。

《华为基本法》的制定，就深刻地体现了华为“开放、妥协、灰度”的管理哲学。很多人关注《华为基本法》，看到的只是这部“企业宪法”的内容和参照价值，却没有理解这部企业宪法制定的背后逻辑。

1994 年，华为经过 6 年多的打拼，已从一个默默无闻的小公司发展成为一家有一定知名度的企业。为了指导公司更好地发展，任正非当时聘请了几位中国人民大学的教授，来公司梳理华为企业文化，总结成功经验。

《华为基本法》前两稿都借鉴了管理大师德鲁克的思路，涉及企业的运营体系、人力资源管理、企业未来发展等，这些在当时都是很领先的理念；同时还涉及对过去经验的总结、提炼、深化等。但草稿出来后，大家都感觉没有太体现出华为的特点。

后来，任正非亲自带领大学专家前往海外，引进了 IBM 的管理咨询服务，并结合 IBM 给出的启示，奉行市场驱动的理念，制定了第三稿……之后又历经两年多时间，经过 6 次修订，《华为基本法》才逐渐形成现在我们看到的样子。

《华为基本法》不仅让华为一时间声名鹊起，还暗藏着许多管理哲学。在总结过去经验的同时，它还解决了企业一个最基础、最根本的问题，也叫企业的“第一问题”，即我们是谁？我们要到哪里去？我们怎么去？

- “我们是谁”？明确了企业存在的目的和意义，也就是企业的使命是什么。
- “我们要到哪里去”？明确了企业长远发展的目标，即企业的未来要如何发展，发展到什么程度，等等，这也就是企业的愿景。
- “我们怎么去”？明确了实现目标的方法。既然未来要持续成功，那么企业该怎么做、做什么，这就是具体的方法论。

这三个问题的提出和答案的梳理，合起来就是一个企业的管理哲学与方法论。

华为在整理企业管理哲学的过程中还有一个插曲。他们把干部在不同时期的使命和责任分为了事业初创期、成长期、成熟期、衰退期几个不同的阶段，并明确干部在各阶段分别应担负什么样的使命和责任。结果，公司领导听了以后表示很不赞同，认为这样的分法没有意义，原因是公司不可能重复这样的阶段。后来，干部的使命和责任就按照制度形成以前和制度形成以后两个阶段进行总结了。在制度形成以前，干部的人格决定制度；制度形成以后，制度约束干部的人格。这个总结对未来就有了参考价值。

这个插曲背后说明了一个道理，过去的经验虽然不能准确地指导未来，但总结过去的目的是能给未来以参照。如果完全没有历史的光辉，未来也将是一片漆黑。一个人能否获得知识，取决于未来与过去是否相似。

## “红过十分便成灰”，经验没法完全复制

华为强调两种思维，一种叫 outside-in（由外而内），另一种叫 inside-out（由内而外）。outside-in 的意思是工作要从客户的价值链中来，从客户需求和客户价值看企业的战略机会和业务经营，并将客户需求和客户价值内化为企业的成长；inside-out 的意思是所有的工作最后都要落地到客户的价值链中，将工作外化为客户的价值感知。也就是说，工作的起点和终点都是客户的价值链。再进一步说，其实所有的管理者，思想都应该站位在客户和企业的边界上，这样才能做好管理，使管理有效。

时代在变，市场环境在变，客户需求也在变。在这样一种动态的变化中，一味地依赖过往成功的经验肯定是不行的，必须与时俱进，在实践中捕捉未来。领导一个组织，要基于人性的变化，基于时空的变化，基于对无序的警惕与变革。

事实也是这样。华为手机事业早期靠捆绑销售成功，也就是和网络设备一起销售，借船出海。华为做手机有一个学习曲线，华为必须遵循客观规律，把握好品牌上升的过程、渠道建设的过程、产品成熟的过程和队伍成长的过程。因此，华为当初采取捆绑销售的策略是有整体考虑的，同时也比较成功。但如果一直坚持这样的策略，华为的手机就不可能有现在的辉煌。

> 华为在成立消费者BG的时候，一些干部私下里调侃运营商BG和消费者BG的关系，说运营商BG是“大儿子”，勤俭持家；消费者BG是“小儿子”，花钱赚吆喝。然而现在世易时移，看人家“小儿子”多争气！
>
> 2009年，华为进军企业业务，当初企业业务想复制华为的运营商业务模式，提出要招聘两万只“小老虎”去抢粮食，把很多经销商吓得半死。一上来就想抢占制高点，这绝对是对自身能力的一种误判，结果“小老虎”招了很多，却找不到目标客户在哪里，华为又不得不把这些“小老虎”再输送给社会，为此交了不少学费。然而，华为自我批判的能力还是很强的，形势不对立马掉头，提出了“坚持被集成”的理念，即团结经销商来发展企业业务，自此业务才开始止跌回升。

这个案例给了我们很多启示。

启示一：新业务一开始可能不宜定位为主航道和以扩张为目标，如果不是建立在强大的基础上，新业务就成了纯粹的多元化，而纯粹多元化的公司是很难生存的。因为企业的资源是有限的，最终资源必须聚焦。

消费者 BG 和企业 BG 必须先以生存为目标来构建自己的发展轨迹，依托运营商主航道的优势和泛网络概念，云管端协同，做强以后，再慢慢变成公司新的主航道。也就是说，企业要按照创业规律，先赢利，再用自己的赢利来支撑后续的发展，否则新业务就很容易收缩。

启示二：也是最重要的一点，华为运营商 BG 成功的经验不能简单地复制到企业 BG 和消费者 BG，要抛开框框来发展业务，甚至原有的业务也要注意到新机会，要有创新思维模式。企业越是在某个方面实力强大，越容易产生路径依赖；越是重资产，越难进行自我否定和掉头。这也是柯达在数码摄影方面拥有极强的技术实力，最终还是破产的原因。

华为一直信奉“红过十分便成灰”的道理，过往的成功不是未来前进的可靠向导，市场的变化导致今天有竞争力的商业模式必须适时调整，以保持企业的竞争优势。另外，没有哪个企业可以一条道走到黑。诺基亚公司最早是做木材生意的，最后却在移动通信领域名扬天下，但也在移动通信领域栽了跟头。这说明企业活下去的过程，就是一个不断自我否定的过程，企业活下去远比做什么要重要得多。

## 望远镜与显微镜战略规划

1998 年以前，华为在相当长的时间里都很少涉及战略话题，或者说那时华为的战略就是跟随战略，只要不掉队就行。因为西方公司是领先者，华为是后来者，西方公司的发展方向就是华为的方向。华为自己总结了一句话形容当时的状况，叫“大树底下好乘凉”，确实非常贴切。

随着业务环境和组织环境越来越复杂，业务的快速发展、更多战略机会点的获得以及面临更多艰巨的挑战，华为开始感觉到战略方向的重要性。为此，华为制定了 SP（strategy plan）和 BP（business plan），并将 SP 比作望远镜，BP 比作显微镜。SP 和 BP 双轮驱动公司业务发展，“望远镜”和“显微镜”一下子变成了企业战略发展的两个车轮。

## 华为 SP 和 BP 双轮驱动业务发展

2000 年以前，华为每年都是发布管理要点来代替战略规划，实际上当时的这种战略规划只是战略思想。

2002 年是 IT 寒冬的时候，互联网行业都有些迷失方向，华为甚至差点陷入破产的边缘。此时，公司开始意识到战略管理体系的重要性，便请咨询公司来指导战略规划。可想而知，华为当时做战略规划的水平是很差的，做完了就扔到一边，该干啥还干啥。

2005 年以后，华为才开始了正式的战略规划。就这样日积月累，华为的战略规划水平也慢慢上来了。华为从原来的“大树底下好乘凉”实现了华丽转身，成为客户问计的对象、业内的带头大哥。如果没有极强的战略规划能力，如今的华为又怎么能屹立潮头呢？华为的战略规划远看五年，中看三年，近看一年。其中。中长期战略规划叫 SP，强调战略性，要求方向大致正确，梳理清楚未来有哪些战略机会点；年度经营计划叫 BP，强调运营性，要求能支持激活组织活力，比如，支持全面财务预算、组织 KPI 等。

SP 看五年，误差的确比较大，但数据基本靠估，其实华为要的就是团队这种精神追求；看三年，误差也比较大，很多部门做完战略规划，基本上是 V 字形发展思路，即前期要加大投入，后期会 V 字形反弹。如果把它们几年做的规划拿来比较，就会发现一些部门其实根本不是 V 字形，而是 L 形。于是，华为发明了一个干部述职“左一右二”法，即干部在述职时，先要讲清楚过去一年 V 字形反弹的情况，然后再讲讲当年和未来两年的规划。

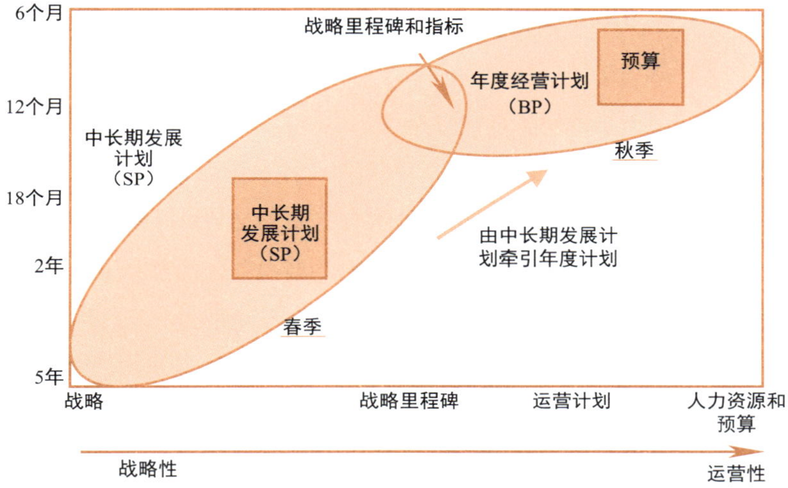


图 3–2　华为的战略规划远看五年

真正可落地的其实是 BP。华为把 BP 抓得很紧，几乎所有的业务活动都要围绕 BP 展开。BP 要是悬空了，公司业绩就会出大问题，这说明公司领导思考的永远是企业如何活下去。

那么不做 SP，只做 BP 行不行？不可以！拿开车来打比方，如果驾驶员总是看着近处，就很容易出事故，驾驶员一般要看到 200 米开外才安全。当然总是看太远的地方也不行，业务经营不能走太空步。BP 强调未来一年的目标，强调人均效率、库存、营收账款等运营参数，以及结果性目标的衡量和管控，特别是财务目标的实现。

企业要先用“望远镜”向远看，再用看到的远景来调整当下，活在当下。顶层设计与摸着石头过河缺一不可，顶层设计就是方向大致正确，摸着石头过河就是组织充满活力。

## BP 聚焦落地业务活动

企业在规模小的时候，活下去就是最大的战略。但是，很多企业发展十几年后，年收入稳定且营收超过十几亿元，却往往没有一个像样的企业战略。一些打算上市的公司，在进行上市路演时，通常会花重金聘请一些国外知名的咨询公司来做商业计划，目的是“讲好故事”，提升股价。有些上市公司甚至会常年聘请咨询公司或财务公司来协助制定战略，但这个战略形同虚设，从不具有真正的指导业务发展的作用。

战略不能真正落地的一个最重要原因，是企业根本就没有整体的发展战略。有些企业即使制定了战略，多数也都是企业家自己在思考，高层管理人员根本不在乎，自然也就无法落地执行。

华为的战略制定和执行过程，也与这些企业一样，经历了很多弯路，但最终还是从“无战略”到“有形无神”，再到“从战略到执行的闭环管理”阶段。至此，华为的战略规划才算是真正落地实施。

对于华为来说，清晰可行的 BP 是企业战略落地的关键。在 SP 规划制定完成后，一个核心的落地措施就是基于战略形成的 BP。与 SP 相比，BP 更强调清晰的机会点、年度销售目标，以及预定的市场目标，如山头项目、大客户等。为了实现这些目标，BP 在制定时必须遵循 SMART 原则（目标清晰具体、可衡量、可实现、相关性、有时间计划 5 个英文单词的首字母缩写），将工作落实到具体责任人，明确完成目标所需的资源和预算，以及关键的年度指标、组织 KPI 和 PBC 等。最终，再通过 KPI 和 PBC 的绩效结果进行考核，落实到具体政策上，实行闭环管理。

由此可见，企业的 BP 其实是聚焦落地的业务活动。一般来说，企业的 BP 由六部分组成：

第一，企业战略规划和第一年的目标。

第二，主要业绩指标和计划，如年度及季度销售计划等，要体现出企业在回款、收入、利润、现金流、成本、费用等方面的年度业绩详细要求。

第三，为实现第一年战略目标所采取的具体实施措施、时间表、主要责任人及资源需求等，并且要做到遵循 SMART 原则。

第四，审视计划进展和企业目标要求之间的差异，以及相对应的措施等。企业通常会在每个季度和每个月对 BP 进行审视，当计划进展与企业原定目标有差异时，要及时分析原因，形成对应措施。

第五，预测重大机会或影响计划目标完成的主要风险、影响程度等，同时制定对应措施。

第六，详细的财务与资源预算计划，如主要的财务预算、人力资源年度预算、战略资金年度需求，以及产能、固定资产年度预算等。

## SP 的关键是找战略制高点

强调 BP 落地的重要性，是不是说 SP 不重要呢？当然不是。

很多人有一个误区，以为 SP 就是要看清未来。有一位企业家曾说："我们花了几天时间，把干部封闭起来做战略规划，现在终于把未来几年看清楚了。"其实这是个错觉。世界上如果有人能看清未来，他早就炒股去了，股票分析师为什么只能做分析师？因为他也无法确切知道股市未来会怎样变化。

因此，华为一直认为，企业的战略规划不在于看清未来，而在于看清现在。搞清楚现在要为不确定的未来做什么，这才是 SP 的核心价值。SP 强调何处改变、何时改变以及如何改变的选择，重点放在中长期的价值创造上，比如大客户的拓展、创新技术的投入、渠道的布局、供应链的成本精进等。

在财务预测上，华为的SP强调判断战略是否具有灵活性，财务是否稳健。所有这些方面的重点是如何解码落地到BP中，即如何把战略规划变成当下的工作。所以，虽然华为的SP看未来会产生误差，但这并不是关键问题，因为这个误差会通过未来的BP进行不断校准，而当下能为不确定的未来做什么才是问题的关键。

一些企业和部门把SP做得看上去就像一个时间拉得更长的BP，原因是它们把侧重点放在具体的战略机会点和打法上，这是有问题的。

制高点不同，战略机会点和打法就会不一样。因此，华为认为，SP的关键应该是找制高点，然后再找战略机会点和打法。华为内部甚至有这样一种说法："高层砍掉手脚，中层砍掉屁股，基层砍掉脑袋。"意思是高层要多考虑战略的高度，中层不要有本位主义，基层重在战略的执行。

SP中的制高点有两个方面：

第一，战略控制点。战略控制点是撬动战略成功的最关键要素，是不容易构建或不容易模仿和超越的中长期优势。

第二，战略威慑。战略威慑就是阻止或迫使对方采取或不采取行动的能力，它有三个特点：一是表明我有能力；二是表明我有决心；三是我的决心还要被对方清楚地知道。如果对方不知道，就起不到威慑的目的和效果，而没有威慑的战略不能称其为战略。

就拿中国的解放战争来比喻，战略控制点就是东北战场。只要控制了东北这个工业重地，就能进可攻、退可守，而后方还有苏联支持。战略威慑就是刘邓大军挺进大别山，牵制了敌人的兵力，震慑了南京的安全。

有了战略控制点和战略威慑，剩下就是找战略机会点。中国解放战争中的三大战役、孟良崮战役等，就是战略机会点。

就企业的产品战略而言，战略控制点就是产品必须击中客户痛点，战略威慑就是自己的产品比竞争对手有优势，有优势才能给客户创造价值并获得产品价格溢价。所以，如何设计和构建战略控制点和战略威慑，是 SP 的重点和难点。

## 制造矛盾，互相促进和制衡

任何一个企业，都属于一个功利性的组织，其中的人也都会追求功利。将这么追名逐利的个体集合在一个组织当中，还要形成一股合力，并不是一件容易的事。与此同时，企业本身也是个矛盾体，既要扩张，又要控制扩张；既要集权，又要分权；既提倡团队合作，又要尊重个性……要将这么多的矛盾都把握好，是很考验企业的。

与所有的企业一样，华为内部也存在各种各样的矛盾。这些矛盾看似对立，是在分裂企业，但恰恰是这些矛盾，在管理中相互依存，共同推动了企业的发展。

### 华为的拧麻花战术

汽车如果不考虑刹车片的因素，估计设计速度可以达到每小时 500 公里，但汽车要是开到这个速度，估计任何刹车片也不管用，所以油门和刹车就是一对矛盾。

在华为，前线和机关就是一对对立统一的矛盾。说它们统一，是说机关和前线在服务客户的场景中是伙伴关系，一致目标是为客户创造价值。说他们对立，是说在前线踩油门的地方，机关要适当带着刹车；前线踩刹车的地方，机关要适当给他们加大油门。关键点是这个“适当”怎么把握。

华为给出的办法是“拧麻花”，这个提法是华为总裁任正非提出来的。拧麻花的方法很多，主要分为下面几种。

第一，前后拧，就是增加一个时间的维度，在一个时期内强调一种主要倾向。

第二，左右拧，就是在组织中分别建立一个扩张部门和一个制约部门，你扩张时，我就制约，彼此互相钳制。

华为的前线和机关就相当于左右拧的麻花，彼此互相拧，直到拧不动了，就达到了纳什均衡[①]。因为前线和机关在业务互动中的不确定因素太多，不可能什么事儿都靠事先约定的责权界面来解决问题，这时候矛盾运动——“拧”就是最优选项，在妥协中彼此自然能找到有灰度[②]的地方。在这种机制下，前线和机关既互相促进，又互相制衡，从而构成了一个能内驱前进的自组织。

第三，上下拧，就是企业高层要向企业的战略方向拧，而中层和基层员工要向效率、效益上拧。

第四，里外拧。企业内部往往以股东和员工利益为主，企业外部则要以客户和合作伙伴的利益为主。

比如，华为一直坚持一切以客户利益为主，但这并不是以牺牲股东和员工利益换取来的；在维护客户利益的同时，还要兼顾股东和员工利益，

---

① 纳什均衡又称非合作博弈均衡，是博弈论的一个重要术语，以约翰·纳什的名字命名。在一个博弈过程中，无论对方选择什么策略，当事人一方都会选择某个确定的策略，则该策略被称作支配性策略。如果两个博弈的当事人的策略组合分别构成各自的支配性策略，那么这个组合就被定义为纳什均衡。——编者注

② 有关灰度的详细阐述见本书的第六部分。——编者注

这样才能使各部门之间形成相辅相成的合力，结果就是“麻花”越拧越紧，共同推动企业的长远发展。

## 红军和蓝军对垒策略

曾经的诺基亚手机，称得上是手机行业中的王者，然而当智能手机行业兴起后，诺基亚却渐渐淡出了人们的视线。

与诺基亚的发展相反的就是华为。华为原本是一家以生产通信设备为主要业务的企业，手机业务起步较晚，并且一直不是主营业务。但是，如今的华为手机销量已经跃居全球第二位，仅次于行业巨头三星。

华为是如何在市场竞争中飞速崛起的呢？一个很重要的因素就是正确的战略决策。

华为的战略决策部门中有两个很特殊的部门，一个叫红军部，一个叫蓝军部。很多军事演习经常会提到红军和蓝军的概念，其中，红军是部队模拟对抗演习中的正面部队，蓝军是假想敌部队。在部队演习中，红军和蓝军要进行接近实战情景的、有针对性的对抗训练。所以，红军和蓝军其实是一对矛盾。

华为把部队的红军和蓝军制度用在了研发领域，红军代表正向实践，蓝军代表反向实践，双方都是实体组织，都要寻找对方的漏洞。它们虽然走的是完全相反的方向，但目标都是要找到公司的未来发展方向，殊途同归。

比如，未来是一个超宽带时代，欧洲的标准是从室外到室内，美国的标准是从室内到室外，到底哪个标准代表未来，谁也说不清楚，也许两者都不是。此时就需要红军和蓝军的对抗，通过客观实践而不是主观选择去解决，避免企业在重大方向和策略上的误判。

红军和蓝军的对垒可以触发企业在业务边界上的很多创新，在对垒创造的灰度空间里，极可能衍生出让人意想不到的企业优势；同时在自我否定中，干部的视野和思维也得到了系统的发展。华为通过红军和蓝军的矛盾运动暴露问题，打破惯性，创造机会。

### 平衡和调节好拉车人和坐车人

如何管理历史贡献者和当前贡献者这对矛盾，很多企业都感到非常棘手，而华为总体上做到了让他们和谐共生。

对于华为的历史贡献者来说，由于早期分得的股票多，2009 年以后，由分红带来的现金收益甚至比他们的工资、奖金都多，这就使一些历史贡献者滋生了惰怠心理，不愿意再选择奋斗。在华为，这些人被形容为“坐车人”。

而企业当前的贡献者则被称为“拉车人”。这部分人因为进入华为较晚，而配股也是一个相对长时间的过程，所以与同级别的历史贡献者比，他们的分红收益就少了一大截，这就使得当前贡献者觉得自己是“拉车人”，在为“坐车人”服务，为历史贡献者打工。华为是如何解决这个问题的呢？

华为的办法就是提高各级岗位饱和配股的股值，适当加速当前贡献者的配股，以此稀释历史贡献者的股权收益，对历史贡献者和当前贡献者的利益进行调节。2014 年，任正非在华为内部激励导向和激励原则汇报会上讲道：“要落实获取分享制，管理好员工的分配结构，关注到公司的每个角落，让人人都能分享到公司成长的收益。”简而言之，就是要管理好“拉车人”和“坐车人”的利益分配比例，让“拉车人”能比“坐车人”获得的好处多。

为此，华为还专门召开了识别和回馈奋斗者大会，鼓励向业绩好、有使命感的奋斗者加快配股，使当前贡献者获得更多的晋升机会。同时，华为还加快了历史贡献者的退休机制运行速度，因为历史贡献者同样功不可没，他们在早期用真金白银购买了公司的股票，承担了公司发展时期的风险，理应得到合理的回报。即使退休了，他们也仍然可以享有公司的股权收益。

## 华为的 2012 实验室

前面讲到，机会牵引和资源驱动在华为是一对动态平衡的矛盾。尤其是企业做到足够大了以后，必须要有资源驱动的部分，确保未来的经营安全，而不能光靠机会牵引。可以说，华为是世界上忧患意识最强的企业。

2019 年，华为遭受美国的强烈打压。如果事先没有应急预案，华为的结局或许和中兴通信是一样的。大家知道，华为一直坚持对未来的投入，每年将营收的 10% 以上拿来投入研发，确保公司“锅里有饭、仓里有米、田里有稻”，短期、中期、长期业务布局均衡。

“锅里有饭”和“仓里有米”的部分是指应用研究，“田里有稻”的部分是指基础研究。华为的 2012 实验室就从事基础研究，是典型的资源驱动部门，平时不显山、不露水，给人的感觉就像下棋时的备子儿，但在关键时候却发挥了关键的制胜作用。“2012 实验室”这个名字，就是取自美国的灾难电影《2012》，寓意着华为可以找到驾驭未来数字洪水时代的挪亚方舟。

事实上，华为的发展有两个非常核心的原则：一个是我们之前讲到的“深淘滩，低作堰”的商业模式，保证公司在一定利润率水平上的成长最大化；另一个就是技术进步。华为每年在 2012 实验室投入巨大，不仅仅是让他们研究 5G 等前瞻性技术，还需要让他们应对其他的可能性。这两个原则的充分执行才能保证华为长期活下去。

华为 2012 实验室的创新和一般公司的创新有什么区别呢?

简单来说，一般公司通常更愿意在那些可预见的项目上进行投入，利润不确定的、财务上无法估计投资回报的项目通常在大公司排不上队，或者被否决，或者在预研的时候先投入一些试水，但在商业化阶段却异常慎重，往往是在出现商业征兆的时候才利用后发优势扩大投资。

但是，这也恰恰是这些公司容易被颠覆的弱点，正如数码相机是柯达发明的，但是索尼把它商业化的。这种基于投资回报率的管理，极有可能扼杀了这些项目。

华为的 2012 实验室就是要克服这种大企业病。2012 年，任正非与公司 2012 挪亚方舟实验室科学家举行座谈会，现场回答专家问题。有人问道:“当前在终端操作系统领域，安卓、iOS（苹果的移动操作系统）、Windows Phone 8（微软移动操作系统）三足鼎立，形成了各自的生态圈，留给其他终端操作系统的机会窗已经很小，请问公司对终端操作系统有何期望和要求?”

华为的回答是:“如果说这三个操作系统都给华为一个平等权利，那我们的操作系统是不需要的……我们现在做终端操作系统是出于战略的考虑，如果它们突然断了我们的粮食，安卓系统不给我们用了，Windows Phone 8 系统也不给我们用了，我们是不是就傻了？……主要是让别人允许我们用，而不是断了我们的粮食。断了我们粮食的时候，备份系统要能用得上……我们可能坚持做几十年都不用，但是还得做。一旦公司出现战略性的漏洞，我们就不是几百亿美元的损失，而是几千亿美元的损失。我们公司今天积累了这么多的财富，这些财富可能就是因为那一个点，让别人卡住，最后死掉。”

由此，我们可以看出华为的忧患意识和远见卓识。而 2012 实验室更多的就是围绕公司极限生存的假设来开展基础研究。比如预计某一天，所有美国的先进芯片和技术将不可获得，华为将怎么办？现在这一天真的到来了。

正是 2012 实验室这么多年默默无闻的贡献，才换来了华为今天的闲庭信步。但如果仅仅认识到这一层，我们就肤浅了，比 2012 实验室黑科技更高的生存智慧是：拥有黑科技而不使用黑科技！因为华为不使用，所以美国公司可以继续与华为乃至很多中国公司大量做生意，资本只要赚钱了，就割舍不下这里的市场和客户，美国再怎么不爽，也不愿放弃这片水草肥美的地方啊！这就是遇刺身亡的前以色列总理拉宾“土地换和平”的思想，这就是矛盾统一。

# 管理水平不能超过经营水平

1998 年，任正非在《不做昙花一现的英雄》的讲话中说道："有管理进步的愿望，而没有良好的管理方法与手段，必定效率低下，难免死亡。"

这句话放在现在的华为依然适用。虽然现在的华为已经比 1998 年不知强大了多少倍，但伴随着企业同时增大的，还有管理过程中的各种压力和阻力。如何在这些不确定的因素中寻找到最佳的经营之道，既是华为一直在探索的，也是其他很多企业一直在探索的。

## 除恶务尽本身就是恶

在一个企业当中，企业管理始终是为经营或者目标服务的。经营能力是指要选择正确的事情来做，而管理能力则是指把事情做正确。但是，一些企业管理者往往本末倒置，时刻揪住一些管理问题不放，结果忽略了经营问题，导致企业亏损甚至倒闭。

这也提醒我们，管理的水平是不能超越经营水平的。过分关注细节问题，反而解决不了关键问题，这对于企业发展来说绝对不是个好现象。只有具备了清晰的管理观，才能具有清晰的管理行为，也才会有合适的管理标准。

## 治中求乱，顺应变化

治中求乱，就是打破平衡继续扩张的问题。华为大举进军海外市场的时候，正处在一个非常不确定性的业务环境中，怎么管理就摆在了桌面上。拿乘坐出租车来举例，在海外打车，很多时候连票据都没有，只有司机随手给你写的一份收据；又比如欧洲的中餐馆，基本都是手写发票或者没有票据。华为在有的国家拓展业务，初期甚至不得不一边设立子公司和开通美元账户，一边采用临时借支备用金的方式开展业务运营。类似问题数不胜数。

可以说，当时的华为在海外业务管理方面的经验基本为零，一切都是且行且摸索。即便想加强管理，大家也不知道该怎么管，担心万一管理过度，对公司的海外业务拓展产生副作用。另外，海外业务刚起步，出现各种问题的样本数还不够多，是不是还有其他问题也未可知。而管理是有成本的，没有业务规模，管理成本和管理的有效性都是问题。这时候公司必须做出选择：到底是经营优先还是管理优先？

毫无疑问，公司首先要的是经营，管理是为经营服务的。因此，在海外业务拓展初期，华为的管理总体上很宽松，有发票没发票，证明人和主管确认一下就可以了。当然不排除中间有人占小便宜，但公司必须相信绝大多数员工在大多数情况下是好的，为了挤掉那么一点点“作恶”的水分，架着管理的大炮，实在是得不偿失。

总而言之，华为在进军海外市场初期是治中求乱，顺应变化，远还没有达到乱中求治的时候。

## 经营思维要大于管理思维

企业经营宛如滚滚长江，在奔腾入海的过程中，必然伴随着泥沙俱下，有问题很正常。只要在正确的目标牵引下滚滚向前，过程中的问题都将不再成为问题。但我们也会看到，现实中一些管理者好像天生有“洁癖”，整天拿着显微镜找问题，舍本逐末。企业很多问题是过程性和阶段性的，无须解决却非要解决就是做无效功。

企业能消灭所有的问题吗？物理学告诉我们，孤立系统的熵值永远是增加的。也就是说，企业的问题永远解决不完，管理者千万不能有除恶务尽的思想，因为除恶务尽本身也会因无谓消耗了企业的能量而成为真正的恶。管理者一旦养成了盯着问题不放的习惯，就可能染上管理近视征，陶醉于局部最优而罔顾了全局。

比如有一家连锁经营企业，他的加盟商为抢占商机，擅自增开了一个加盟店。被发现后，这家连锁经营企业以加盟商事先未经审批为由，责令其关停并给出处罚。这显然是管理思维在作祟。加盟商有商业敏感是好事，企业应该给予鼓励，况且加盟商并没有造成其他负面影响，过分打击反而伤害了加盟商的积极性。此时企业要做的，应该是及时为加盟商提供辅导和支持。

事实上，企业经营的关键不在于解决问题，而在于提出正确的问题，把资源分配给机会而不是问题，不断为企业输入负熵，以抵消内部熵增。因此，管理者的思维必须是用经营思维来决定管理思维，让经营思维起的作用大于管理思维，因为经营才是目的，管理只是手段，管理要为经营服务。一旦经营和管理本末倒置，那么就会越做越烦琐，越管越没有效益，这也是很多企业缺乏活力的主要原因。当然，这并不是说管理者从此就不需要关注问题，而是说所有的问题必须能够促进经营，这才称得上是一个需要解决的问题。

要想让经营与管理保持平衡，企业领导者的作用至关重要，因为他的所思所想所行直接关乎企业的文化氛围，他的格局也直接决定了企业的发展上限。华为的成功就离不开任正非在初建华为时所制定的员工持股制度，后来他说：“我创建公司时制定的这个制度，就是通过利益分配团结员工，但那时我不懂期权制度，更不知道西方在这方面很发达，有很多种形式的激励制度，我只是凭着自己过去的人生挫折，感悟到应该与员工一起分担责任、分享利益。创立之初，我跟我父亲商量这种做法，结果他大力支持。这其实是无意中插的花，没想到今天竟开得这么鲜艳，成就了华为的大事业。”

企业的竞争，说到底还是人才资产的竞争，人不是靠“管”才在企业中发挥作用的，而应靠“经营”，就像马云说的那样：“多花时间在人身上，才是最大的投资。”

## 极致的管理，就是极致的伤害

精细化管理绝对是企业界的热词，与之相反的是，企业推行精细化管理的结果多半是“冰凉”的。

一些人把企业当成计算机，期望用指令和数字来实现对企业的全部控制，典型代表当属美国的“蓝血十杰”。

二战结束后，来自美国战时陆军航空队的十位精英，在福特汽车公司掀起了一场以规范和控制为特征的管理变革，以摆脱原来的经验主义管理模式，一度再现了福特当年的辉煌。这十位精英也因此获得了“蓝血十杰”的称号。但成也萧何，败也萧何，这种绝对的理性主义最终扼杀了企业的创新和活力，将福特重新带向了衰败。

“蓝血十杰”的故事说明，当绝对的逻辑和数字控制了一切的时候，人其实已沦为逻辑和数字的奴隶，企业再难唤起让产品融合人性之美的初心和想象力了。

## 管理之神要向经营之神迈进

在大数据时代到来的今天，尤其值得我们警醒的是，大数据不可能取代人的动机、想象、创意和决策，充其量它只能为我们提供更为精准、随时迭代的决策分析。

2014年，华为给公司历史上为管理体系做出突出贡献的员工颁发“蓝血十杰”奖。“蓝血十杰”是华为公司的最高奖项，但颁完奖后，任正非却郑重地告诫大家：“不要片面地理解‘蓝血十杰’，我们要避免管理者的孤芳自赏、自我膨胀，管理之神要向经营之神迈进。经营之神的价值观就是以客户为中心，管理的目的就是多产‘粮食’。”

任正非提到的这种经营理念，也是华为多年来一直坚持的基本准则。就拿任正非自己来说，虽然他年事已高，但只要有重要客户前来，他都会亲自开车去接客户，表示对客户的重视。

然而有一次，当摩根士丹利首席经济学家史蒂夫·罗奇率领豪华投资团来访问华为时，任正非并没有亲自迎接，只是派了当时负责研发的常务副总裁去接待。这让史蒂夫·罗奇很失望，但是任正非后来说："他又不是我们的客户，我为什么要见他？他是带着投资团队来的，可跟我有什么关系？我是卖设备的，当然只找买设备的人啊！"

从管理思维来看，来企业投资的都是"财神"，正应该好好招待；但如果从经营思维来说，只有客户才是企业的"衣食父母"，经营好客户，才真正会经营好企业。因此，任正非虽然崇尚"蓝血十杰"，但更清楚"蓝血十杰"对企业集团规模的过度追求、对成本的过度控制等管理理念的极端性，不利于企业的发展。所以，华为才将一切以客户为中心的经营策略和核心价值观当成企业不可动摇的旗帜。

"蓝血十杰"已然成为历史烟云，但"蓝血十杰"的故事今天仍在上演。比如，一些企业每年不遗余力地安排人员编写和维护岗位说明书，形成的文档可谓汗牛充栋，但当问及这些文档到底给企业带来哪些价值时，大家往往三缄其口，因为很多人已麻木于每天有工作，而不是天天有成果。现代企业面对动态多变的外部经营环境，每天都有新情况、新问题出现，组织内环境必须是动态和与时俱进的。一些人坐在办公室想当然地"编程"来指导其他人的工作，可以想见其中的内容到底有多少价值！企业运作类似于踢足球，岗位之间的配合和补位，与球员之间的配合和补位同理。如果一纸说明书就能有效地指导球队运作，那么足球比赛未免太没有刺激、悬念和想象空间了。而且，不管岗位说明书多么清晰，实际运作中岗位之间都会存在大量的盲区和灰色地带，岗位说明书可能还会助长一些人的本位主义思想，甚至沦为一些人以界面不清晰为由推卸责任的护身符。

所以，企业与其大费周章地编写和维护岗位说明书，倒不如建立一种能激发主动性的利益共同体或事业共同体机制，并对各自的核心职责做出大致的安排，让团队成员在具体业务实践中通过组织学习，与时俱进地找到适合他们的运作规律。在日常工作的磨合中，自觉形成适度跨界、相互补位、主动担责和不推诿的工作文化。

## 容许不同经营单元间粗颗粒核算

一些企业热衷于在内部推行按单交付，理由是按单交付可以按业务颗粒管理员工的工作量和工作结果，核算业务成本，传递经营压力，提高经营效率。事实真的如此吗？实际上，企业在这方面鲜有成功案例。

逻辑上正确的事情，经营上未必正确。比如，按单交付如何确定每个派单的定价？定价就是经营，传递经营压力绕不开定价。业务颗粒不可能都是标准的、事先设计好了的，因此定价绝对是一项频繁而复杂的工作，中间必然产生大量的管理成本。小作坊为什么难以做大，而企业就可以做大？根源就在于小作坊凡事都涉及定价，导致内部交易成本太高；而企业可以通过绩效文化等方式替代价格机制，让内部交易成本大幅降低，使企业运作更顺畅，团队协作更容易。可以说，按单交付是把企业拉回了作坊时代，是把工具最大化，在实践层面根本无法达到企业的经营目的。

只要稍加分析，我们就能发现按单交付存在重大缺陷。

首先，它对组织目标会产生影响。按单交付必然使交付主体从此不再关心组织目标，而将注意力转移到一个个派单的执行。至于派单是否真的促进了企业经营，在他们看来将不再重要。

其次，它对客户体验会产生影响。同等条件下，交付主体一定会优先响应派单而不是客户需求，从而导致客户体验变差，最终削弱了企业创造客户的能力。

最后，它对公司发展会产生影响。交付主体一般会按照个人利益最大化原则来筛选派单，那些对公司有利但对个人现实获利无助的事情，今后可能少有人问津。

总之，企业可以容许不同经营单元间粗颗粒核算，但绝不可以把日常业务活动都拿来作为核算计量单位。在激烈的市场竞争中，企业必须动态感知市场和客户需求的变化，而经营一线是企业最敏感的神经末梢和执行单元，管理如果最终消泯了一线的商业敏感，必将造成企业灾难性的后果。

## 过程只对经营结果负责

过于强化过程管控，也是一些企业的顽疾。

有一家企业，共设有 6 个职能中心，每年企业都要为各事业部编制年度重点工作，累计约 400 多项，且全部列入事业部考核。事业部主管为此头疼不已：重视吧，这些重点工作其实并不是他们心目中的工作重点；不重视吧，职能中心好比“千手观音”，经常检查监督，烦不胜烦。但是，企业总裁认为企业将过程管好了，结果就是水到渠成的事情。这位总裁虽然以“水到渠成”来做比喻，但他却错误地理解了“水到渠成”的意思。“渠成”的标志是“水到”，是结果而不是过程。

修渠如此，经营企业更是如此。企业的目标是实现企业与客户之间的价值交换，没有结果，企业与客户如何交换？员工与企业如何交换？可见，一切过程要素都只是为价值创造提供了可能，唯有结果才有交换的前提。

因此，企业的核心工作之一，就是确定各经营单元的价值定位和业绩目标，驱动各经营单元穷尽各种过程手段，确保结果达成。目标代表了管理者对经营结果的承诺，过程代表了管理者如何兑现承诺；目标相对稳态，过程相对动态；目标需要考核，过程需要纠偏。只要目标符合预期，过程没有大的偏离，企业就应大胆授予管理者在过程管理上的灵活机动权。

华为一直要求提高企业效率，但这并不是说员工埋头苦干就行了。在华为看来，如果企业过于关注过程管控，就会令管理者专注于行动本身，而忽略了价值创造的结果和目标。但是，埋头苦干和价值创造的结果与目标之间其实并没有直接的关系。

比如，有的员工态度积极，看起来很努力，是不是就应该作为评价的一部分呢？或者说，一些为了企业利益而努力的员工，评价上是不是也应该优于为个人利益而努力的员工？

有些公司可能会这么做，但在华为，不管是员工还是管理者，他们的工作过程、工作中的表现等，都不是考核的关键因素之一，只有目标达成，产生业绩结果，才是最有效的。至于过程如何操作，则由管理者自行决定。所以在华为，认知不是任职的要素，关键还要看管理者的贡献。

总之，未来充满了不确定性和变化，如果没有“将在外，君命有所不受”的机制，管理者的能动性和创造性就得不到应有的发挥。过程管控总的原则是：触发管控的信号必须源于真实过程的偏差，而不是事先设定的虚拟过程。各经营单元如果达成了经营结果，且过程没有原则性问题，就可以在很大程度上获得过程管控豁免权；如果经营结果达不到预期，就有必要进行有针对性的过程管控。

前面提到，市场机制之所以比计划机制有效，原因就在于计划机制偏重过程管控，但设定的虚拟过程是否有效，有待实践进一步检验；市场机制则恰好相反，它偏重结果管控，过程是放开的，这就为实践者提供了路径选择上的多样性，增加了成功的概率。

为什么有些企业流程化管理变革效果不彰，其中一个重要原因就是，一些流程设计者把关注的重心放在过程规范性上，而忘了流程到底对什么经营结果负责。比如，销售流程对订单负责，交付流程对回款负责。类似这样的问题，很多管理者居然回答不上来。关于流程，我们应该这样理解：流程是聚焦特定经营结果，对资源和要素整合管理的业务流。模糊了流程对准的经营结果，流程过程的有效性自然也就无从谈起。

## 全面预算管理：价值经营的抓手

企业价值经营的抓手是什么？是预算！很多企业很容易忽略这一点，把预算管理简单地当成了例行性的财务活动。在华为的预算理念里，客户价值在哪里，预算就在哪里，经营以全面预算管理为综合管理工具和重要抓手。

华为的全面预算管理包括计划、预算和核算。它是一个闭环系统，即以目标为纲，以计划为目，弹性控制，并通过核算来评价，通过激励来闭环。全面预算管理是华为年度全部经营活动的依据，也是驾驭外部环境不确定性、减少决策盲目性和随意性、提升公司整体绩效和管理水平的重要途径。通过全面预算管理，企业就能牢牢地把握住价值创造的方向性和有效性，切实落地企业的战略诉求。

### 预算应该由外而内生成

关于预算的起点，很多企业其实是不清楚的。也就是说，企业根本不清楚为什么花钱，不清楚投入和产出之间是什么关系。绝大多数企业都是按行政组织来做预算的，结果就是大家在预算问题上都来和公司博弈，向公司要钱。每个行政组织都想方设法把 BP 做大，以期获得更多的资源授权，而公司还很难与它们争辩。人家主动揽事儿，把 BP 做大有什么错？事实上，很多企业的 BP 能够做大的原因是：行政组织与行政组织之间存在大量的工作缝隙和工作交叉，于是每个行政组织就可以打着各种旗号来制造工作负荷，把本来简单的工作复杂化，从而为自己增加资源配置提供了冠冕堂皇的借口。

按照行政组织做预算，其实是混淆了预算责任和预算生成的区别和顺序。首先，预算生成在先，预算责任在后。预算应该以客户为中心，由外而内生成。其次，客户和客户价值是预算生成的起点，而客户和客户价值由企业战略来定义。预算是客户价值在企业内部的投影，预算与客户价值是背靠背关系。

弄清二者的区别和顺序，企业的预算管理才能从成本思维转变为投资思维和价值思维。如果哪个行政组织说不清楚客户价值，那就得不到预算；说清楚了客户价值，预算就不存在博弈。

任正非有个非常著名的管理思想，就是“让听得见炮声的人来呼唤炮火”；同时，华为内部也都很清楚任正非的另一句话，即“谁呼唤炮火，谁就对炮火的成本负责”。企业产品销售过程中的财务控制、责任经营等，对很多企业来说都是大难题，对华为也不例外。因此，从 2003 年起，华为便建立了全球统一的财务组织。2007 年，华为又实施了集成财经服务的变革项目（IFS），旨在为各级经营组织提供更加完善、准确而有价值的财务数据，从而帮助华为持续为客户提供更高品质的服务和综合解决问题的方案。

通过一系列的财务变革，华为的责任经营制逐渐成熟起来，也逐渐将各种资源分配到前线，由负责利润的单位来承担发生的费用和成本。那么，谁来呼唤炮火？当然是前方的作战部队，而不是后方的领导。这样一来，财务组织的责任主体便倒了过来。在预算方面，华为也逐渐以项目和客户价值作为预算的基础核算单元，因为项目和客户价值才是企业经营管理的基础。项目和客户价值有了预算，就有了指挥中心，拥有了指挥作战的权利。以项目和客户价值为中心的预算机制，通常要围绕着“计划—预算—核算—评价”的闭环管理，实现责任中心与项目预算的衔接。

此外，在以项目和客户价值为中心的预算生成过程中，企业还要考虑与客户投资相匹配的各种线索和机会点等，以便实现预算生成是从项目和客户中来，继而再向企业内部各部门延伸。为此，任正非还特别强调：“我们要让每一个数字都是打出来的，绝对不是做出来。我们一定要将主要精力放在分析市场、关注客户上。”

以这种方式来生成预算，华为的预算管理整体框架逐渐清晰，财务经营也在企业经营过程中发挥着越来越重要的作用。

### 一次预算和二次预算分别解决不同的问题

知易行难，怎么做才是关键。预算生成的逻辑应该分为一次预算和二次预算。一次预算是机会点与目标预算，解决围绕机会点与目标如何分配资源的问题；二次预算是资源配置预算，解决各行政组织资源配置如何高效的问题。

华为的一级预算是顺着自然的业务流的逻辑，即从客户价值到市场单元、产品单元、其他业务单元等，这种生成方式遵循的是价值链逻辑，不随某个组织的意志变化而变化，这就从主流程上保证了预算的方向性和有效性，而且预算的宏结构稳定。华为的具体做法是：

第一，将客户和客户价值作为预算生成的起点，钱只能从客户那里来，不能自娱自乐。

第二，市场、产品、各业务单元预算时从机会点到订货都要讲清楚，大家力出一孔，如果有争吵也是为了更多地围绕客户挖掘机会点和量化目标，而不是争抢资源。

第三，市场、产品、各业务单元在经营目标上要统一思想，经营的目标是满足客户需求，为客户创造价值，利润只是经营的结果。

华为的二级预算采用分灶吃饭、弹性管控的方式，既要保证机会点和目标的实现，又要确保资源配置高效。华为的具体做法是：

第一，各行政组织资源与目标要有效匹配，目标要有牵引，资源配置要合理和现实，执行控制要有弹性。

第二，产出可以按 100% 来定，牵引目标要实现甚至达到超越，但资源要按 90% 来匹配，确保经营的稳健。

第三，执行中如果看到完成 100% 的可能性，就要大胆追加资源，如果看到 90% 都完不成，就要控制资源投放。

第四，落实经营责任，即计划预算最终要落实到各行政组织，并以组织绩效和激励等方式来承载，实现闭环管理。

除此之外，华为认为，满足公司中长期发展的战略性投入要花当期的钱，当期的钱必须来自当期的经营利润。

### 做好前端“锁喉”管理

“资源要用在找目标、找机会点，并将机会点转化为结果上。”很多人听不懂华为这句很质朴的话，因为这句话是从正面讲的，不够直白。

我们都看过非洲草原上狮子追逐猎物的景象，狮子追上猎物的第一个动作就是锁喉。脖子是动物身体上最柔软的部位之一，也是命门之所在，只有锁喉成功，才有狮群后来的饕餮大餐。这就是上面这句话背后的真正内涵。

所谓目标和机会点管理，其实就是锁喉。华为与客户联合创新，就是深度锁喉，即不能让“猎物”脖子伸出去了再锁，因为客户已经定义了需求，再去改就很麻烦。一旦前端锁喉成功，后面全流程就可以少做很多无用功，节省大量的成本，这就是锁喉的奥妙。而持成本思维的人，当然想不到这些。

华为在资源匹配目标和机会点方面的经验做法有 4 点。

第一，在客户份额高但增长趋缓的领域，华为将其视为“粮仓”和“金牛”业务，资源要优先配置到价值客户、价值国家和主流产品上，持续保持规模优势，获得一定利润率水平上的成长最大化。

第二，华为将客户份额高且高增长的领域视为未来的“粮仓”和当前的“明星”业务。华为在资源分配上不搞平均主义，而是把优势资源集中投入在战略生长点上，不断扩大优势，在高端领域树品牌，在低端领域建规模。

第三，在客户份额低和高增长的领域，华为有一些非主航道业务，这一块的资源占用必须落实到经营目标和考核闭环管理上。这并不意味着不是主航道就不做，但也不要指望公司在这个领域投入很多钱。如果这个领域有了规模，利润可观，公司还是允许它继续做。

第四，华为将客户份额低且低增长的领域视为“瘦狗”业务，公司会用差异化价值评价与分配杠杆牵引资源重新配置，把人员撤出来后，将他们投入到更有价值的领域中。

在预算管理过程中，企业要谨防过度“拧毛巾”现象。因为用成本思维管预算，就会想方设法拧干毛巾里的“水分”，但企业是一个耗散结构，耗散结构里要有一些冗余设计，就像人身体上的软组织可以起到一定的缓冲作用一样，它们可以为业务稳健经营和未来的不确定性做储备投入。所以，毛巾里适当藏一些“水分”是必需的，如果毛巾拧得太干，万一哪天需要再拧的时候就没有水了。这和华为“深淘滩，低作堰”商业模式的另一层意思是相符的，即要节制自己的贪欲，不要过分节流，“深淘滩”只要淘到滩头下的卧铁就好，否则会伤害客户和合作伙伴的利益。

# 第 4 章

# 人才增长

## 搭建从“人才”到“人财”的增长型组织

企业要增长，人才是关键，尤其是带领企业前行的管理人才。在华为的人才结构中，干部是非常重要的组成部分。作为管理的中坚，他们必须确保各种管理改革、业务开展能够顺利进行。因此，华为对于人才的选拔和培养非常重视，可谓“择天下英才而用之”。而华为对于人才的严格要求也是出了名的，这种严格主要体现在选拔标准、后备力量的筛选等机制上。但在这种标准下，华为也建立了一支不屈不挠、奋不顾身的职业化队伍，从而使“人才”最终转化为了企业的“人”和“财”。

# 胜任是个伪命题

很多企业在招聘员工时，一定要求员工胜任才行，但其实胜任是个伪命题。什么样才算胜任？员工只有进入企业后，经历过企业的管理和经营，让他们在相应的岗位上工作后，才能知道他们是不是胜任。如果企业仅凭员工的学历、简历等就判断员工是否胜任，显然是有失偏颇的。

华为就是一家经营人才的企业。任正非曾说："人才不是华为的核心竞争力，对人才进行管理的能力才是企业的核心竞争力。"由此可见，对人才进行管理，是企业发展中至关重要的一部分。

## 冲锋比胜任重要

用军队来比喻企业的人才队伍建设再合适不过了。

一个营的建制，一定要有营长、连长、排长和班长。不论有

> 没有合适的人，这支队伍都需要选出这样一些人，才算是一个完整的建制。但谁能成为将军，只有靠战场上的战斗来检验，而且战斗还有偶然性。可以肯定的是，真正的将军一定是那些带着累累的伤痕、从硝烟中走出来的人。磨难，是身份最好的证明！

这就是华为人才队伍建设的基本逻辑。在很长一段时间里，华为一直想给自己的人才队伍画像。华为人中流传的这段话，是对华为的人才建制最好的描摹："我们穿着草鞋，就从北冰洋打到了地球的最南端；我们还来不及取下头上包着的白毛巾，从青纱帐里出来，一下子就跨过了太平洋；腰间还挂着地雷，手里提着盒子炮……"

外人绝对难以置信，就是这么一群"土八路"，最终成就了一个世界级的通信巨头，可事实的确如此！

企业成功的关键，不在于企业拥有多少人才，而在于人才的运营机制。华为源源不断的人才供给，主要是靠没有任何工作经验的应届生。在华为的理念里，华为人才队伍建设不是为了好看，而是要打造一支能创造商业成功的战斗队列。

## 让平凡人做出不平凡的业绩

在《华为基本法》里有这样一句话："认真负责、管理有效的员工是华为最大的财富。"这不像很多企业那样泛泛地讲"员工是企业最宝贵的财富"。

华为在大发展时期，每年的人才需求大约上万人，特殊年份甚至达到几万人的规模，这绝对不是靠挖墙脚就可以完成的任务。按照管理学的观点，管理的目标是让平凡人做出不平凡的业绩。因此，企业必须降低对人才的能力假设，这样才能做到"天生我材必有用"，不致陷入到处找高手的困境当中。

华为的乌克兰代表处，有一位特殊的本地司机。一般来说，司机只要按时接送工程师去各站点完成工作就行了，但他不一样。由于经常和华为的工程师在一起，他渐渐了解和掌握了关于站点工程师的工作内容和相关技能，在不断学习和沟通的过程中，他进步得很快。

2016 年，华为乌克兰代表处招聘，一位熟悉这位司机的区域经理就向代表处的主管推荐了他。于是，代表处主管召集大家进行讨论，最后大家一致认为，只要这位司机能胜任工作，就应该将他选拔出来。

为此，代表处对这位司机进行了一系列的面试和考核，没想到他对工作的熟练程度甚至超过了一些华为员工。最终，这位司机顺利地通过了公司面试，成为华为的一名站点工程师。

从这个案例中可以看出，华为在人才选拔上强调的是实践能力，而不是起跑线有多高。让普通人也有进入华为工作的机会，只要有能力，同样可以为企业创造出不平凡的业绩。

华为解决普通人快速适应工作的有效办法，就是对工作进行分解（华为内部叫作“工作分解结构”），形成一个个普通人都可以执行的基本业务活动。用人的门槛降低了，不是人才也成了人才，这样就大大提高了人才的可获得性和企业用人的自由度。一些华为人自嘲是信息产业的工人，离开华为以后，基本就是自废武功，这是因为华为的分工很细，尤其是研发领域，每个人就像一枚螺丝钉，这种比喻不无道理。

## 依靠组织系统的合弄制

这样一支由“新兵蛋子”组成的队伍，如何能满足工作需要？华为不可能停下来等待每个人成长，最简单可行的办法就是让他们在战争中学习战争。新员工经过短暂的集训之后立即开赴前线，通过以老带新的方法，让其快速成长。

现在有一种流行的组织运作模式，叫合弄制，即一项工作由多个角色相互穿插，配合完成。华为的工作模式就是合弄制。一名华为员工完成一项工作的背后，实际上是一个团队在运作。华为的组织系统特别发达，你可以独立推进某项工作，但当你遇到了困难，总是可以通过组织系统寻求到相应的帮助，直到最后把事情搞定。“搞定文化”在华为很流行，这种“搞定文化”的背后其实是一个团队的共同努力。

华为铁三角是流程型组织在客户端的具体实现模式。AR（account responsibility，客户经理）、SR（solution responsibility，解决方案经理）和FR（fulfill responsibility，履行经理）构成了华为的“铁三角”（见图4-1），他们在市场前端获取项目。当然这里的“三”是概数，代表的是“多”的意思，任何与项目有关的专业方都属于“三”的范畴。

在华为，懂得依靠组织系统和及时求助，比独立工作能力还重要；不懂得依靠组织系统和求助的人，很难在华为的土壤里生存。因此，在华为你会看到这样一种现象，很多人看上去无法胜任某些工作，因为对于很多事情他们没有办法独立完成，但实际的结果是他们确实能驾驭事情的进程，左冲右突，出色地推进工作。从这个意义上讲，人最重要的能力是什么？是借力，即获得能力的能力。

这给管理带来的启示是：对企业而言，证明员工能否胜任工作其实并没有意义，建立一个证明员工能否胜任工作的机制，以达到牵引员工前赴后继和达成工作目标的目的，才是真正的意义所在。

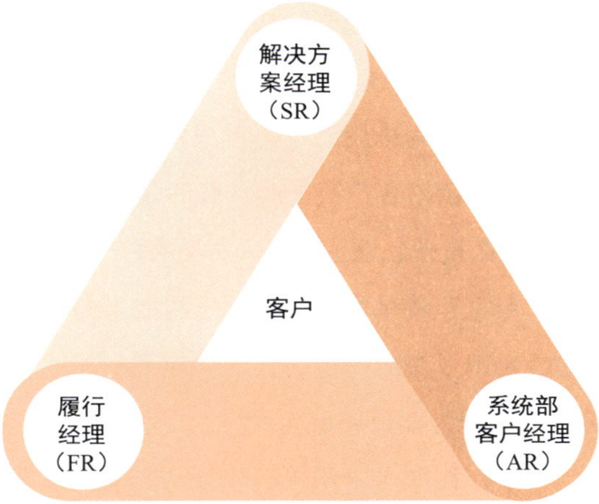


图 4-1 华为铁三角组织

## 团队建制是成功的保证

华为经常会出现这样的场景：一支由几十个人组成的年轻团队，穿着西装，打着领带，在会议室里热火朝天地讨论问题。他们来自公司不同的业务领域，很多人甚至素昧平生，但到了一起却默契十足。大家在一起时紧锣密鼓地分析问题、明确要求、制订计划、拟定分工、完成输出、互助协作……然后浩浩荡荡地开赴客户那里。

实事求是地讲，华为在很长一段时间里，无论是产品性能还是客户界面上人员的单兵作战能力，都不及一些西方公司。但为什么华为能攻城略地、一往无前呢？这和华为一线项目团队的工作文化和工作方式不无关系。

团队成员心里会想："华为这么多人，客户有任何问题，应该总有人能搞定吧？"其实，战胜任何对手都要经过两次考验：第一次是在内心里，第二次是在现实中。只有那些内心里认为会赢的人，在现实中才可能赢。

华为通过项目团队运作，以组织的坚韧性克服个人的脆弱性，给大家创造了会赢的心理暗示，这一点很重要。

在与客户交流时，华为采用的是车轮战术，即每个人就自己擅长的领域轮流上阵，这样就会给客户留下非常好的印象，客户会想："华为来这么多人，对我们这么重视，这些年轻人很厉害，个个都是专家！"

各自领域的"专家"就是这样依靠自己的战术与客户进行不同的交流，分工协作，既实现了交流的目的，又体现了专业性。如果客户对方案提出了新的要求，华为项目团队每个人做一部分，很快就可以完成；而竞争对手因为人少，往往需要花费很长时间。因此，华为在客户需求响应方面明显要快于竞争对手。

这就是完备的建制对打胜仗的重要性。这就如同打仗，如果你有 10 个师的兵力，必须得有 10 个师长，至于这些师长是否胜任那是后话，因为只有先拥有了师长，才有能打仗的师长。因此，建制才是成功的保证。

华为在开拓海外市场时用的也是这种方法。2000 年，华为召开"欢送海外将士出征"大会，大批华为将士被派赴到海外各个国家和地区。1997 年，华为在莫斯科设立了办事处，探索海外市场拓展的经验，三年时间，华为才签订了一个 38 美元（卖了一根电缆）的合同；到 2000 年，华为要全面拓展海外市场，但很多人连基础英语能力都没有过关，怎么拓展？如果用胜任或不胜任作为选派去海外的标准，那么华为估计选不出什么人，拓展海外市场也就成了空谈。

人不放到一个具体的业务环境里，能力是不可能锻炼出来的。所以不管这些人胜任不胜任，华为都把人先送出去再说，建制先起来，活儿就有人干了。很多人是计算机或通信专业毕业的，而海外签订的合同多是“交钥匙”工程[①]，建机房、铺光缆、竖基站、装设备等，很多活儿和专业根本对不上，大家只好边打仗边建设，先是聘请一些外部的顾问和专家来指导，然后边学边干、边干边学，慢慢地能力就培养起来了。

## 能力建在组织上

华为就像滚滚洪流，裹挟着华为人不断前进。华为的每个部门目标压力都很大，因此越是能干的人，担子会越重。“打下五十万的仗，再给你五百万仗的机会，又打下来了，再给你另外一个实践的机会……”这句话就形象地描述了华为人才进化与业务进化之间的关系。

华为有胜任任何岗位的人吗？没有！一个人才被安排到一个新岗位之后，肯定是不胜任的。到了新岗位，要有一段时间去适应；刚刚适应了，有了骄人的业绩，结果又被提拔到了新岗位，开始了新挑战；即使是原地踏步，也会有新挑战和更高的业务压力如潮涌般涌过来，一不小心就会呛水。因此准确地说，华为没有胜任的人，只有跟得上和跟不上两种人。

在这种非稳态的组织环境中，华为找到一种相对稳态的平衡器，那就是把能力建在组织上。

① 交钥匙工程是国际商务方式之一。跨国公司为东道国建造工厂或其他工程项目，一旦设计与建造工程完成，即将该工厂或项目所有权和管理权的“钥匙”依合同完整地“交”给对方，由对方开始经营。——编者注

## 人力资本增值的关键在于内部知识的复制

华为需要人才，但不依赖人才。为了摆脱对人才的依赖，华为在20世纪90年代就提出了人才密度的概念。

2008年，中国开始发放3G牌照；2000年，华为就为决战3G储备了5 000人，可见华为在人才上的大手笔。很多人一听到人才密度，就会和成本联系起来，认为华为有钱，花得起。但华为的理念是：人力资源是资本，不是成本，资本是可以增值的。

问题的关键是如何增值？这就涉及什么是人力资本增值优先于财务资本增值。人是活的资本，人的创造性可以通过知识的复制和传播来放大企业的价值。人才密度达到一定程度后，人才所掌握的知识在组织内部的复制会呈几何倍数的速度增长，知识所形成的巨大张力会成为企业发展的强大推动力，推动企业规模增长。

以华为的3G为例，虽然当时3G在中国姗姗来迟，但华为把3G大规模地卖到了国外，在国外斩获了很多商用合同，为杀“回马枪”抢占国内市场积累了丰富的建网经验。

一些企业之所以发展缓慢，和内部知识复制太缓慢有非常大的关系，这是不重视人才和错误的人才观导致的结果。人才密度大了以后，看上去人才似乎有些超前配置，但适度超前配置人力资源就会带来市场机会成本下降，足以对冲人力成本增加。即使人力资源暂时过剩，也能在未来事业发展中轻易消化掉。由此给企业带来的正循环是：企业在人才筛选方面不再投鼠忌器，有了更大的人才选择空间，也就更容易达成事业与人才的良性互动。

所以在这样的组织里，每个人既是人才又不是人才：说你是人才，是因为只要你跟得上，就可以获得组织的认可；说你不是人才，是因为你不是唯一的，可替代性比较强。每个人实际上都没有别的选择，只能往前冲锋，不管你是真积极还是假积极，关键是要表现出积极的行为，达成公司期望的结果。

## 华为组织系统运转不受人员流动限制

企业必须适应客户和市场环境，员工必须适应企业发展，因此华为内部的人才流动非常频繁。不论你是什么学历背景，进入华为后，过去的学历和专业已不再重要，所有人都得随时准备根据业务和组织需要进行流动。所以，华为在人才招聘方面并没有特别严格的条件，并不以年龄、资历等作为重要标准；进入华为后，公司也以责任、结果、贡献等为考核标准。这种选拔人才的条件虽然简单，但同时也要遵照这几个原则。

华为认为，精神和方法论才是最重要的。员工在学校里所学的专业，只不过是劳动的准备过程，而有了精神和方法论，无论走到什么岗位，都能很好地发挥作用。因此对于华为这样的国际企业来说，如何管理好企业内的员工，分配给他们合适的岗位，让他们的才能最大化地发挥出来，是企业人力资源管理中最重要的部分。员工的喜好并不能成为管理者分配岗位的原则，所以你会看到，华为中有博士生做人才招聘的，有文科生调试机器的，也有销售人员转财经岗位的，各种专业背景的人混搭在一起，多元化思维相互作用，反而容易迸发出创新的火花。

在华为，你想找到自己的舒适区是很难的。以干部为例，华为要求干部三年必须轮岗，特殊情况可以延长一年。比如，你在某个驻外机构已经工作了三年，那就要换到其他地方。在华为，如果一个岗位换了别人就不行，说明组织建设一定出了问题，这样的组织是不安全的，必须通过人员调整，逆向找到组织的问题，及时完善组织能力。

同时，华为还有科学完善的追责机制。华为规定，在调岗以后，三个月内业务出了问题，前任干部负主责；三个月后业务出了问题，现任干部负主责。这样就逼着前任和现任之间做好客户关系交接和工作交接。渐渐地，能力就建在了组织上。

因此，华为的成功经验告诉我们，把能力建在组织上，绝不是安排一帮人纸上谈兵，坐在办公室里规划出来的，其核心标志是顺利轮岗。如果哪个地方不能实现轮岗，就说明能力建在人身上了。

华为的这种轮岗机制带来的积极效果就是：不论人员如何调整，华为的组织系统都能照常运转，组织具有极强的自愈能力。所以华为的组织是相对稳态的，而员工是非稳态的，这种结合员工就可以被激活，并且必须跟上组织的步伐，否则就会像陀螺一样，一旦停下就倒下了。

## “歪瓜裂枣”的用人机制

每个人都有自己的长处，也有自己的缺点和不足，否则就不会有人与人之间的合作。在华为，有一些绩效表现很好，但在某些方面特立独行的员工，任正非把他们比喻成“歪瓜裂枣”，并且表示企业一定要容忍这些“歪瓜裂枣”。但任正非也强调，这个“裂”并不是“劣”，因为歪的“瓜”和裂开的“枣”才最甜，关键要看我们取他们的哪一面，取味道好的一面，我们就不会觉得他们不好。

取哪一面由什么来决定呢？华为认为，人和岗位必须是连在一起的，因此一个人是不是人才应该由他所在的岗位来决定。人的长处必须与岗位的要求相适配，才能做到因岗用人、用人所长。

## 华为的人才理念：选人用人不求全责备

作为中国企业的佼佼者，华为在选人用人方面有着自己一套独特的人才选拔标准和管理制度。

华为把岗位要求分成了三个层级，并对每个层级提出了能力要求。

第一层级：基层岗位。基层岗位的要求是执行任务，产出结果，因此基层岗位对员工的要求是执行力强。

第二层级：中层岗位。中层岗位的要求是承上启下，承外启内，因此中层岗位对员工的要求是理解力强。

第三层级：高层岗位。高层岗位的要求是把握大局，引领方向，因此高层岗位对员工的要求是决断力强。

基层要有执行力，中层要有理解力，高层要有决断力，这是华为在 2006 年提出来的人才理念。

为什么会提出这一人才理念呢？原因就是当时出现了人才与岗位的错位现象，一些高层、中层和基层员工干了自己不该干的事儿，而该自己干的事儿却没有干好。如果大家都不能各自归位，那么组织的队形和阵脚就乱了。

所以华为提出，高层要“砍掉自己的手和脚”，不要天天忙于具体的事务，要思考企业的方向性和策略性等问题；中层要“砍掉自己的屁股”，要走到业务一线去，因为答案往往在现场；基层要“砍掉自己的脑袋”，专注于把本职工作做好，不要老琢磨着为公司献计献策。对于那些积重难返的人，说明他们不适合当前的岗位，公司就只好换掉他们。

既然没有完美的个人，那么管理者在选人用人上就不能求全责备，否则天下便无可用之人。“天下无马”其实责任不在马，而在于是不是有真正的伯乐。人才一定是优点突出、缺点明显的人，但人性中有一个有趣的现象：有些人就喜欢放大别人的缺点和不足。人家在前线冲锋打仗，好比是猴子爬树，人们看到的往往是猴子的红屁股。这说明，挑错是件容易的事，发现优点却需要积淀。

所以 2018 年，任正非在一次讲话中，对华为“现在录用员工搞得像选内衣模特一样”的人事工作提出了批评，他强调，我们要的是战士，而不是完美的苍蝇。

苍蝇有什么特点？只会嗡嗡叫，四处传播细菌。更讨厌的是，苍蝇最乐于发现战士身上的缺点，并以此为傲。但最终冲锋陷阵、赢得胜利的是有缺点的战士，而不是完美的苍蝇。可当战士们获得成功后，苍蝇又会飞过来，想要分享战士的一半功劳。

因此，企业要崇尚一种用人理念，就是容忍一部分英勇的人有缺陷。选拔人才不是为了好看，而是为了他们能像战士一样，为企业冲锋陷阵，攻下山头。

但是，现在一些专家型干部就特别容易犯这样的毛病，作为这个领域的专家，他们会不自觉地将自己的标准放到选人用人上来。对事可以高标准、严要求，但在选人用人上，高标准、严要求却是害人不浅的管理思维，导致的结果往往是集体不达标。这一点企业尤其要注意！

## 狼狈组织计划：人尽其才，才尽其用，优势互补

没有完美的个人，但能否有完美的团队呢？可以！关键是优势互补。华为的狼狈组织计划，就很好地诠释了团队如何进行优势互补。

在华为看来，企业不但要将单个人选对，还要学会组建企业内部的最佳团队，使企业核心人才的分工搭配更加合理有效。为此，任正非提出了狼狈组织计划，“每个部门都应该有‘狼狈组织计划’，既要有进攻的‘狼’，也要有精于算计的‘狈’”。

狼有敏锐的嗅觉、团队合作的精神，以及不屈不挠的意志；狈非常

聪明，具有策划能力，但其个子小、前腿短，在进攻时不能独立作战，因而它跳跃时是紧抱狼的后部，一起跳跃，就像舵一样操控狼的进攻方向。狈很聪明、很细心，有策划能力，所以应该成为团队中市场的后方平台，帮助做标书、网规，进行行政服务等。

企业要做市场，就一定要有方向感，这就需要有狼一般的嗅觉；大家一起干，这就需要狼群的团队合作；要不畏困难，不要一遇到困难就打退堂鼓，这就需要狼的不屈不挠的精神。同时，做市场也需要后方平台的保驾护航，如做标书、网络规划、行政服务等，而狈的聪明才智、策划能力、方向感等就会派上用场。

狼与狈是对立统一的关系，单提狼文化，也许会曲解狼狈的合作精神。而且不要一提合作精神，就理解为加班加点、拼大力、出苦命，那样太笨，不聪明。

事实上，作为华为的领头人，任正非本人就像是在前方的一匹嗅觉敏锐、善于进攻的狼。2000 年的一次，任正非在与客户交流时，客户无意中谈到了边际网的概念，说表示对此很看好，有想要建的意思。任正非跟客户聊完后，刚从客户的办公室出来，就立刻给华为的相关负责人打电话，要求他们马上关注、研究和生产边际网。

第二年，许多运营商果然开始建设边际网，而华为由于提前捕捉到了信息，后方提前做好了各项准备，结果成绩显赫，在全国的边际网城市中市场占有率高达 70%。

由此可见，前方的“狼”和后方的“狈”完美结合，才能共同促进组织的良性发展。在企业当中，不是每个人都能或者必须成为前方的

“狼”，能做后方一只优秀的“狈”同样重要。彼此互补，才能最大限度地发挥出群体作战的优势。

华为正副职搭配也是一种优势互补的组合：一把手侧重撕开口子，创造机会，二把手侧重内部经营，达成商业结果；一把手需要决断力，二把手需要理解力；正副职要精诚团结，一把手没干好，副职不允许接班，副职必须想方设法帮助一把手成功。由此可见，人才管理的一个重要任务就是识别岗位要求，发现人才优势，把合适的人放到合适的岗位上，人尽其才，才尽其用，优势互补，相得益彰。所以，人才发展不是要去弥补人的缺点和不足，而是设法让人的长处变得更长。就像给 110 米栏的选手请教练，目的是让他在 110 米栏上更加出色，而不是让他去练习跳远。

# 人才通关

华为鼓励从成功实践中选拔人才，强调用人不求全责备。因此在华为，学历、经历都不是最重要的，能力才最重要。只要你有能力，能够为企业创造价值，就能够成为企业未来的领袖和专家。

当然，华为在选拔人才时，也有一套自己的标准和机制，以此来提升企业的管理水平，实现企业的持续发展。

## 人才标准：绩效、能力、价值观、品德

华为为什么一直对人才标准孜孜以求？答案很简单，像华为这样一个员工规模庞大的企业，如果没有人才标准将是一件不可想象的事情。没有标准，选人用人就成了拍脑袋做决定，管理就没有了方向；要是选错了人，就可能“将熊熊一窝”，给公司造成极大的业绩影响和组织损伤。所以，人才标准不光是为了选人用人，还有人才发展和牵引员工自我提升的需要。

我们以华为干部标准为例，看看华为是如何探索人才选拔标准的。当然，我们的目的不是评判某个人才标准的对与错，不同的人才标准在华为历史上都发挥了重要的历史作用，这里只是想回顾一下，华为对人才标准的认知过程。

2003 年，华为开始尝试寻找打造干部队伍的良方，当时找到的是领导权变理论下的情境领导模型。该模型规范了领导者在一定环境条件下，通过与被领导者的交互作用去完成某个特定目标的行为。于是华为提出，要求总监以上的领导都要学习情境领导。

情境领导重在影响干部，而不是要求干部。让大家实现从思想到行为的转变并非一件容易的事情，而且情境领导在华为当时的业务环境和组织环境下有效性一般。华为的很多干部都是风风火火、干脆利落的工作风格，让他们进行情境领导，太难为他们了。话说回来，行为对了，也不代表结果有效。比如，训斥下属对吗？确实不对，但有时还真比和颜悦色有效。华为很多干部训斥下属可谓家常便饭，直到 2013 年，华为才正式发文，要求干部不许“一吼二凶三骂人”，可见华为干部训下属风气之甚。

2004 年，华为召开干部大会，讨论华为的干部标准，最终总结出了一个干部四象限，从绩效结果和素质（包括品德和领袖风范）两个维度来界定华为的干部标准和要求。华为当时对领袖风范是这样描述的：“高级将领的作用是什么？就是要在看不清的茫茫黑暗中，用自己发出的微光带着你的队伍前进，就像小说中的丹柯[①]一样，把心拿出来燃烧，照亮后人前进的道路。”这时，华为已经从领导权变理论走向了领导特质

① 丹柯，是高尔基短篇小说《丹柯的故事》中的主人公。小说描写了一个英雄人物丹柯带领族人，穿过幽暗森林的包围来到美丽的草原的故事，塑造了在革命的黑暗中敢于为理想英勇献身却不计较个人得失的悲剧性英雄形象。——编者注

理论，但品德和领袖风范是一种高标准、高要求，很难量化，并未对干部形成实质上的牵引，最后真正起牵引作用的还是绩效。

2006 年，华为与咨询机构合作，基于华为干部的个人特点设计了一个干部领导力素质模型，从客户、组织和个人三个方面总结出华为干部需要具备的三项基线素质和九项参考素质，并进行推广，这时华为开始走向了领导归因理论。但这个项目最后也被喊停了，原因是公司后来认为，素质属于个人的内在特质，而公司需要的是外在的结果输出和行为能力。

经过前期的探索，2009 年，华为正式明确将绩效、能力、价值观和品德作为华为的干部标准，并一直沿用至今（见图 4–2）。这个干部标准相当于华为又回到了领导权变理论，只不过这一次用的是其中一个分支——路径目标理论。华为的干部标准，事实上也是华为广义的人才标准。

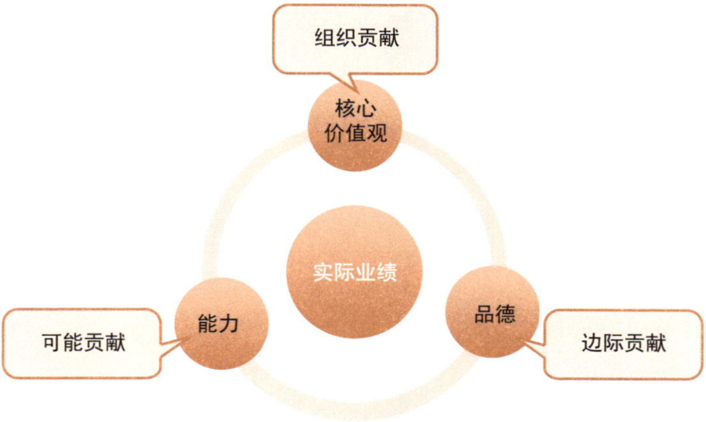


图 4–2 华为的人才标准

绩效、能力、价值观和品德的干部标准，可以概括为人才的筛选标准、匹配标准、排他标准和底线标准。

### 绩效是选拔人才的必要条件和分水岭

选拔人才，考量的是这个人能不能出业绩，所以绩效是人才的必要条件和分水岭。必要条件的意思是：绩效不好，其他再好也没用，因为企业是商业组织，首要考量的是商业成功。业绩是对商业成功的背书，业绩不好还晋升，岂不是徒增公司成本？所以，人才选拔必须先算经济账。

业绩达到什么标准才可以晋升？举例说明，一位员工要从挑一百斤的岗位晋升到挑二百斤的岗位，前提是这位员工在一百斤的岗位上干得很轻松，倘若他在一百斤的岗位上做得都很艰难，怎么可能挑战二百斤的岗位？

所以晋升的前提是：这位员工在当前一百斤的岗位上，绩效考评结果为 A 或 B+。如果业绩为 B，只能说明他与当前岗位还算匹配。如果有多个 A 和 B+ 的人竞逐同一岗位，是不是业绩为 A 的人优先？这也未必，因为有的员工在一百斤的岗位上干得好，不等于在二百斤的岗位上就比别人出色。业绩只能证明一个人的过去，不能证明一个人的未来。但前提是，所有人原则上都必须跨过 B+ 这道分水岭，过了分水岭就不看绩效了，而要看下面三个标准。

### 具备可能的能力

还是继续上面这个案例。这位员工在跨过绩效这道分水岭后，能不能承担二百斤的岗位重任，要看他的能力，也就是与新岗位匹配的可能性。

注意，这里的“能力”不是胜任能力，而是可能具备的能力。他没有干过新岗位的工作，因此不存在胜任能力，只存在可能的能力。这个可能的能力是什么呢？华为称其为经验，用经验来检验他是否具备可能的能力，也就是华为说的“可取得持续成功的关键行为”。

这相当于在中间过渡一下：在他上任二百斤岗位之前，让他先挑挑一百五十斤的岗位，挑起来了就是经验，挑不起来就是经历或履历。可见，经历或履历不能检验一个人是否有挑二百斤岗位的可能的能力。倘若他挑起来了一百五十斤的岗位，再挑二百斤的岗位就相对比较靠谱了。

按照华为的话说，要“以成功经验为基础，看成功实践的延长线”。这里的关键是经验怎么检验，而选样典型的业务场景就是检验经验的试金石。

首先，基层干部考察的能力是执行力。华为检验执行力的典型业务场景是项目。市场前端岗位重点通过“铁三角”项目经验来检验一个人可能的能力；研发、供应链、交付、职能等岗位重点是通过工程交付项目经验，来检验一个人可能的能力。

其次，中层干部考察的能力是理解力。华为检验理解力的典型业务场景是轮岗，包括前后台岗位之间的轮岗和全流程岗位之间的轮岗。典型岗位都干过了，说明你具备了前后端、全流程贯通的视野。视野是从轮岗中练出来的，比如，一个研发人员在做到中层之前，必须要到前线岗位去历练，倾听客户需求，这样他做产品的视野就会完全不同，会知道客户和前线想要什么，知道如何与前线衔接。变革也是一个典型场景，把有一定业务经验的人放到变革项目中，有利于他们全视角理解公司的管理，在帮助公司搭建系统的同时，理解力也得到了全面提升。

最后，高层干部考察的能力是决断力。华为检验决断力的典型业务场景是重大战役，比如开创新领域、扭转市场劣势等。要在重大战役获胜，指挥者就必须具备有效决策的能力。

由此我们看到，员工在习得经验的过程中，也是在为公司创造价值。因此，真正有效的人才发展方案是增值的，而且几乎零成本。

员工在到新岗位之前的经验可以是一个，也可以是多个，要看具体的岗位需要。如果拥有了全部这些经验，就意味着这名员工已经准备好了（ready–now），只要有岗位空缺，就可以走马上任；如果还缺少一个经验，就意味着还要再历练一个相关经验（one–job–away）；如果还缺少两个经验，就意味着还要再历练两个经验（two–job–away）。华为本着实用主义的原则，ready–now 当然最好，如果实在没有 ready–now 的人，华为也不虚位以待，矮子里面拔将军，从 one–job–away 或 two–job–away 中去选人。

### 使命必达的价值观

业绩和能力考察完后，剩下的就是看这个人作不作恶了。价值观是从组织影响的层面看，品德是从社会影响的层面看。一个人能力再强，也得有意愿，能力通过意愿外化为业绩，最强的意愿就是使命必达。

华为看价值观，有一个很重要的行为判定，就是“四海为家”，即个人服从组织。

所以华为在招聘新员工时，招聘信息表的封面有 4 个选项：

AA. 任何国家和地区工作

A. 发达国家和地区工作

B. 国内工作

C. 国内重点城市和地区工作

原则上如果不选择 AA 的，华为基本上不考虑录用。华为的业务遍布全球，如果每个员工都要挑选工作地点，华为管理博弈的成本会非常高。所以华为不是选择有才的人，而是选择合适的人。在同等条件下，华为优先从主攻战场、一线和艰苦地区选拔干部，因为这些人的价值观是经受了残酷的现实检验的。

### 基于人性的品德认知机制

华为对品德有自己独到的认知机制，即从人的两个属性来理解：一是基于人的自然属性，二是基于人的社会属性。

先说自然属性。一些企业把品德放到了一个很高的位置，实际上只是个摆设。华为把人的自然属性之一——利己，当成企业的基本假设，再基于真实的人性去管理。因此，华为的管理机制就是一个让员工获取利益的机制，只不过君子爱财取之有道，只要不突破底线就好。事实上，华为降低了人的道德假设，把人看作一个个尝尽人间烟火的凡夫俗子。华为认为，无私的人不是真的无私，而是他自私的格局与别人不一样，彼此的追求不同罢了。

从社会属性来看，华为员工如果有品德方面的负向关键事件，可能会面临开除、赔偿经济损失等处罚，甚至追究其法律责任。华为规定，有一般负向关键事件的人两年内不能提拔；两年内如果改了，华为就把相关记录抹去，不能让员工一直背着枷锁工作。人一旦没有了念想，就不再会冲锋陷阵。华为对正向的品德关键事件也有牵引，即在同等条件下，优先从影响公司长远发展的关键事件中考察和选拔干部。一个人品德好不好，平时看不出来，只有面临关键考验时才能真正看出一个人的品德。

## 赛马机制

2010 年，任正非在该年的年度市场工作会议上提道："华为的文化是一个赛马文化，在地区部专业业务骨干的选拔上，要多给'小马'一些机会”，并且“在地区部专业业务骨干、代表处的维护专家队伍的选拔上，可以通过赛马来产生”。

华为赛马的跑道是一条“之”字形跑道。跑道的底部是基层，所以基层是看不到“之”字的，越往上，才越能看出“之”的全部轮廓。每跑过一个拐点，就是一次通关，和打游戏的道理一样。华为就是通过这种比拼机制，发现好的干部苗子和优秀的团队。

## 华为自然人才生长机制

我们来看一下华为的层级分布。假设华为公司的员工为 18 万人，所需要的基层干部约为 1.5 万人，中层干部 5 000 人，高层干部为 300 人。那么，华为的干部晋升机制应该是这样的。首先，基层干部。华为的基层干部绝大多数是从 15~17 级岗位的员工中产生的，这个人群是工作的主力，人数估计有 8 万人。在华为，每年基层干部的淘汰比例为 10%，按照上面的 1.5 万人的基层干部基数来计算，大约为 1 500 人要被淘汰，再加上业务发展等其他干部晋升的需求，我们姑且按照 500 人来计算，那么基层干部每年的缺口人数约为 2 000 人。

这个缺口要从 8 万名 15~17 级员工中的优秀员工中诞生。这些优秀员工一般是绩效为 A 和 B+ 的员工，这个比例大约是 25%，约为 2 万人。面对 2 000 人的基层干部缺口，显然这 2 万人不可能都成为基层干部，那么华为就会安排其中一些员工参加项目实践，习得项目经验，过关合格后才有机会进入基层干部的选拔池子。

其次，中层干部。按照 10% 的淘汰率计算，中层干部的缺口约为 500 人。而中层干部来自基层干部，基层干部每年能够跨过业绩分水岭的不到 4 000 人，显然这 4 000 人不可能全部成为中层干部，再加上一些跨过业绩分水岭的基层干部也未必全部具备中层干部的能力，因此华为便安排一些基层干部去轮岗，再习得轮岗经验，过关后才有机会进入中层干部的选拔池子。

最后，高层干部。高层干部的淘汰率并没有 10% 那么高，事实上，高层干部每年的缺口大约为 30 人，而中层干部能够跨过业绩分水岭的大约为 1 200 人，竞争的激烈程度可想而知。同样，对于中层干部中理解能力很强，但决断力未经受住考验的人，华为便安排他们去学习战役经验，等过关之后才有机会进入高层干部的选拔池子。

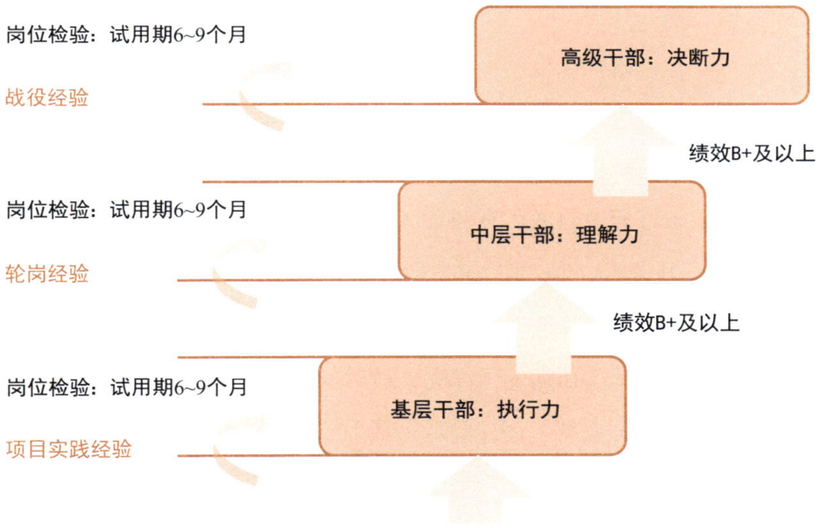


图 4–3　华为赛马机制

由此可知，华为的赛马机制其实就是一个人才自然生长的机制，但人才到底应该如何生长，需要有一个导流的筛子。没有这个筛子，人才生长就没有方向，也无法牵引人才和对人才进行分层分类。这再次说明，人才不是外求而来，而是内生而来，企业不建立科学的人才机制，就不可能有人才的涌现。

## 脱离人才标准的干扰因素

在人才的赛马过程中，有一个问题需要特别注意，就是谨防出现脱离了人才标准的干扰因素。比如，360° 测评选拔干部，以履历和学历选拔干部，以及以素质选拔干部，等等。

为什么企业用 360° 测评选拔干部是无效的呢？原因就在于我们往往混淆了企业组织与社会公共事务组织的界限。其实两者有本质的区别，不能混为一谈。

首先，企业是创富组织，以成果产出为导向，企业必须强化员工的责任意识而非满意度，谁能实现企业价值增值，谁就可以当干部。而社会公共事务组织维护的是利益攸关方的利益，只有对公共利益高度负责的人才配享有公权力，因而公共事务组织选干部必须以民意为基础，且这个民意不是组织内的民意，而是利益攸关方的民意。

而企业用 360° 测评选拔干部，员工多以人际距离而非业绩和能力看干部，怎么能选出预期的干部呢？最后选出来的基本上是那些看上去无明显瑕疵的老好人型干部。但是，真正能创造企业商业成功的必定是那些优点突出、缺点明显的“歪瓜裂枣”型干部。

再比如，以履历和学历选拔干部。履历即经历，经历不等于能力，只有成功的经历，即经验，才可以证明能力。学历可以证明一个人的学习经历，却不能证明一个人的实践能力，以履历和学历选干部，选出的干部极可能是“银样镴枪头”[①]。

① 银样镴枪头，出自王实甫的《西厢记》。镴，焊锡，也就是铅锡合金。本意是将焊锡做成枪头，看上去明晃晃的像银质一样。比喻表面看起来还不错，实际上不中用。——编者注

又比如，以素质选拔干部。一些企业喜欢喊口号，比如，“打造一支素质过硬的干部队伍”，殊不知人的有些素质是在长期成长中形成的特质，甚至有些素质是与生俱来的，打造素质谈何容易！即便花费巨大，打造出某项素质，也未必对组织有意义。所以，能力比素质更重要。一些企业总强调干部要忠诚，但追求忠诚的结果往往会选出一批对组织貌似忠诚却不能成事的干部，如此的干部导向，绝对是高成本、低产出。

## 能上能下

既然强调人才通关，那么人才就应该能上能下；如果是原地踏步，只要能跟得上企业发展也可以。企业和人的身体一样，都是有生命的组织，有生命的组织就需要熵减。熵减有两种途径，要么不断从外部输入负熵，要么从内部剔除高熵的单元，减缓熵增。比如，队伍行军打仗攻山头，攻不上去还不允许撤换，继续在那里浪费弹药，这是行不通的。“跟不上就淘汰”的理论基础很简单，关键是要看执行。

华为 1996 年的市场部大辞职，实际上就是“跟不上就淘汰”理论的践行。在 1996 年之前，华为的业务遍布中国广阔的农村和乡镇市场，1995 年时，业绩已经达到了 15 亿元。那时市场部干部的核心能力更多的是个人英雄主义和客户关系能力，有些地方甚至出现了各自为政的现象。而到了 1996 年，华为吹响了进军城市市场的号角，迫切需要市场部的干部向管理型人才转变，但当时有一部分干部在这方面的能力是不够的。市场的机会窗稍纵即逝，组织是以它的目标而存在的，企业不可能等待员工成长，这就是市场部集体大辞职的背景。

另外，华为进军城市市场，也确实需要这样的事件来提振士气、昂扬斗志，做一次进攻前的总动员。

当时的华为还是一个不到 3 000 人的企业，很多方面的管理都不太成熟，谁干得好、谁干得不好也没有体系化的考核评价体制支撑，每个人对自己的认知几乎都大于组织对他们的认知。在创业阶段，谁都有两三个英雄事迹，让谁下都是问题。但这些问题在高层眼里都是战术问题，而不是战略问题，所以难不住具有战略眼光的高层。

于是，华为就要求市场部干部每人写两份报告，一份辞职报告，一份述职报告。辞职报告的意思是公司如果觉得自己不合适，自己愿意主动让位；述职报告的意思是如果自己继续留任，该如何改进和及时跟上公司前进的步伐。两份报告一起交，最后公司根据大家的述职表现、可发展性和组织需要，以竞聘答辩的方式确定干部的录用或淘汰。

这个活动一次性替换了 30% 的干部，从而在华为开干部能上能下之先河，改变了“官只能越做越大、工资只能越涨越高”的顽疾，形成了干部队伍新陈代谢的良性循环机制。从此，每年 10% 的干部淘汰率便成为对华为干部的例行管理要求。

市场部大辞职能够成功，有几个值得分享的经验：第一，它迎合了人们的从众心理，因为大家的起跑线是一样的；第二，符合博弈学原理，大家的机会是均等的，可竞聘上岗；第三，华为把这个活动当成了一件特别值得纪念和肯定的事情来做，这次活动之后，“烧不死的鸟是凤凰”便成为华为最重要的企业文化符号之一。

2000 年 1 月，华为在回顾这次历史性事件时，任正非给予了高度评价："市场部集体大辞职，对构建公司今天和未来的影响是极其深刻和远大的。任何一个民族、任何一个组织如果没有新陈代谢，生命就会停止。如果我们顾全每位功臣的历史，那么我们就会葬送公司的前途；如果没有市场部集体大辞职所带来的对华为公司文化的影响，任何先进的管理、先进的体系在华为都无法生根。"

中国是一个人情社会，跟不上就淘汰意味着要撇开人情。在企业这样的正式组织里，大家首先应该是共利关系，然后才是共情关系，以责权目标为主线，同时兼顾情感契约。得人心者未必得天下，因为你得到的是个别历史功臣的心，失去的可能是多数员工的心。

同时，淘汰下来的干部，业绩和能力如果达到了要求，仍然有机会再上去。没有经过沉浮的人，反而心智不够成熟，这就是凤凰涅槃的必经之路。综观华为的干部晋升机制其实就好比打仗，你创建了一个师，你就是师长；哪天被打散了，只剩下一个团，你就从师长变成了团长；改天你又创建了一个师，你又会变成师长。华为的每个岗位都是根据业绩贡献称重的，业绩上去了，岗位重量就上去了，级别就越高；反之级别就下来了。

# 人才发展的本质是事业发展

企业的生命是由人才决定的。要吸引人才，企业就必须让人才看到企业的未来；要留住人才，就必须让人才有发展的机会。华为重视人才的选拔，更关注人才的发展和经营。

## 人才发展的最高标准是实践

2010 年，任正非在华为新年晚会上的致辞中提道，“宰相必取于州郡，猛将必发于卒伍”①。华为的人才发展机制，本质上是一个建立在实践基础上的选拔和淘汰机制。选拔干部不能像诸葛亮选马谡那样，选出一个没有实战经验的人。一个人要具备基本的工作能力、企业的通用能力、所在领域的专业能力和岗位角色的作业能力，这几个能力叠加起来才能有效开展工作。而没有实践，是不可能获得这些能力的。

① 出自《韩非子·显学》，原文为“宰相必起于州郡，猛将必发于卒伍”。——编者注

## 干部“取于州郡”

在华为有这样一种实际情况，机关干部的系统思维能力要比一线干部强，原因是机关干部天天看到的信息不一样，他们既能看到不同区域，又能看到高层运作。但由于不了解前线，机关干部对前线提出的一些诉求很难感同身受，容易导致管理过度和瞎指挥现象，结果就是管控有余而服务不足。

华为解决这个问题的办法是：机关干部必须“取于州郡”。“取于州郡”的干部未必都能够适应机关的工作，毕竟“诸侯好当，京官难做”，但没关系，实在当不了“京官”的，再去当“诸侯”也无妨，总有能当好“京官”的。坚持这样的导向，一些聪明的京官就知道该怎么做了，开始自觉到州郡去接受历练，如此就形成了一个人才流动的正循环。

长此以往，企业就用不着“取于州郡”了，有实战经验的干部也不再是组织中的稀缺人才。他们不断从前线涌现出来，使人才队伍从“取于州郡”的困局转变成为“起于州郡”的良好局面。所以人才要发展，通过实践不断循环很关键，不要一想到人才发展就是纵向发展，横向流动同样是一种满足员工发展诉求的重要方式。

一提到人才发展，很多人就自然联想到集训，但集训是训不出人才的。人的成长需要实践环境，在实践环境中自我发展。人才通关模式既是人才选拔的环境，也是人才发展的环境。

应届毕业生一到华为，都要按照专业领域进行分营训练，到实践环境中去训练，训练分三个方向：

“一营”中接受训练的是全体新员工，他们要到客户现场去安装设备。因为在未来，不论这些员工是从事研发工作还是从事市场岗位，首先都要知道产品在客户那里是怎么工作的。这个过程大概要 6 个月。

“二营”中接受训练的是市场人员。市场人员有两个实践环境，一个是客户接待，一个是展厅讲解。每个环节都要几周的训练时间。

“三营”中接受训练的是研发人员。研发人员的实践环境就是具体的研发任务。很多在课堂上要讲解半天的内容，到了现场，其实没那么难掌握。

通过这样的实践培训，这些新加入华为的员工才能真正体会到华为的工作流程，而企业也可以通过这样的训练选拔出适合不同岗位的人才。

## 人才发展在创造业绩增量中完成

华为通过新员工业务实践，把秀才训练成士兵；通过项目实践，把士兵训练成士官；通过轮岗实践，把士官训练成尉官和校官；通过战役实践，把尉官和校官训练成将官。

我们再用一个例子，完整地解构一下实践与人才发展的关系。

> 某家连锁经营企业，每年约扩张 100 多家门店，至少需要发展 100 多名门店经理。企业沿用的做法是：分批次从现有门店抽调业务骨干，组成集训班，经过几周集训后，再陆续将这些业务骨干分配到新的门店。

这应该是很多企业的惯用做法。暂且不说这种集训模式是否有效，单算经济账，其带来的直接后果就是推高了企业成本。一方面，脱产学习并不直接产生任何经济价值，反而消耗了企业价值；另一方面，门店扩张具有随机性，很难实时与集训计划相适配，这就会导致集训结束后，很多人需等待较长时间才有机会上岗，这些时间本来是可以用于创造价值的，现在反而成了企业的成本。

再粗略估算一下，企业每年需要支出集训成本数百万元，还不算这些业务骨干从门店抽调出来后的机会成本。也就是说，企业每年至少需要几千万元甚至上亿元的营业收入，才能支撑这笔成本开销。对一家主要通过扩张门店来实现增收的企业来说，这显然得不偿失。关键是钱花了，却未必奏效，因为没有任何证据能够证明，人才可通过集训方式批量生产。

不少从事人才发展工作的人都容易产生一种错觉，以为教了别人很多东西，别人就应该合格了。人才发展的最高标准应该是实践。学习的原动力是人们在实践中产生的克服障碍的需要，需要激发动机，动机才会产生动力。集训模式之所以达不到效果，就是因为它游离于实践之外，是单纯的知识传递，很难激发动机，产生动力。

认识到这一点后，该企业将人才发展集训模式调整为在门店见习模式，明确门店经理的基本能力由几项关键经验习得而来，比如，开发客源、异业合作、服务创新、业绩改善、团队组建、副理当班等。企业要求所有发展对象直接在所在门店就地习得上述经验，并为每个人建立了一张成长记录卡，记录每项关键经验的实践时长、验收标准以及应掌握的流程、工具、方法等。成长记录卡可用来为他们提供成长路径导航。实践过程中的应知部分主要靠自学和自测来完成，应会部分主要看每项关键经验习得后的业绩表现，由门店经理负责评估验收，并在成长记录卡上做好记录。

事实上，这种方式就借鉴了华为员工的成长模式，它的好处是多方面的。

第一，在创造价值的业务流中自动实现了人才流，不需要额外增加人才发展成本。

第二，学以致用，通过“学”和“习”的有机统一，在实践中将知识内化为能力，让人才发展有效率、有效果。

第三，不脱产，避免了资源浪费。

可见，真正有效的人才发展方法是在创造业绩增量的过程中自然完成的。那么掌握了各项关键经验，是否就意味着员工达到了岗位要求呢？也不能这么认为。因为在门店不等于在岗，准确地说，在门店见习只是对未来在岗见习的关键行为过程进行仿真模拟，并非未来在岗的真实景象。人才是否达到未来岗位的要求，只有通过未来在岗考察才可以证明。在考察期内，发展对象只有达到了组织期望的业绩表现，其胜任力才可以被组织正式认可。到这一步，我们才可以说员工走完了一个完整的人才发展过程。当然这是从狭义和管理的角度说的，如果从广义的角度说，人才发展其实覆盖了员工的整个职业生涯，每天的实践过程都是在促进员工的发展。

## 要滴灌，不要漫灌

人才发展靠实践，但并不是完全不需要集训。训战结合，以战为主，以训为辅，关键是对谁集训、集训什么，以及如何集训。

人为什么需要知识？因为未来不同于过去，所以集训要对准那些拟安排到未来岗位的人，以及要承担未来工作压力的那些人，适当地给他们一些启发，但要滴灌，不要漫灌。滴灌就是讲求实效，漫灌就是无的放矢。对于那些在当前岗位上得过且过、不求上进的人，集训纯粹就是浪费钱。

## 华为选、用、留、育的人才发展逻辑

华为人才发展的逻辑几乎和所有的企业都不一样。很多企业是选、育、用、留，华为的逻辑则是选、用、留、育，把“育”放在了最后（见图 4-4）。前面已经讲过，人才发展要有一套筛选机制，但筛选出来的人合适不合适，要经过一段时间的试用才知道，这就是华为为什么要用经验来检验能力，经验就是试用。

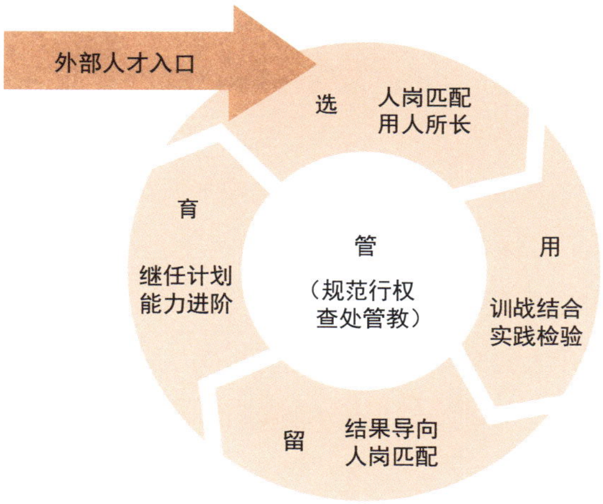


图 4-4 华为人才发展逻辑

在华为，只有经过了“选”和“用”两关考验的人才值得留，把他们留任到更有挑战性的新岗位。同样，那些留任新岗位的人理应得到育。由此可知，华为的这套人才发展逻辑是完全自洽的。

那么为什么其他企业的人才发展逻辑有问题呢？原因就在于企业把人选出来以后，也不知选对了没有，马上就浇水，大水漫灌，结果浇错了浪费钱不说，关键是没有效果。有的人天生就是一株小草，你拼命浇水，最后只能长成大草，成不了参天大树。

华为对此有着深刻的认识，因此在华为的人才布局当中，“筑巢引凤”的方式已经过时了，现在则是“为凤筑巢”。

第一，在选人方面。华为在选人时，通常使用的是STAR2行为面试法。其中，“S”表示situation（景象），指参加的面试的人以前的工作情景等；“T”表示task（使命），指面试的人曾经承担的工作使命或职责；“A”表示action（办法），指面试的人在以前的工作中采用的各种处理问题的方式方法；第一个“R”表示result（结果），指面试的人曾经做出过怎样的成果；第二个“R”表示reflect（反思），指面试的人从中有什么总结思考。

通过这样的面试，华为就能了解到参加面试的人曾在什么情况下，承担过哪些责任，采用过哪些措施，解决了哪些问题，其核心就是弄清面试者在一些关键场景中处理问题的能力。

第二，在用人方面。企业经营管理的核心是绩效，没有绩效，企业就无法生存。所以，华为在用人方面强调的是绩效产出，也就是看员工能为企业创造多少绩效。任正非曾强调，华为的人才必须“根据当期产量多少来确定基本评价，根据对土壤未来肥沃的改造来确定战略贡献，两者要兼顾。没有当期贡献就没有薪酬包，没有战略贡献就不能提拔”。

第三，在留人方面。企业要靠什么留住人才？一般有三种方法：感情留人、薪资留人和事业留人。

在华为，一切报酬都要基于员工为企业所做出的贡献来决定。过去华为采取的是评价分配制，也就是先对员工进行考核，再“切蛋糕”；现在华为提出了获取分享制，将从前的“给人发工资”改为“给事发工资”，也就是根据员工的绩效结果给出薪资。干得多、干得好，提升就快，拿的薪水就多，以此来激发员工的积极性，保证公司的持续发展。

第四，在育人方面。在这方面，华为采取的措施是训战结合。为了培养出未来能打胜仗的战士，华为将“战场”搬到了华为大学的讲堂里，让学员们从实战出发，用自身的战斗案例来检验自己的能力。所以华为大学在培训员工时，要围绕着实际的工作场景进行，使学员们能清楚地了解到实际战场中会遇到的问题。之后，再将这些训练过的人投放到真正的战场上，让他们去经受历练和考验，训练他们的实战能力。

与此同时，当一批能力较强、表现优异的员工“出师”后，企业还要求他们负责带新人，并且规定，只有教会了徒弟，自己才有资格晋升，以避免一些老员工担心日后徒弟抢自己的饭碗，不好好带人的现象。

通过这样的发展逻辑，华为的人才队伍就慢慢建立起来，并不断发展壮大了。

## 根据岗位要求，精准滴灌

华为的新员工入职后，有一周左右的时间参加企业文化集训，这就是滴灌。员工参加项目实践之前，有一周的项目案例教学，华为把以前成功的项目写成案例，老师带领学员“重走长征路”——重新走一遍项目过程，把自己的思考和实际情况做比较，找到自己在方法论上存在的不足。新员工学完以后，再接受任务令，开始具体的项目实践。

升职到中层干部后，会有两周左右的时间参加管理哲学学习，以帮助他们理解公司的政策导向。整个学习内容都是学员自己在管理工作中发生的具体案例和问题，自己整理出来，然后大家一起进行小组分享和讨论。这种分享和讨论没有对错之分，完全是一种非常开放的研讨。老师只是引导员，发表的也是个人的管理体悟。

华为认为，企业大学不能像外面的大学那样成天教原理性的知识，否则把员工送到大学去读书就好了；企业大学要教精神和方法论。同时，企业大学也不应该有老师，否则这些脱离了业务实际的老师，他们的认知高度会限制人才的高度。所以，在华为企业大学中参与教学的老师都是从各业务领域中请来的专家。这些有着丰富实战经验的老师，会积极跟学员分享他们成功的实战经验和方法，让优秀的人来发展更优秀的人。

## 人才发展不是培植英雄

任正非曾指出："我们正面临着历史赋予的巨大的使命，但我们缺乏大量经过正规训练、经过考验的干部。华为现在的塔山，就是后备干部的培养。"

所以，华为的人才培养和发展从不会搞成少数英雄人物的狂欢。就像华为的赛马机制，就是适用于所有人的，每个人都是上一级的后备军。想做将军，就必须实打实地干出来才行。谁有机会进入某个赛道，也要凭自己的本事。

### 对每个人开放的人才系统

华为一直都倡导开放的用人态度，所建立的人才系统也是对每个人开放的，大浪淘沙，能上能下。

经过30多年的发展和探索，华为明白，如果企业直接圈定一部分人，说他们就是后备人才，其他人不是，这就是唯心主义，是自我封闭的系统。因为一旦有了圈子，人就往往只想着两件事：圈子里的事情和圈子外的事情。圈子里面的人感觉受宠若惊，反而放松了对自己的要求，自觉已经做得很好了；圈子外面的人却感觉受了冷遇，心想再多的努力也是白搭，不如放弃努力。一个不做加法，一个在做减法，这样的人才发展系统就是在给企业开倒车。企业需要的是群体奋斗，因此人才发展不是培植英雄，而是要创造一种前赴后继的动能。

为此，华为在对接班人问题上是这样定义的："接班人是广义的，不是高层领导下台就产生个接班人，而是每时每刻都在发生的过程。每件事、每个岗位、每条流程都有这种交替行为，是不断改进、改良、优化的行为。我们要使各个岗位都有接班人，接班人都要承认这个核心价值观。"① 这段理性与平实的定义，非常精确地阐述了华为的接班人理念，包含了丰富的哲学思维、管理思想和远见卓识，但真正读懂了这段话的人却寥寥无几。

表面上看，华为要表达的是想找什么样的人做接班人的问题，实际上华为时刻都在培养接班人。每一个进入华为的员工，学历、资历都会自动消失，一切都依据员工的实际能力、承担的责任和创造的价值来进行考核、识别，继而将他们分配到最合适的岗位上去磨炼。而华为正在通过这种方式建立一种思想导师的培养制度，从新员工开始，就为他们渗透这种接班人的理念和思想，使每一个员工都成为上一个组织的接班人，最终将这一制度从思想上固化下来。

所以，每一个进入华为的人，都会成为不同组织、不同岗位上不同人的接班人。只有每个人都抱着这样的信念，华为才会稳健地前行、发展。

## 华为人才的双金字塔模型

任正非曾强调，在大数据时代，企业要赢得市场竞争的胜利，就必须在数据制高点上抢到一定的市场份额。而赢得胜利的基础就在于改良

---

① 摘自《关键的少数——任正非说干部培养》。——编者注

人才金字塔的结构，使人力资源政策能够支撑起企业的崛起。

为此，任正非表示，在具体做法上，应该拉伸人才金字塔的顶端，让外面的优秀人才有进入的空间和机会。最终，华为沉淀出了一个分层分类的人才序列——双金字塔模型（见图 4-5）。

图 4-5　华为人才双金字塔模型

这个双金字塔的上面是平的，因为华为认为，如果人才金字塔是尖的，说明公司是个体领导，不是群体领导，而个别人犯了错误，往往会导致一个公司的灾难。华为的轮值 CEO（首席执行官）制度，就是一种自我批判的制度，是一种防止人为错误的自我纠错机制。

双金字塔最上面的人叫思想领袖，他们要不断思考公司未来面临的机会与挑战；他们要创造思想，并对思想进行自省；他们要与宇宙对话、与哲学家对话、与自己的灵魂对话。就像任正非所说的那样："一杯咖啡吸收宇宙的能量。"按照彼得·德鲁克的观点，"一个企业只能在企业家的思维空间之内成长，一个企业的成长被其经营者所能达到的思维空间所限制”。因此，一个企业的成功，本质上是企业家自己的心灵觉醒。

在双金字塔顶层思想领袖下面的是战略领袖。战略领袖的作用是把思想领袖创造的思想翻译成业务语言，再通过战略规划与执行，变成战略落地。位于思想领袖和战略领袖下面的是商业管理者、职能管理者和业务专家，这些人构成了金字塔的内部结构。如果说思想领袖和战略领袖是天上的两朵云，云要下雨的话，就必须依靠他们下面的商业管理者、职能管理者和业务专家，以及再下面的业务骨干、基层员工来承接并反馈。

然而综观中国的很多企业，大多数缺了上面的两朵云，自己不造云，只能靠天吃饭了。

## 从人才到“人财”的驱动机制

人才双金字塔模型是一本活的资本总账。既然是活的资本，就不能让人静态而舒适地停在原地，企业要不断创造员工晋升的机会，让员工前赴后继、浪涌式地前进，让这些活的资本最大限度地增值。

其实，真正的人才是“人财”，是那些不断给企业带来价值增加的人。“人财”是怎么产生的？就是把没有相关工作经验的“人材”或处在某个岗位的“人才”想办法提拔到一个更高的位置，当他的能力和岗位要求产生差距的时候，就形成了一种内驱力，人才在内驱力的驱动下就会转化为“人财”。这个过程也是员工给企业创造价值的过程。也就是说，当每个人都处在欠胜任的亚稳态且被内驱力驱动时，组织价值反而能够实现最大化。

业务和组织一直在前进，人一旦停留在貌似胜任的舒适状态，就是“人才”，反而就是不进则退的状态。“人才”需要通过组织管理，使他们进入被内驱力驱动的亚稳态；如果实在跟不上企业发展的节奏，就只能

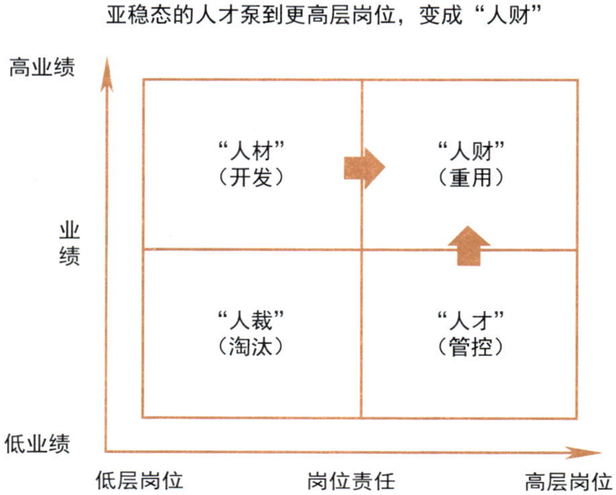


图 4-6 从“人才”到“人财”

接受跟不上就淘汰的现实，变成组织的“人裁”。基于这样的理念，如果晋升成为企业的稀缺资源，那么活的资本就丧失了前进的动能。

那么企业如何为员工创造大量的晋升机会呢？“跟不上就淘汰”的理论可以创造一部分，但这显然杯水车薪。为此，华为推出了到一定年龄和工龄人员的退休制度，这个制度也可以创造一部分晋升机会，但这仍然远远不够。

创造大量晋升机会真正有效的办法是把蛋糕做大，把事业做大。从这个意义上说，人才发展的本质是事业发展。没有事业的发展，人才只能在原地打转儿，活的资本终将变成死的资本。

如果从下往上看，双金字塔模型就是一级一级的天梯，即职业发展通道，每跨一级，都是“辛力”与心力的结合；而从上往下看，看到的是一张资本损益表，看到的是每个人的贡献是否大于成本。可见，市场机制下的企业必须遵从自然选择的丛林法则。

第 5 章

# 增长驱动

## 建立多元激励体系，激活组织活力

以奋斗者为本，给予奋斗者合理的评价和报酬，是驱动员工不断奋斗的基本动机。奋斗者是企业的中流砥柱，企业的价值要靠奋斗者来创造。华为有“不让雷锋吃亏”的分配政策，不管是从组织绩效和个人绩效的管理上，还是从组织利益和个人利益的分配上，华为都有一套体系化的管理方法。

# 利益、人性与效率

利益、人性、效率可以说是三位一体的关系：利益是每个人的生存机会，企业只有关切了员工的利益，才能撬动员工的能动性。但不同的人看待利益的方式不尽相同，企业要从人性出发，挖掘他们各自的利益诉求。而满足员工利益诉求的根本出路是效率，不断开源节流，企业才有效率。

不难看出，华为对利益、人性、效率三者之间的关系想得非常通透。和一些企业不同的是，华为承认人的自然属性——利己，承认人有正当的利益诉求。在华为看来，人性的渴望越大，员工与公司的价值交换就越多，所以放大员工的欲望其实就是放大企业的成长空间。而一些企业则恰恰相反，它们的很多做法是在抑制员工的欲望，员工的欲望小了，他们创造的价值自然也就随之变小了。

## 利益比道理更有说服力

某企业长期执行从各分公司的年度利润中计提分公司年度

奖金的政策。按道理，各分公司应该尽力做大利润才是，可事实并不是这样，企业每年的利润并没有因此有明显增长。于是，企业领导多次对管理者提出要求，但大家仍然听完就算，收效甚微。

后来，咨询顾问私下找各分公司了解情况，分公司才说出了个中缘由。在企业设计的利润公式中，有一个扣减项是研发和机关等平台部门的分摊成本，但分摊成本到底是多少，企业事先并不知道，要到年底才能核算出来，各分公司事先就更不知道了。企业在实际操作中，往往会让利润好的分公司多分摊一些，利润不好的分公司少分摊一些，结果总体下来，做得好的分公司和做得不好的分公司每年拿到手的奖金都差不多，最后搞成了大锅饭。既然如此，各分公司当然不会拼命往前冲业绩了。

了解情况以后，在咨询顾问的建议下，该企业将利润公式优化为把平台成本按各分公司的人数进行分摊，平均每个人分摊多少平台成本，在利润公式里事先设定好，这样各分公司贡献与回报之间的关联关系就清晰了，而且这种方式还可以约束各分公司的人员规模。优化后效果很快出来了，各分公司的能动性得到了明显的激发。

这个案例为我们揭示了一个事实：在利益面前，道理往往是苍白无力的！很多人喜欢在员工面前大讲特讲一些大道理，可就是讲不清楚道理与个人利益是什么关系，这样怎么能调动员工的积极性？利益是每个人生存的机会，事实上每个人是基于个人利益的计算来决定他的行为的，不讲利益，如何能让员工表现出组织所期望的态度和行为？

## 利益的决定性聚合作用

据很多华为老员工回忆，当年很少有人不是奔着利益到华为去的，很多人去华为之前也就几百元的工资，进入华为后工资马上就变成了几千元，这种待遇变化足以让四面八方的人才涌向华为。

华为不像其他一些企业那样，根据应聘者的历史待遇确定其现在的待遇，而是看应聘者个人能力与岗位需求的匹配度。只要能力足够，华为一般不会让应聘者吃亏。遇上特别优秀的人才，华为还会开出超乎想象的价码。

华为的工作负荷量比较大，每年到了年底，一些员工就想：工作这么累，要不辞职算了！华为早年发奖金一般都是在第二年的 7 月份左右，若提前走了，奖金会受到很大的影响。很多人舍不得，便想忍到发完奖金再走吧。可等拿到奖金了，又想：再有几个月又一年过去了，奖金又有了，现在走太不划算，还是再忍忍吧！很多人就这样年复一年地坚持下来，实际上熬到最后收获满满的人，都是因为坚持才有收获，不是因为有收获才坚持。我们必须承认，利益在里面起到了决定性的聚合作用。

华为当年大举开拓国际市场，需要从国内派遣大批员工常驻海外，可想而知人员派遣工作难度之大。如何建立企业目标和员工意愿相结合的长效派遣机制，是摆在华为管理层面前的一个首要问题。思想工作当然要做，但最终起决定作用的还是利益的承诺和兑现。

华为的做法聚焦在两个方面：

第一，机会激励。华为明确规定，将海外成功实践经验作为干部选拔的要求，缺失这项经验的，一律要去海外补课，否则就不能被提拔到关键管理岗位。

第二，报酬激励。凡是去海外工作的人，每月享有不菲的驻外补贴，艰苦国家和地区每天还有艰苦补贴，而且条件越艰苦补贴越高。

除此之外，还有伙食补贴、探亲机票、免费住宿、意外保险等福利。在各种利好政策的综合刺激下，一批又一批的华为人前赴后继地前往全球各地，历经难以想象的困难和磨难，用顽强的意志和拼搏精神谱写了一曲曲荡气回肠的英雄之歌。

## 关乎员工利益的道理才能深入人心

我们反复强调了利益的重要性，但并不是说道理就没用了。从企业的实践经验看，员工对自己没有好处的道理，就会认为毫无道理；只有那些让员工感觉能给他们带来更大好处的道理，才能真正入心，并影响员工，从而有效触发员工态度和行为的改变。这些道理事实上是在给员工“开天眼”，帮助员工看见他们看不见的利益。

在华为，员工获得的利益是与他们的奋斗和贡献挂钩的，你对企业做了多少贡献，你就能获得相应的报酬。任正非在《华为的红旗到底能打多久》中指出：“各尽所能，按劳分配。怎么使员工各尽所能呢？关键是要建立公正的价值评价和价值分配制度，使员工形成合理的预期，使其相信各尽所能后你会给其合理的回报。而怎么使价值评价做到公正呢？就是要实行同等贡献、同等报酬原则。不管你是博士也好，硕士也好，学士也好，只要做出了同等的贡献，公司就会给你相应的报酬，这样就把大家的积极性调动起来了。”

所以，企业要引导员工不要追求公平，要追求效率，同时企业也要建立一种公正的价值分配体系，激励大家争相发挥自己的能动性，以获得更大的回报。

华为自成立以来，经历过多次商业危机，但在华为全员的共同奋斗之下，危机一一化解了。

华为能够在激烈的市场竞争中，始终占据相应的客户份额，其中很大一部分原因在于华为善于调动员工的积极性和奋斗热情，让员工产生强烈的忧患意识，以及与企业“一损俱损，一荣共荣”的想法。

首先，华为人从上到下时刻都有忧患意识。2001 年底，任正非曾发表过一篇《华为的冬天》的文章，其中提道：“公司所有员工是否考虑过，如果有一天，公司销售额下降、利润下滑，甚至破产，我们怎么办？……而且我相信，这一天一定会到来。面对这样的未来，我们怎么处理？我们好多员工盲目乐观，如果想过的人太少，也许就快来临了。居安思危，不是危言耸听……”

这种忧患意识也让华为员工产生了压力，从而时刻保持着强烈的危机意识。企业中的每个人都时刻想着生存危机，想着为了实现组织的目标，在何种情况下，自己就能发挥出巨大的潜能，提高自身的工作效率，为企业和个人创造更大的价值。

其次，华为采取全员持股计划，激励员工与公司共同承担责任、共同享受利润。这几乎不需要跟员工讲太多的大道理，员工只有努力工作，为企业创造更多的价值，才能分得更多的利润。

最后，华为始终贯彻“三高政策”，即高目标（压力）、高效率、高回报。尤其是其中的高回报，直接关乎员工利益。而且正由于华为的高回报，才让员工产生了高压力和高效率。“重赏之下必有勇夫”，高回报也是打造员工执行力的首要因素。

### 建立正确的价值观假设，指向更大利益

一般来说，员工看不见自己的利益，跟他们看事物的角度有很大关系，而角度又和观念紧密相连。人的观念错了，一般错在两个地方：一是理由，二是价值观假设。比如，企业里常见这样的现象，当上级对某

项工作偏差表达质疑时，一些人可以漫不经心地向上级解释造成偏差的理由，好像这项工作和自己没关系似的。

为什么人在犯了错误后，总想要找一些借口来推脱责任呢？华为的一位 CFO（首席财务官）曾分析过这个现象：因为人人都有私心，不愿意奉献。事实也的确如此，只要能找到客观困难或外部因素作为理由，就可以撇清自己的干系，这总比自己承担责任的风险要小得多。他们其实并不知道，在上级那里，解释非但得不到加分，反而给上级留下了一种不担责的印象；解释得越多，上级对他们的态度和能力评价越负面。明眼人一看就知道，这时候上级要的是一个有效的解决方案承诺，而不是理由。

错误的理由背后是错误的价值观假设。这些人的价值观假设是，自己分管的工作尽力就好，客观困难和外部因素自己主导不了，那是别人的事情。他们并没有意识到，仅仅把属于自己分工范围内的工作完成，仅是产生了成本，并没有创造价值。分工是为了更好地合作，分工与分工之间有着千丝万缕的关系，只有打通了这些关系，才能达成最终的目标，才算真正兑现了分工的价值，从而兑现属于自己的价值。

在这个事情上，正确的理由应该是：主动承认自己对该项工作组织不力，承诺后续与相关环节一道尽快纠正偏差。正确的价值观假设应该是：工作不能只是尽力了事，必须尽心，以责任为结果导向。

就拿华为对待客户的问题来说，如果客户对华为的员工说："你的产品出问题了，请尽快解决。"这时，华为会怎么处理呢？

很多企业面对这样的问题时，往往会想先把自己撇干净，因此找出各种理由来证明不是自己产品的问题，试图减少自己的损失。殊不知，客户的问题如果不能及时解决，错过最佳的解决时间，小问题也可能演变成大问题。客户满意度降低，其结果就会给企业带来难以估量的损失。

而华为的做法是：将帮助客户解决各种问题作为自己的责任，将客户的压力和挑战当成自己存在的理由。不管客户提出任何问题，华为都会积极给予解决。同时，华为还认识到，这恰恰是与客户搞好关系、促进企业发展的机会。因此，华为会积极与客户一起面对问题，一起寻找解决方式，用这种方法证明华为的可信赖性。试想一下，这种第一时间响应客户问题的态度，是不是会让客户满意度提升？客户满意了，企业才能获得更长远的发展，员工才能获得更大的利益。

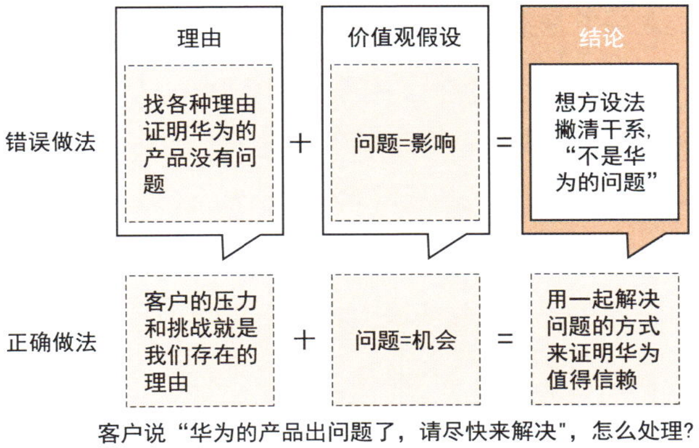


图 5-1　建立正确的价值观假设

所以，华为的干部选拔中有一个重要的依据，就是是否有责任心、在错误面前是否敢于承担责任。

正确的理由和正确的价值观假设，皆指向员工更大的利益：可以提升个人价值贡献，可以获得上级认可，可以拓展个人业务视野和提高资源整合能力，等等。

任何一个企业，只有拥有高度负责和正确价值观的员工，才能保证创造更大的利益，推动企业的良性发展。

## 换位思考，以利他的方式更好地利己

利己是人的自然属性，而道理是教人如何以利他的方式更好地利己。

一些管理者生怕领导知道自己所辖部门存在的问题，他们认为，领导一旦知道了这些，就可能怀疑他们的工作态度、工作能力和工作质量。于是他们提出了一个特别能为领导着想的理由：领导工作忙，不想让领导操心，自己把解决问题的责任担起来，最后告诉领导好的结果就行了。

这个理由似乎很充分，但深挖下去我们就会发现，背后支撑他们这么想的价值观假设是报喜不报忧，本质上是一种自我保护意识在作祟。实际上，他们为领导着想和领导怎么想完全不是一回事儿，下级越是捂着问题，领导心里越着急，就会想方设法从各种渠道来了解真实情况。这种猫鼠游戏玩多了，彼此的互信就渐渐丧失了基础。

要理解这里面的心理过程其实并不难，关键是要学会换位思考。假如我们自己是领导，下级给我们报喜不报忧，我们是不是也有一种如坐针毡的感觉？因为没有信息源，所以我们无从判断事情会不会失控和在什么情况下会失控。出于对未来的担忧，我们一定会寻找其他的信息源，来帮助自己做判断。再反过来想，下级越是报忧，上级实际上越感到放心。因为在上级看来，下级能前瞻性地报忧，就是在真正地帮自己分忧。

道理已经很清楚了，我建议犯过以上错误的管理者，及早纠正自己观念上的偏差，喜也好，忧也罢，作为下级，必须主动与上级进行关键信息对齐，要让上级感到一切尽在掌控之中。

华为就有这样一条规矩："各级主管和下属之间都必须事先进行良好的沟通，以加强相互的理解和信任。"

事实上，有时部门出现的问题，未必就一定是部门直接造成的问题，就像长江下游的水质污染可能是长江上游造成的，要从全流程视角找到问题的本源，从而根本解决问题。问题一旦超出了部门边界，上级就可以成为帮助你诊断问题和协调解决问题的资源。其中的价值观假设是，除非态度和人格造成的问题，工作中出现的问题不等于个人存在问题，解决问题是组织行为，不是个人行为，不要有个人英雄主义情怀，要相信组织和集体解决问题才有力量。长此以往，一定会换来上下级之间的高度互信和管理上的简单高效，会收获更好的成果以及更好的心情。

## 根据人性的特点设计机制和制度

很多企业在设计企业或者部门的机制和制度时，少了一个最重要的思考维度——人性。管理学和经济学本质上是心理学，如果不考虑人性，又如何实现对人的驱动呢？经常听到有人这样为自己辩护："我们是对事儿不对人。"殊不知，世界上根本就没有不对人的事儿。即便有，也一定是没有意义的事儿。

华为有很多人性化的制度设计，比如，项目团队拿下一个大项目，可以带薪休整几天，以逸待劳；在艰苦地区作业的项目团队，公司行政部门为他们提供野战食堂（相当于餐车服务）；员工考勤每月可以有 4 次忘刷卡，而且不需要理由；晚上需要加班的员工，21 点有免费夜宵，回家坐不上公司班车，公司可以为他们专门派车；研发人员晚上加班了，第二天可以晚来上班；等等。这些柔性的设计，实际上更有利于组织的战斗力和凝聚力。

## 管理要追求有效性而不是规范性

某企业为有效解决客户投诉的产品质量问题，拟出台一份流程文件，按照问题处理的进程明确各部门责任分工。但其中的难点在于：如何来明确解决问题的责任主体呢？因为产品一旦出现问题，往往涉及多方面的因素，除非经验丰富的专家，否则一般人很难判断问题到底是由哪个环节造成的。于是问题就在各部门之间像踢皮球一样，没有哪个部门愿意主动跳出来负责。因为出来负责不仅需要资源投入，关键还会被认为是问题的制造者而被追责，吃力不讨好。这样导致的结果是问题长时间在途，严重影响问题处理的时效性。流程管理部门不得已，只好对业务部门提出硬性要求，问题不管分派到哪个部门，都必须先承接并解决问题，然后根据问题回溯的结果，对造成问题的部门进行追责，这样就把处理问题的责任和造成问题的责任分开了。

这种处理方式看上去合乎逻辑，但实际上只解决了规范性问题，没有解决有效性问题，而管理要追求的是有效性而不是规范性。从人性的角度上看，这么做根本无效。因为如果部门分析后认为不是自己部门造成的问题，他们就会找各种理由将问题转手，问题还是会像击鼓传花一样向下传递，得不到解决；如果问题的确是由自己部门造成的，他们极可能为了逃避追责而掩盖问题的真相，大事化小，同样不利于问题的根本解决。因此，企业还是应该从人性出发，找到机制和制度的支撑点。

我们不妨来分析一下，问题既然已经出了，那么解决问题才是目的，追责不过是为了治病救人，千万别本末倒置。为了后者而牺牲了前者，得不偿失。基于此，制度就可以这样设计：按照时效性要求解决了问题的部门，如果问题由自己部门造成，可以免责；如果非自己部门造成，可以奖励；如果是自己部门的问题但没有参与解决问题，要严肃追责。如此一来，各部门便开始在心里盘算，不参与吧，有可能被追责；参与吧，有可能被奖励，且参与了至少不会被追责，那还是参与吧。通过这种方式，要部门解决问题一下子就变成了部门要解决问题，足见基于人性的机制和制度才是最有效的。

### 根据目标人群出现的偏差逆向调校机制和制度

一些在专业领域业绩非常突出的人，被选拔到管理岗位后反而黯淡无光，自己忙得不可开交，业绩提升效果还不明显，这是什么原因呢?人性分析同样可以帮我们找到答案。

先说下级。人都有偷懒的心理，下级自知专业上不如上级，遇到搞不定的事情，他第一时间想到的路径就是向上级求助，他的心路历程是这样的：我反正不如上级精深，干脆找上级吧。上级指导如果助他解决了问题，当然最省事儿；上级如果搞不定或上级的指导有误，自己也不用担责，可谓一举两得。所以一些爱要小聪明的下级，就特别喜欢向上级求助，实际上这是在给上级挖坑，把困难和问题推给了上级。现实中，上交困难和问题的下级不在少数。

再说上级。专家型上级天生有一种英雄情结，总爱用自己的高标准去衡量下级的工作，所以总觉得下级有做得不对的地方。只要他觉得下级有搞不定的，就会自然产生一种亲自上的冲动，哪怕明知是坑，也要往里面跳，以证明自己的英雄本色。上级把下级的疑难杂症都搞定了，下级其实得不到实际锻炼，能力也得不到提高。上级再厉害，也顶不住下级都来挖坑，于是上级每天疲于奔命，实际上已沦为专职的攻坚型选手，管理则完全被扔到了一边，导致部门工作完全没有章法。

专家型上级要真正转型为合格的管理者，必须从独立贡献者向团队贡献者角色转变，必须从任务绩效向关系绩效转变。

第一步，做好下级的工作压力传递，尽可能不让下级把工作任务转移给上级，要让下级自己找目标、想办法、找规律，自己来主导工作进程。当下级发出求助时，上级要警惕，不要轻易中招。

比如，有的下级会问："领导，这个问题我想了很久还是没有头绪，特来请教一下。"这时候上级如果回答"让我想想"，下级就轻易地实现了压力转移。既然有上级在想，下级自然就不用想了，落得一身清闲。所以，上级应该这么回答："这个问题确实有挑战，这样吧，你组织相关人员讨论一下，一起想想看有什么好的解决办法，我有时间也帮你们琢磨琢磨。"这样就保证了压力一直在下级身上。

第二步，做好下级的工作辅导，最有效的方式是要求下级亲自做方案，鼓励下级多发表意见，从中发现下级存在的问题和不足，然后有针对性地加以启发和辅导。这里有一点很重要，就是一定要让下级做书面汇报。口头汇报不容易发现问题，书面汇报可以考察和发展下级对业务的系统思考能力。

做到了以上两步，下级的大脑至少开始转起来了，这样团队就进入了多 CPU（中央处理器）工作模式，所有人的大脑当量加起来，理应大于上级的大脑当量。当大家都行动起来以后，上级就有时间和精力打造公共业务平台了。

根据人性的特点设计机制和制度，并不需要什么特殊的技能，只需把自己装进去就行，即想象自己是机制和制度的目标人群，看自己在机制和制度下是否会有符合组织预期的反应。就像调校机器设备一样，根据目标人群可能出现的偏差，逆向调校机制和制度，直至偏差消失。

## 客户和基层在上，高层在下的 top-down 组织设计

以组织设计为例，几乎所有企业都喜欢以 top-down（自上而下）思维设计组织，同时设置一些后台部门以服务前线。这种设计顺应的是自己的人性，而不是客户和前线人员的人性。

如何检验这样设计的组织是否运作高效？推荐一个办法，就是假设自己是前线人员，亟须后方提供炮火，然后想象前后台将会有哪些互动。这时你会猛然发现，可能没有任何一个后台部门能为你提供炮火，原因是后台职能太分散，每个职能部门只是负责某个局部，没有一个部门完整地负责炮火提供。于是前线不得不调转身来整合后台资源，往往可能要花九牛二虎之力才勉强呼唤到少量炮火。前线既要负责打仗，还得负责组织炮火，这仗怎么打？怎么会有战斗力？可见用 top-down 的思维设计组织，容易忽略前线的场景需要、可能遇到的困难和所需的求助，以及后台存在的问题，不利于组织运作。

华为设计组织的理念也是 top-down，只不过是客户和基层在上，高层在下，这也是华为与其他企业在组织设计上的一个非常大的区别。华为内部也称之为 outside-in，即先想清楚在客户界面的仗怎么打，再想后台如何为前台补位。后台部门则要根据前线的场景需要来设计，为前线提供综合解决方案；后台不要为难前线，前线按一下按钮，后台炮火就能及时跟上。这才是高效协同的组织运作,员工在这样的组织环境下工作，至少不会觉得憋屈，身累但心不累。

## 以客户化的方式说话做事

既然根据人性的特点设计机制和制度并不难，那为什么很多企业都做不到呢？原因就在于很多人没有养成换位思考的思维习惯，不是以客户化的方式说话、做事。工作中总有些人不经意地重复犯一个错误——

“我为别人想”。“我为别人想”其实只是自己所想，不是别人所想，是自己的一厢情愿，未必是别人所想，很多时候反而给别人造成伤害。

有一个故事，也许可以触发一些人养成换位思考的习惯。

> 很多家庭都有奶奶带孩子的情况。现在我们假设奶奶临时回了老家，几天后，奶奶心里特别放不下孙子，很着急地打电话来问孙子的情况。作为儿子，你一般怎么回答？
>
> 很多人都会回答：“挺好的，妈，您就放心吧。”这样的回答为的是不让妈妈担心，也就是“我为妈妈想”。但“不让妈妈担心”分明是自己的痛点，而不是奶奶的痛点，电话那边的奶奶听了这句话，心里多少会有些失落。所以“我为妈妈想”并不重要，“妈妈怎么想”才重要。这时候奶奶的真实想法一般是：既希望听到孙子好的消息，又希望看到自己在这个家中有多重要。知道了“妈妈怎么想”，儿子就可以这么回答：“妈，您这几天不在家，家里可乱了，孩子也老叫着要奶奶。不过您放心吧，这几天我们还能应付，等您忙完了就赶紧回来吧，家里离不开您啊！”这样的表达不仅达到了让奶奶放心的目的，还让奶奶的心里感到了温暖。

懂得了换位思考我们就会明白，读懂人性，其实只需要读懂自己。

华为一直都坚持以客户为本的经营战略。任正非认为，华为的一切工作出发点都是创造客户，想客户所想，满足客户的需求是上到管理层、下到基层员工的出发点和落脚点。只有满足了客户需求，企业才能获得更大的利润。

“我为客户想”和“想客户所想”有什么不同？

> 有一次，华为一厢情愿地为客户降低产品成本，提高性能，研发人员进行了单板的大规模升级，结果由于初始的架构设计没有考虑长远发展，单板、硬件和软件结合后，影响了网管和主机的使用，这给客户带来了很多不便，甚至有客户为此投诉说，禁止华为再升级，即使原始单板速度再慢，也不允许再升级！

从这个案例看，华为研发人员的出发点是好的，是为客户想，为了节约客户的开支，结果只关注了产品的成本，却忽略了客户的使用体验，结果造成了这种尴尬的局面。

因此，企业一定要以客户化的方式说话或做事，不要把自己的想法强加在客户身上。想当然地揣摩客户的需求，是为大忌。

## 效率的根本出路是有效增长

按照一些管理者的心理预期，企业增速只要跑赢 GDP（国内生产总值）增速就可以了。有一次我问一位管理者："您认为企业增长率保持在什么水平比较合适?" 这位管理者不假思索地回答："5%~10%。" 然而我们发现，很多保持在这个增长水平上的企业，经营每况愈下。试问，如果企业发展速度不能高于员工成长的速度，企业将如何满足员工的职业发展和薪酬增长的需求呢?

### 增加营业收入，提高单位投入的产出效率

像华为这样以知识员工为主的企业，人才密集，权力拥挤，必须要通过增长来寻找出路。CPI（消费者物价指数）上涨，激烈的市场竞争

带来的产品价格下行压力，等等，也都需要增长来进行对冲。

可能有人会问，企业能否仅靠持续降低成本生存下去？可以说，除非创新带来技术降本，其他降低成本措施效果都非常有限，而且还会造成经营收敛和市场信心受挫。即便是围绕技术降本的创新，也有沉没成本，投入了未必一定就有产出，中间少不了有试错成本。

所以，企业提高效率的根本出路是通过增加营业收入来提高单位投入的产出效率。根据经验，一般企业年营业收入如果不能增长20%~25% 以上，将很难消化成本的上行压力。

我们先来看看华为早期的业绩增长。

华为早期是用销售额来衡量业绩的。从 1993 年到 1998 年，华为销售额从 4.1 亿元增长到 89 亿元，年均增长率 85%。此后随着企业规模不断扩大，华为的增长率有所下降，但即使到了千亿元级的体量，华为的增长率水平仍然超出了很多企业。

以 2012 年到 2017 年为例，在这 5 年里，华为的营业收入从 2 202 亿元增长到 6 036 亿元，年均增长率 22%，人员年均增长率 6.5%，人均薪酬年均增长率 18%。华为不仅保持了业务高速增长，而且效率也得到了极大提升。华为员工在承担高增长、高压力的同时，实现了人力资本增值，相当于收获了高回报。

## 企业发展的不同阶段，有效增长策略也不同

一般来说，企业处在不同的事业发展阶段，增长率水平也会有所差异。企业拓展一项事业，一般分为三个发展阶段（见图 5–2）。

第一个阶段：创新驱动。这个阶段是不确定性投入期，目标是产业孵化。

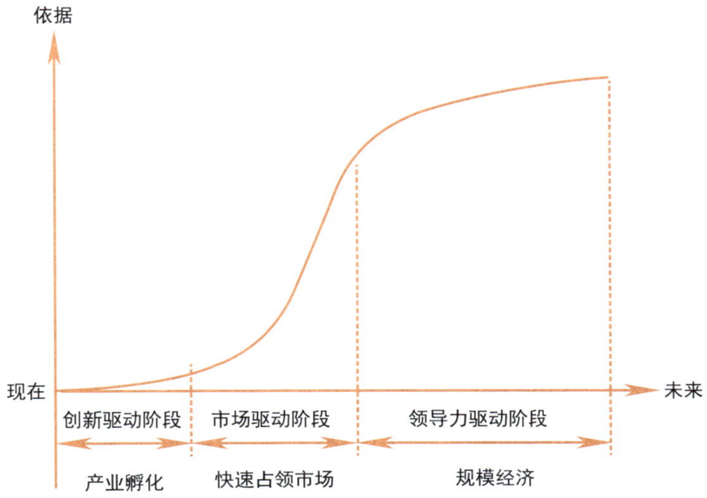


图 5-2　企业处在不同阶段，增长率水平会有差异

第二个阶段：市场驱动。这个阶段是创新成果转化期，目标是快速占领市场。

第三个阶段：领导力驱动。这个阶段是成熟经营期，目标是巩固市场规模，产生规模经济，同时确保新的事业孵化。

企业超常规增长一般发生在第二个阶段。这个阶段企业规模还小，规模小就要看增长的绝对值，不能看增长率，哪怕增长率达到 50% 甚至 100% 可能还是发展太慢，最大问题就是好不容易取得的创新优势难以维持太久，容易被其他企业反超。一些中小企业如果不能在第二个阶段快速收割市场，就可能坐失发展的机遇期。

当企业发展到第三个阶段时，就相当于有了市场规模，可以通过规模优势奠定行业领导者地位。这个阶段企业不可能还像前两个阶段那样高速增长，甚至为了维持一个健康的行业生态，企业不得不适当放慢增长速度，同时投入资源进行新的事业孵化，布局企业未来的产业增长引擎。

华为创建于1987年，当时只是为一家生产用户交换机（PBX）的中国香港公司做销售代理。1990年，华为开始自主设计、生产用户交换机，企业很快就上升到了价值链的上游。1993年，华为推出了C&C08，这是一款数字交换机，不但性能可靠，价值也远低于市场上的其他系统。任正非考虑到国外品牌强大的技术力量、高精的质量及营销能力等，放弃了国外品牌占据的一、二线城市，确定了“农村包围城市”战略，将产品销售面首先推向农村地区。到1995年，华为的年销售额达15亿元。这是华为发展的第一个阶段。

后来，经过组建合资公司的方式，华为赢得了很多区域性电信合同。1998年，华为将农村市场扩展到城市，开始全面占领全国的主要城市市场。这两年也是华为的快速发展期，产品销售额从1996年的26亿元增加到1998年的89亿元，员工数量也迅速增加。这是华为发展的第二个阶段。

2000年前后，华为开始集中力量进攻海外市场。在管理方面，任正非也带领华为进一步与国际接轨，几年后，华为迅速成为有影响力的国际电信设备制造商。这是华为发展的第三个阶段。

在这三个发展阶段中，华为一直在调整自己的发展策略，以保证企业效益时刻处于有效增长状态。

# 价值创造、价值评价和价值分配

价值创造、价值评价和价值分配好比企业的“任督二脉”，价值创造是企业的督脉，价值评价和价值分配是企业的任脉。只有打通任督二脉，企业各组织单元才能不断获得负熵，企业才能充满活力（见图 5-3）。

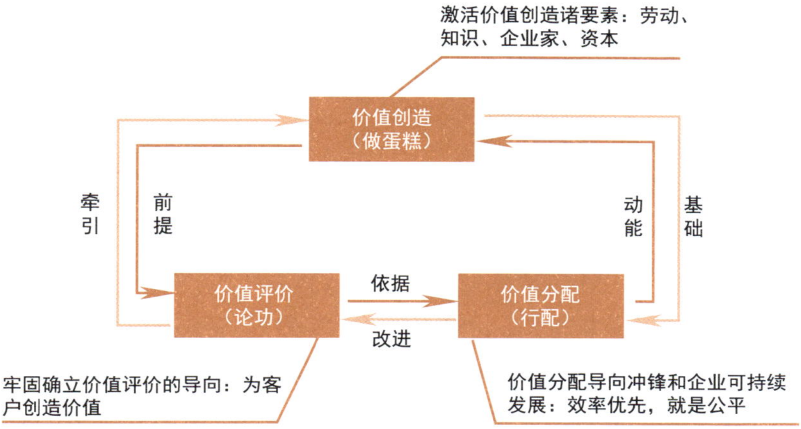


图 5-3　全力创造价值、正确评价价值和合理分配价值

企业赖以生存的负熵可以有多种形式，比如资源、政策、关系、信息不对称等。毫无疑问，这些因素的确可以让一些企业获得暂时的成功，但企业长久生存和生长的土壤一定是客户价值，企业必须根植于客户价值才能获得成长的养分。任何企业如果偏离了为客户创造价值这一基本假设，必将付出沉痛的代价。

## 全力创造价值

华为提出要全力创造价值，这里的“全力”是指群体奋斗。群体奋斗并不是否定个体英雄，这要区分具体的情形。

### 群体奋斗是管理的主旋律

当企业处在机会或挑战的重要关口，企业必须呼唤英雄。没有英雄的带动作用，企业就没有活力和战斗力。正是英雄身上那种带着草莽气息的“狼性”，构成了企业成功不可或缺的活力元素。可以肯定地说，没有英雄的企业一定会消亡。

但话说回来，遍地英雄的企业也注定难以持久，因为遍地英雄必然导致个人英雄主义泛滥。当英雄的个性不受企业的共性约束时，企业就会走向崩溃。因此，企业一旦度过了特殊发展期，进入稳健经营期后，就需要淡化英雄主义，构建正常的发展秩序。企业的成长是一个在活力与秩序、呼唤英雄与打掉英雄之间不断交替和螺旋上升的过程。

总体而言，群体奋斗永远是企业管理的主旋律。即便在呼唤英雄的特定时期，企业也只是倾向于认为英雄在创造价值方面发挥的作用更大一些，以期通过这种偶然性去触发企业的必然性。

## 创造价值的关键四要素

华为把群体奋斗写入了《华为基本法》，其中有句话非常精辟："劳动、知识、企业家和资本创造了公司的全部价值。"其精辟之处在于，它厘清了企业价值创造的要素，并试图更深、更广地挖掘企业内部价值创造的源泉。

一些企业事业停滞不前，组织活力不足，这与它们在这方面的认识水平有很大关系。它们对企业价值是如何被创造出来的，以及不同价值创造要素在创造价值方面的表现差异没有一个清晰的认识和判断，以至找不到价值创造的着力点，更不要说如何用价值评价和价值分配的杠杆进一步撬动价值创造了。而劳动、知识、企业家和资本，既厘清了创造企业价值的要素，也对企业奋斗群体进行了总体概括。

首先，我们来看劳动创造价值。

这里的劳动指的是狭义的劳动，广义的劳动包括了知识和企业家。《华为基本法》的独到之处在于，它把知识和企业家从广义的劳动中分离出来，让价值创造的要素变得更清晰。狭义的劳动创造价值是有限的，原因是劳动产出与劳动时间正相关。如果一个人的劳动产出与劳动时间呈线性函数，可以肯定地说，这个人一生就不太可能实现财务自由，除非这个人单位时间的产出足够大。

其次，我们看知识创造价值。

这里必须要澄清，知识本身不是价值，知识只有附着于实践，并成功地指导了实践才有价值，因为实践才是一切社会成果（包括知识）的来源。尤其是当我们面对未来的不确定性时，往往先要经历实践，在试错中总结教训，在试对中积累经验，进而形成知识。神农尝百草，为天下黎民寻找五谷和草药，就是先有实践、后有知识的例证。

知识到底如何与实践相结合，进而创造价值呢？我们不妨通过案例做一个假设：

> 一位华为的工程师通过技术降低成本的手段让一款手机成本下降了50元，试问这位工程师的贡献大不大？
>
> 从狭义的劳动来看，这位工程师可能只是做了一个小小的改进，其一次性劳动所创造的价值其实不大。但问题是他的劳动经过知识的结晶被嵌入企业的业务流中，经过业务流放大，他所创造的价值理论上可以无限大，其产出基本脱离了个体劳动时间的束缚。
>
> 假如这部手机售出了1 000万部，那么就意味着这位工程师做出的一个小小的改进为公司带来5亿元的价值。

可见，不是劳动本身创造的价值大，而是劳动成果被业务流不断复制后创造的价值大。其中，知识的结晶有两个部分：第一个是把创造或创新转化为标准化的产品和服务；第二个是把标准化的产品和服务导入企业的业务流，直至形成实践应用。第一部分的目标是让内容简单，第二部分的目标是让过程可复制。归纳起来，知识创造价值的特点就是“简单＋复制”。

由此可知，真正能有效指导企业实践、为企业创造价值的知识，大多不是原理性知识，而是程序性知识。知识创造价值虽然遵从“简单＋复制”的基本原理，但并没有我们想象的那么容易，它需要从实践中抽象和模式化，然后再回到实践，每个环节都是一个艰苦卓绝的价值创造过程。

再次，企业家也可以创造价值。

如果说劳动和知识在创造价值过程中面对的多是确定性风险，那么企业家创造价值时面对的就是不确定性风险。不确定风险的特点是无法预见和提前进行规避的，一旦风险来临，企业就别无选择，只好承担。因此，真正意义上的企业家都是一群赌性坚强的人。赌对了，就可能赚得盆满钵满；赌错了，有可能血本无归。为什么不确定性风险可以给企业创造丰厚的利润呢？因为利润往往由供求关系决定。确定性的东西完全是买方市场，价格接近价值，企业几乎无利润可赚；不确定性的东西，开始往往只有极少数赌性坚强的企业家进入，容易形成卖方市场和创造性垄断，价格远高于价值，企业可以淘到第一桶金，相当于进入了无人区。可见，利润的本质其实是企业的不确定性风险，企业家的努力和企业追求利润的目标是一致的。

最后，我们来看看资本如何创造价值。

资本和企业家一样，通过承担企业的不确定性风险为企业创造价值。

华为在创业初期，注册资本才几万元。很多人可能好奇，华为市场开拓要投入，产品研发要投入，员工激励也要投入，华为当初是如何解决现金流问题的？要知道即便是现在，民营企业获得银行的信贷支持也不是一件容易的事情，可想而知华为创业的艰难程度。华为当初的确如《国际歌》中所唱的那样："从来就没有什么救世主，也不靠神仙皇帝，要创造人类的幸福全靠我们自己。"

华为解决现金流问题，首先依靠的是原始积累。20 世纪 90 年代初，通信行业是个不折不扣的暴利行业。由于中国通信工业落后，西方公司的通信设备进入中国后，价格贵得离谱，家庭初装一部电话，初装费动辄几千元，而且还要排队。也就是说，由于通信设备太贵，运营商不得不转嫁一部分成本给终端消费者。华为当时通过代理香港一家公司的程控交换机，淘到了第一桶金。

其次，华为依靠开发拳头产品来保证现金流。1991 年到 1992 年，华为有钱之后便开始自主研发 HJD48 用户交换机和 JK1000 交换机。可到了 1993 年，JK1000 全面退网，HJD48 也日渐难以为继。为了活下去，华为不得不投入大量的资金研发 C&C08 程控交换机。其中，C&C08 的两个“C”分别代表计算机和通信，符号“&”代表融合，整体意思是 20 世纪 90 年代出现的先进计算机技术，带动传统的通信技术形成质的飞跃。C&C08 程控交换机获得巨大的市场成功以后，华为又在此基础上导入先进的光通信技术，形成功能更加强大的 C&C08 B 型交换机，可容纳数十万人同时打电话。C&C08 B 型交换机很快成为华为的拳头产品，帮助华为迅速打开了国内通信市场。

即便如此，华为早期偶尔也会出现现金流困难的情况，原因是各方面的投入实在太大，一旦客户不能及时回款，公司现金流就会随之紧张。老员工有时开玩笑地说，看到公司发工资的时间延迟了，就想准备离职走人，而人力资源部门的一个重要工作就是安慰他们别走。虽然是玩笑，却能一窥华为早期创业之不易。

如何确保企业发展所需的现金流？华为的股权激励应该是在当时的大环境下逼出来的一个政策。这种方式大致相当于我们现在的有限合伙公司，工会好比是普通合伙人（GP），员工好比是有限合伙人（LP）。员工分得的股权叫虚拟受限股。虚拟的意思是它并非公司章程意义上的真股票；受限的意思是它不具有表决权，只有分配权，且需按比例分担公司的经营风险。早期的股权激励没有后来规范，员工一般要把自己年收入的大部分拿出来购买公司的股票，当然这完全是自愿行为，员工可以不买。但由于分红非常可观，不买股票的员工看到别人分红那么多，自然会眼红，渐渐大家胆子就大了起来。到了后来，员工普遍觉得有资格买公司的股票是公司对自己的一种激励和肯定。

华为的股权激励带来的积极效应是多方面的：一是在很大程度上缓解了企业的现金流；二是给员工尤其是骨干员工带上了“金手铐”；三是消灭了员工手上的现金流，员工的思想会更加聚焦在工作上。但话说回来，资本既然要承担不确定性风险，其回报一定不能低，因为资本总是寻找水草肥美的地方栖息。在华为的历史上，除了极个别年份，华为员工的资本回报率都大于 40%。

通过股权激励，华为把劳动、知识、企业家和资本的贡献累积起来，像滚雪球一样，尽可能将它们转化为风险资本，保证企业长期运作，共担企业经营风险，有利于全体员工“利出一孔，力出一孔”。

企业只有把劳动、知识、企业家、资本这些价值创造的要素全部调动起来，企业的蛋糕才能越做越大。

## 正确评价价值

行为、结果、劳动态度、知识、技术、技能、工龄……什么才是华为认可的价值？按照华为的说法，“茶壶里的饺子，我们是不认的”。也就是说，华为认可的价值是结果产出。而正确的价值评价就是衡量到底产出了多少价值。

### 评价价值以结果产出为决定性标准

每一个企业经营的总目标，都应该是企业价值的增长、利润的增长和企业经营规模的增长。企业所有活动的展开、进行和评价，也都是为了达到这个总目标。

这就像甲、乙两个人爬山，两个人同时到达了山顶，从价值评价的角度看，他们的结果是完全一样的。

这个结果有没有偶然因素？可能有，但没关系，华为承认这种偶然性。因为在现实生活中，偶然性无处不在，一旦消灭了偶然性，也就没有了必然性。另外，偶然性不可能总是降临到同一个人身上，即使有一次误差也没关系。

有了结果产出这第一个标准，华为的第二个标准就是看关键行为。甲从南坡上山比较平坦容易，乙从北坡上山比较陡峭艰难，两人同时到达山顶，说明乙的能力可能更强一些，该关键行为在干部考察时可作为重点考察项。但行为考察必须以结果为基础，没有结果，也就没有关键行为。结果是业绩项，是价值分配的依据；关键行为是能力项，是机会分配的依据。

劳动态度能否作为价值评价的依据？不可以。一个人劳动态度好，天天加班，如果没有结果产出，那么这种加班就是无效加班，甚至还增加了公司的成本。

知识也不是价值，学历、文凭、考试成绩等，只能证明一个人做了相应的劳动准备，但不能依据劳动准备来评价价值。

华为甚至认为，技术本身也不是价值。例如把煤洗白是技术，但市场并不需要把煤洗白。

工龄就更不是价值了，工龄长未必能力强，很多人到一定年龄后，学习能力和精力都在下降，创造价值的能力也可能随之下降，华为为此甚至推出了鼓励员工到了一定工作年限退休的制度。

总而言之，评价价值只以结果产出为最终的决定性标准，其他标准只能作为参考，不具有决定性意义。

## 考核指标设定要分清结果和过程

华为内部坚持以责任结果为导向的考核制度，对达不到考核目标的员工，往往要实行降职、免职处理，严重者甚至会被辞退。

有人可能会说："员工没有功劳也有苦劳啊，怎么能说降就降、说辞就辞呢?"其实很容易理解，现在市场竞争如此激烈，任何一个企业都不会是常胜将军。在这种人人自危的情况下，企业哪里还会去袒护内部某个臃肿的组织或不称职的员工呢?

所以，企业在考核时，评价价值一定要分清结果和过程。有绩效、有结果，才算是为企业创造了价值；否则，即使你在过程中很努力，没有结果产出，仍然不能作为考核的目标。

> 我经常出差某省会城市，发现该市有一个奇怪的现象，外面下着倾盆大雨，洒水车却仍然在给路旁的花草树木浇水。我想这种现象的产生，一定是业绩管理出了偏差。
>
> 再比如，企业一般设有受理客户咨询投诉的客户服务中心，而实际上企业给这些部门设置的考核指标基本都是受理客户问题的数量、客户问题及时闭环率、客户满意度之类的过程指标。本质上讲，客户服务中心的独特价值定位在于客户保留，按照这一价值定位，其考核指标应该是客户回头率或回购率、增值服务收入等价值增值指标。

综上所述，业绩管理应从部门或岗位的独特价值定位出发，考核成果产出而非业务过程，考核价值增值而非价值消耗。一切过程都是价值消耗，过程是用来纠偏的，而不是用来考核的，过程的规律性应由被考核者在实践中去探索。

## 不能体现价值创造，不能反映可分配价值的指标，都不是结果性指标

评价价值一定要搞清楚评价的目标，既能引领企业的价值创造，又能为企业的价值分配提供依据。基于这样的目标，我们在设计评价指标的时候就有了方向，不能体现价值创造，不能反映可分配价值的指标，都不是结果性指标。

> 比如，一家上市公司长期用订货额作为区域的业绩评价指标，但这家公司与客户签订的合同交付周期往往要四五年，绝大部分收入是在未来几年分时段发生的。显而易见，订货额不是区域的当期业绩，它不过是未来可能的收入而已，订货只有转化为营业收入才能算当期业绩。

创造价值在先，评价价值在后，这是基本的管理常识。该公司把还没有发生的价值纳入了评价，显然违背了常识，其带来的后遗症就是：区域马上就可以分到很多奖金；区域可能不再关注合同执行，因为合同执行与个人收益关系不大；客户若中途终止合同，意味着公司将给区域多支出奖金。

那么该公司为什么这么做？他们给出的理由是：区域总经理都有公司股份，如果公司业绩不好，股价就上不去，他们的损失就会更大，所以公司认为如此的价值评价不会导致区域不关注合同执行。

实际上这个逻辑并不成立，因为当讨论到要把订货额这一评价指标更改为营业收入时，各区域均表示激烈反对，说明他们心里更看重现实获利，而不是什么股权收益，毕竟公司股价连年下跌，他们早已见怪不怪了。

但话说回来，难道成功签订一份合同，真的就不能作为评价价值的依据吗？当然不是，关键看它是否给公司创造了价值。只有创造了价值，才有评价价值的前提。假如我们把拿到首付款作为成功签订一份合同的标志，据此评价价值就没什么问题了，因为首付款就是一种可分配的价值。

### 防止出现目标博弈现象

价值评价的时候，用目标完成率之类的相对值指标时要特别注意，企业应尽可能使用绝对值指标，这样就可以防止一些人钻空子，比如经常出现的目标博弈现象。

目标博弈在企业里可以说是普遍现象。一些管理者在面对经营挑战时，为了给部门或个人减压，不惜以各种理由和困难向管理层提出调低经营目标的要求。目标一减，压力似乎是轻了，可企业的负担有增无减，员工的成长诉求有增无减，外部的竞争压力有增无减。所以这种目标博弈就好比鸵鸟把头埋在沙子里，对企业经营有害无益。

放任目标博弈的结果，是企业为此要付出成长的代价。一些人不敢挑战较高的目标和要求，一个重要原因是他们把眼光停留在资源、能力、条件、风险等障碍因素上，缺乏对机会的洞察和把握。

所以，企业的目标应根据外部的市场和机会来定，把业务放到商业大环境中看，而不是根据内部的资源、能力和条件来定。

一些企业采用目标完成率之类的指标，无形中就给人提供了钻空子的机会，因为只要把目标博弈下来了，目标完成率自然就高了。这样的业绩来得太简单，它拼的不再是努力，而是博弈水平。殊不知目标是不能博弈的，可以博弈的只有资源。

所以，企业要严防出现坏的制度设计，最好用业绩的完成值而不是完成率作为部门或个人的业绩衡量指标，以压缩博弈空间。

## 合理分配价值

价值分配绝不是分钱那么简单，这里有两个概念非常重要：一个是分配方案，一个是分配兑现。

分配方案是分配未来，即在价值创造的起点，就未来可能创造的价值以及分配办法，与各价值创造主体达成一致。分配兑现是分配现在，即价值创造完成后，企业按照事先约定的分配方案，向各价值创造主体兑现分配承诺。

### 分配方案要打破平衡，拉开差距

企业通过分配方案和分配兑现，实现价值分配的闭环管理。但现实情况却是，很多企业往往缺失了前面的分配方案部分，只保留了事后的分配兑现。或者说，它们认为的分配方案其实就是事后的分配兑现方案，很多负面结果都因此而起。

第一，这样不利于导向冲锋。员工是基于个人利益的计算来决定自己行为的，他们事先如果不清楚自己要做什么贡献，以及贡献和回报之间是什么关系，那么他们努力的意愿和动机自然会打折扣。

第二，这样容易导致大锅饭现象。一般来说，价值产生以后，每个人都希望多分一部分利益，这是人之常情。如果没有事先约定好分配方案，矛盾冲突就比较大，管理层最后不得不打着公平的旗号做出一些平衡措施，其结果就是大家趋于平均，价值分配最后变成了大锅饭。平衡次数多了，就会平衡出一堆懒人，企业也就没有了活力。

在这个问题上，华为提出了“打破平衡，拉开差距”的激励理念。其实这不是人为地拉开差距，而是真实还原各价值创造主体的贡献差距。当企业事先约定好分配方案后，大家都会积极地去挣奖金，自然也就拉开了差距。

因此归结起来，合理分配价值真正的导向只有一个，就是价值分配以后，各价值创造主体都能保持冲锋的队形，努力实现下一轮更大的价值创造，所有的激励设计必须围绕这一点来进行。员工的责任贡献是有层次的，所以分配方案要区分层次，同时匹配相应的激励手段（见图 5-4）。

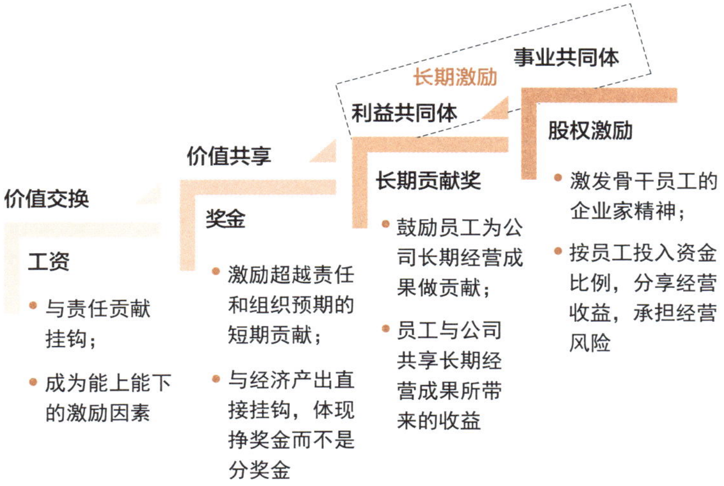


图 5-4　按责任贡献层次的价值分配

第一个层次：价值交换。

不同岗位有不同的责任贡献要求，工资作为最基本的激励手段，是与之相对应的。责任基本相同，贡献有一定差异，可以通过工资带宽来对应；责任明显不同，可以通过职级工资分段对应。工资如果与责任贡献脱钩，工资就成了保健因素；工资与责任贡献联动，动态调整，工资才算是激励因素。华为在这方面实施的是“以岗定级，以级定薪，人岗匹配，易岗易薪”的政策，努力让工资成为能上能下的激励因素。

第二个层次：价值共享。

员工如果完成了定额，就可以获得工资；如果超出了定额，就可以获得奖金。所以，奖金一般是用来奖励惊喜的，没有惊喜，理论上不应该有奖金。

华为的项目奖就是例子。在预算之内，如果按照进度和质量要求完成了一个交付项目，项目组可以领工资；如果节省了预算，项目组可以按比例从节省的部分中提取奖金。这个奖项就充分体现了挣钱的理念，这就是一种价值共享。

第三个层次：利益共同体。

员工在工作中做出的贡献，如果能给公司带来长期收益，员工和企业就成了利益共同体，这就应该让员工在一定时间窗口内享有长期贡献奖。长期贡献奖在研发领域和新市场拓展领域应用比较多。

有一家上市企业，采用的是传统的“工资 + 奖金”的激励手段，但这些手段对一些研发人员效果不大，负责新产品研发的部门长期没有成果产出，该怎么激励呢？钱给多了，企业觉得亏；钱给少了，人又留不住。

针对这种情况，该企业采用了长期贡献奖，比较好地解决了这个问题。方案要点大致如下：

- 研发项目组必须对赌自己申报的项目，对赌的比例在 10%~20% 预算范围内可选。

- 在产品试制成功、产品商用成功和产品小批量上市成功这三个关键节点，分别设置一定额度的奖励，鼓励项目组研发和快速取得进展。
- 产品规模上市后，按比例分享三年红利，并在第三年返还对赌金。
- 若产品研发不成功，则对赌金全部计入产品研发沉没成本。

这个方案的独特之处就在于激励机制中加入了对赌，抬高了研发人员在项目不成功情况下的个人成本壁垒，并增加了研发人员在项目成功后的收益预期，从而让员工和企业在一定程度上形成了风险共担、收益共享的利益共同体，员工的职业心态和使命必达的意愿也得到了强化。

第四个层次：事业共同体。

一些骨干员工是在用使命感工作，他们把个人的成长和企业的成长联系在一起。对于这些人，企业应该用股权激励把他们团结起来，以激发他们的企业家精神，鼓励他们长期艰苦奋斗。

华为就是把有使命感的员工全部纳入企业家的分配范畴，每年根据业绩贡献和使命感识别这样的员工，赋予他们更多的股权激励，与他们共享公司成长的收益，共担公司经营的风险。

员工的责任层次基本上决定了其贡献的层次。其中，高层聚焦公司的是长期利益、战略性思考及创造股东价值，因此他们的股权激励收益大于工资、奖金的收益；中高层聚焦的是短期绩效和长期目标的平衡，因此他们的工资、奖金、股权激励收益相对比较均衡；中基层聚焦的是年度工作任务和最终实现运营结果，因此他们以工资、奖金收益为主，同时辅以一定的股权激励收益，以保留新生代人才；基层作业人员聚焦的是做好本职工作和持续改进，因此他们理论上只能获得工资和奖金收益。

### 价值分配向企业需要的方向倾斜

价值分配不光承担了还原价值贡献的目的，关键还要导向冲锋，因此价值分配必须形成一定的价值坡度，向企业需要的方向倾斜。

在华为，由于岗位职级承载了很多价值分配差异化的功能，通过岗位职级称重，可以达到一部分倾斜的目的。第一，岗位职级向作战单元倾斜。同一业务单元内，支撑平台岗位的职位职级应低于主要作战岗位的职位职级。第二，岗位职级向一线和海外岗位倾斜。同等条件下，国内岗位的职位职级低于海外岗位的职位职级，机关岗位的职位职级低于一线岗位的职位职级。第三，降低机关岗位的吸引力，适度拉大机关岗位垂直级差，适度缩小一线岗位垂直级差。

华为还把一些福利政策也尽可能地设计成了达成倾斜的激励手段，比如愿意派驻海外的，享受驻外补贴；愿意去艰苦地区的，享受艰苦补贴；等等。这些倾斜措施，说白了就是利益牵引，让员工自觉自愿地流向公司需要冲锋的岗位。

但是，如果我们认为做好了以上这些价值分配就万事大吉，那就错了。价值分配导向冲锋，其实既不体现在员工得到多少，也不体现在员工失去多少，而体现在员工一直抱有一种“怕失去”的心理状态。这就好比谈恋爱，对方如果答应你的追求，你可能就放松了心情；对方如果回绝了你的请求，你也就放弃了念想。最让人处于高度激活的状态是：人家既没有答应你也没有回绝你，所以你就得小心翼翼、处心积虑，思考下一步如何表现。抱有这种“怕失去”的心理状态，好处是有利于员工自觉克服消极的自我暗示，持续保持积极的心态。这就是价值分配过程中的人性考量。

华为价值分配的灵魂就准确地诠释了“怕失去”这三个字：每个人前面都悬着很多诱惑，只要好好干，就有机会升职、加薪、分配股权、享有分红等；如果掉队了，等着你的就可能是降职降薪、不胜任淘汰、奖金减少等。对不努力的人来说，每天听到的都是周边人的好消息，在这种文化氛围下，员工哪怕还剩一点点上进心也都会不甘示弱，愿意舍命一搏。华为永远不给人驻足停留的时间。

特别强调的是，价值分配绝对不是少数人的盛宴，价值分配必须激活各价值创造主体，实现群体奋斗。

# 管理组织绩效与个人绩效

个人绩效支撑组织绩效，组织绩效支撑企业绩效。企业绩效、组织绩效和个人绩效之间，绝对不是简单加总的关系，而是个体与个体之间、组织与组织之间关系互动的结果，是生产关系成就了生产力。从这个意义上说，企业应将管理重心聚焦在组织绩效，以及组织之间、个体之间的关系互动上。

## 管理组织绩效远比管理个人绩效重要

华为把员工分为作业类员工和目标责任制员工。作业类员工关注的是标准化的工作任务，工作方式是在各自的工位上完成特定的动作和动作组合，价值体现是计件。这类工作的特点是分工比较明确，不需要太多的合作，产出和他们的工作时间正相关，因而价值相对较小，是一种静态的任务绩效。目标责任制员工则不同，他们不是各自单独开展工作，而是通过流程，以角色的方式集合在一致的目标下合作来完成一个完整的交付。这类工作已不是动作和动作的组合，而是专业与专业的互动，共同创造出一种动态的关系绩效。

## 关系绩效可以放大每个人的贡献

前面提到了华为“铁三角”流程型组织模式。“铁三角”的一致目标是成功获取项目，项目组所有成员统一在这个目标下，制订计划，采取行动。如果项目成功了，项目组依据公司事先约定的规则可以获得项目奖，所有成员根据贡献大小论功行赏；如果项目失败了，项目组成员即便付出再多，也只有苦劳和疲劳，而非功劳，自然也就得不到奖赏。

“铁三角”是目标责任制的典型模式。在“铁三角”的运作模式下，表面上看每个人的工作都很平凡，但是把大家的工作集合起来，却可以创造出无限可能。一个几十个人的团队，可以获取数亿美元甚至更大的项目。“铁三角”就像一个放大器，放大了每个人的贡献，这就是关系绩效。但如果我们把项目的成功全部归功于“铁三角”，那就错了。“铁三角”就像冲在前线的海军陆战队军人，还需要依托后方的大平台作战。

华为提出的“班长的战争”其实就是指大平台作战，前线呼唤炮火，后方提供支援，这样整体运作效率最高。因此，前后台互动也是一种关系绩效，在后台的支持下，前台的能力得到了极大的放大。看似前台取得了不凡的业绩，其实有很大一部分是后台的功劳，后台也理应分享其中的价值，这就是华为的获取分享制。

## 组织绩效远大于个人绩效

组织绩效的本质是关系绩效。为什么管理组织绩效远比管理个人绩效重要？我们以石墨和金刚石举例。石墨和金刚石的化学元素都是碳，但由于结构关系的差异，两者的硬度有着天壤之别。所以个人绩效是微小的，关系绩效才可以取得大成就。要想超越平凡，唯一的途径就是组织协同。

在一个企业当中，流程绩效、部门绩效和团队绩效统称为组织绩效。流程和团队是把不同专业分工的人整合起来达成目标，部门是把同类专业细分的人整合起来达成目标，部门绩效是从流程绩效和团队绩效解码而来。流程和团队的工作任务由不同的角色来承担，角色由各部门设置的岗位来承接，角色和岗位的绩效可以统称为个人绩效。

正因为组织绩效远大于个人绩效，在设立组织绩效目标的时候，就要防止出现个人能力认知上的障碍影响了目标的制定。具体的解决办法是：根据外部的市场和机会来定目标，而不是根据内部的资源、能力和条件来定目标。

华为的一位高层曾去海外分支机构出差，见到分支机构的领导就说："现在市场的机会窗已经到来了，如果你们年底目标完成情况达不到公司期望就下课，达到了公司期望就提拔。"海外分支机构的负责人一听，就问这位高层："那么公司的期望到底是多少啊？"这位高层说："这样吧，你在手上写一个增长率，我在手上也写一个增长率，如果你手上的增长率低于我手上的增长率，你现在就下课。"海外分支机构的负责人一听，哪里敢写少啊！一咬牙，写了个增长率 120%。两个人把手伸出来一看，结果这位高层手上啥也没写，只说了句："行，就按你的办吧！"结果海外分支机构的负责人一听就惊住了，心想：这一年有的忙了！

当然这只是一个小故事，但也说明华为的组织绩效目标一直是非常有挑战性的。年初的时候，很多人都觉得是不可能完成的目标，但到了年底，大家居然都能完成，这也算华为快速增长的一个原因吧。

## 单纯个人绩效管理模式限制企业的成长

华为为什么反对提成制？因为单纯个人绩效管理模式限制了企业的成长。

有一家外贸企业，一直实行单纯的个人绩效管理模式，销售人员采用提成制。这种方法看似有利于业绩增长，事实上这种方式只在市场拓展初期有效。

由于每个营销人员管理的客户数量有限，他们进一步发展客户的意愿就会随着手上客户数量的增加而递减。他们的利益被绑定在既有客户身上，结果企业竟然找不到合适人选愿意出来担任营销主管。因为担任营销主管意味着放弃自己的客户，放弃自己的客户意味着放弃自己的既得利益。但没有营销主管，营销平台的能力和队伍建设就成问题，平台和队伍建不起来，每年业绩就一直在原地打转。

企业认识到这个问题后，改用组织绩效管理模式，痛下决心，进行一次大手术式的变革，通过组织设计、职位薪酬设计、组织奖金包设计、管理岗位竞聘、老客户信息一次性从个人手里买断等措施，彻底打破了原有的运作方式。变革后，企业内部立刻涌现出一批新的管理者，结果一个季度就完成了历史上差不多一年才能完成的目标。

所以，实施绩效考核，关键就在于构建一个良好的绩效管理模式。在一个企业当中，如果没有相应的考核体系，没有优胜劣汰，就会造成生产力低下，甚至使企业业务停滞。而严法厉行、高压管制等措施，都是治标不治本。

有效的绩效管理模式应该像疏浚的河道一样，员工就像涓涓流水，自然、蓬勃地朝着一个方向奔流不息。而企业要达到这个要求，就必须制定一套切合自身实际的绩效管理系统，建立起严密的、合理的考评体系，使考核能够有章可循、有据可依。

## 组织绩效考核与个人绩效考评

我们用一个小故事来说明组织绩效和个人绩效的关系。假设我们现在组建一个团队到山东烟台买 1 000 亩地种植苹果，组织绩效指标就应该是收入、利润等。这里要注意的是，产量不能算组织绩效指标，产量是过程测量指标，因为产量高不代表卖得出去、卖得好。

可以看出，这个组织绩效指标是结果导向的，蕴含着可分配价值的指标。组织绩效指标里如果包含了其他不可分配价值的指标，就像给猪肉注了水，容易出现虚假繁荣。

### 组织绩效和个人绩效的关系

在一些企业当中，为什么会出现各部门组织绩效好而公司业绩却不好的现象呢？原因就在于组织绩效指标设计出了问题。组织绩效只需要回答一个问题：各部门到底产出了哪些可分配的价值。组织绩效指标要求客观且可量化，所以组织绩效理论上只需要“核”，不需要“评”。

组织绩效确定以后，个人绩效就是要回答个人如何有效支撑组织绩效目标。达成个人绩效更多的是业务层面的承诺。

比如，张三负责给苹果树喷洒农药，他的个人绩效就可以从 4 个方面进行制定。首先，他要预防虫害，所以在他的个人绩效指标中，必须有虫害率指标；其次，他必须保证农药剂量不能超标，超标了苹果卖不出去，所以得有剂量指标进行约束；再次，他要有人均效率指标；最后，他要考虑引进低毒、低残留农药品种，以提升苹果价值，即改善苹果价值指标等。

以上这 4 个方面，都是张三的个人绩效内容，我们就把它们统称为 PBC。在 PBC 中，有些是可量化的指标，有些是难以量化的举措；有些是包含可分配价值的结果性指标，有些则是比较间接的结果性指标。在 PBC 中，结果性指标一般作为考核项，其他则作为考评项。所以个人绩效与组织绩效不同，个人绩效是“考”和“评”相结合，定量的要考，定性的也要评。

但无论如何，个人绩效都必须以“考”为主，以“评”为辅，“考”的部分占 70% 以上，权重才合理，否则“评”的权重太大，又会出现长官导向。

## 组织绩效设计牵引绩效目标达成

组织绩效考核要与企业发展的阶段匹配，所以，组织绩效的设计必须是牵引而不是抑制业务发展和绩效目标达成的。

华为把组织绩效目标设置为底线值、达标值和挑战值三档，其中，底线值大致为达标值的 80%，挑战值大致为达标值的 120%。这个设计背后的考量是：公司总的期望是达标，但组织之间是有差异的，有的可以超额完成，有的可能完不成。完不成的组织，公司希望它们至少要守住底线，否则对总体目标的达成影响太大；能完成的组织，公司希望它们适当超额，以填补那些完不成的组织造成的差距。

要达到这样的管理目标，公司在考核应用上必须拿出强有力的办法，越过底线的，要有惩处措施；超额完成的，要有更刺激的奖励方案。

比如，在市场导入期，考核销售组织就要避免用收入、利润这样的考核指标，因为这个阶段它们正在“洗盐碱地”，让它们有积极性的办法之一是战略补贴，同时把它们阶段性的市场目标与战略补贴挂钩。在市场成长期，可以考核销售组织的收入和回款，但不宜考核利润，这个阶段要继续鼓励它们做大规模。在市场成熟期，可以均衡考核它们的收入、回款和利润，牵引效益和赢利能力。

再比如，对于产品线组织来说，在市场导入期，产品线组织应加强收入和销售毛利率考核，但不宜考核利润，目的是牵引市场放量。在市场成长期，可以适当加入利润考核，牵引它们有质量地扩张。在市场成熟期，产品线应加强成熟产品的人均效益考核，以牵引它们将研发人员迁移到新的产品领域或公司其他领域。

总之，组织绩效考核必须先搞清楚企业真正想要的是什么，要什么就牵引什么；不知道要什么，考核就会迷失方向。

企业一般用平衡计分卡作为组织绩效管理的工具。需要说明的是，平衡计分卡其实是战略管理的工具，企业通过平衡计分卡的 4 个维度（财务、客户、内部运营、学习与成长）来定义战略目标。平衡计分卡运用在组织绩效管理方面，要注意不同的组织承接战略目标的方向是不一样的，因此不能千篇一律地从这 4 个维度来定义组织绩效。各组织单元要从战略目标中提取与它们有关的方向和指标，从不同方向支撑公司战略目标的实现。

## 个人绩效考评要“考”和“评”相结合

正如前面所言，组织绩效本质上是关系绩效，因此个人绩效考评要尽可能地调动组织成员之间的关系互动。而“考”和“评”相结合的个人绩效就是为了达到这一目标。“考”要聚焦核心目标，确保责任结果达成；“评”要引导全面责任履行和适度跨界，确保组织节点之间无缝连接。

“评”的部分一般包括三个部分：PBC 中关键过程承诺部分；责任范围内未纳入 PBC 的部分；岗位或角色之间的灰色地带，这部分要鼓励大家去主动跨界，避免出现三不管的工作空档。

对个人绩效采用“考”和“评”相结合的方式，目的是期望组织尽可能达到足球场上的运动效果，每个人既要守位，又要补位，共同演绎一场攻势足球赛。

在华为，目标责任制员工采用相对考评的模式，考评结果一般分为 5 档：A 表示超出挑战值，B+ 表示在达标值和挑战值之间，B 表示在达标值附近，C 表示在达标值和底线值之间，D 表示在底线值以下。

那么，个人绩效考评为什么采用相对考评而不采用绝对考评呢？这里就涉及一个定价问题。企业的业务活动频繁且复杂，变化是常态，业务颗粒也不标准。如果采用绝对考评，必然涉及对每个业务颗粒进行定价的问题，这绝对是一个浩大的工程，管理成本高不说，合理性就让人存疑。如果每个业务颗粒只有定价了才去做，内部的运作效率和业务响应会成为大问题。

基于这样的考虑，采用相对考评就能起到降低内部交易成本、提高运作效率和响应速度的作用。考评的目的是应用，考评结果分档可以为后续应用提供前提，比如考评结果为 A 或 B+，说明业绩超出预期，应予以重奖，是晋升的首选对象；考评结果为 B，说明正常完成了业绩目标，可以有一定奖励；考评结果为 C，说明没有完成业绩目标，不应奖励；考评结果为 D，说明不胜任工作，应纳入不胜任管理。

## 导向增量的绩效与激励融合设计

每个组织都要创造价值增加值，否则价值分配就会成为问题。以人力资源部门为例，他们要对人力资本增值负责，但怎么体现这一点？人力资源部门的奖金和组织绩效的关联关系可以这样来设计：假设企业毛利为 8 000 万元，公司的 E/M 值从过去一年的 18% 下降到了 15%，说明通过人力资源的努力，人力资本增值了 3%，人力资源通过卓有成效的管理，为公司创造了 240 万元的价值增加值；240 万元乘以一个分配系数，就可以作为人力资源部门的奖金。但这笔奖金能不能都拿到，还要看其他各项均衡指标的完成情况。这些均衡指标包括公司战略领域人员投放、公司人才储备、不胜任淘汰、组织变革等与人力资源相关的指标。均衡指标最后折算成一个均衡系数，大致可赋值在 70%~120%，对实得奖金进行调节。这样人力资源部门的奖金公式可写成：

人力资源部门奖金 = 企业毛利 ×E/M 值提升 × 分配系数 × 均衡系数

### 存量打折，增量高杠杆设计

存量业绩奖金打折，增量业绩奖金高杠杆，是一种非常有效的融合设计方法。

一家上市公司某事业部为各分公司设计的奖金公式为：利润小

于上一年利润的部分，可提取 9% 的奖金；高于上一年利润的部分，可提取 18% 的奖金。假设分公司上一年利润为 1 000 万元，第二年利润为 800 万元，分公司就只能提取 90 万元作为奖金；如果第二年利润为 1 500 万元，分公司就可以提取 180 万元作为奖金。再到下一年，1 500 万元利润就是存量了，如果分公司还是完成 1 500 万元利润，奖金就只有 135 万元了，相当于奖金相比上一年打了折。按照这种计算方法，分公司每年利润增量至少是上一年利润增量的 50%，才能保证奖金相比上一年不减少。这样就可以激励分公司不断去做增量利润。

该事业部研发组织也如法炮制，采用了类似的融合设计方法，它们用的是虚拟利润指标：

虚拟利润 = 产品内部定价收入 + 技术支持收入 +

新领域战略投入–研发费用

该事业部是软件公司，不涉及原材料成本和制造成本。奖金公式除了系数上的差异，指导思想和分公司完全一样。分公司和研发组织的实得奖金同样要乘以一个均衡系数。以研发组织为例，均衡系数由产品销售毛利、样板点建设和交付成本率下降三个均衡指标折算得出。该事业部通过以上组织绩效与激励的融合设计，当年业绩从过去的年增长率 10% 一下子提高到了 56%。

## 战略补贴和战略投入的融合设计

组织绩效与激励的融合设计要引入两个重要概念：一个是战略补贴，一个是战略投入。

其中，战略补贴是一种业务拓展特殊时期的帮扶机制，比如业务导入期没有产出的情形。战略补贴原则上要在度过特殊时期后偿还，也可以不用偿还，企业要根据实际情况予以确定。

而战略投入是公司在战略方向和长期组织能力建设上的资源投放，部门可以无偿使用，新技术研发就属于这一类。

另外，战略投入还包括以下类型。比如，华为应届毕业生入职后 6 个月内的费用，也计为战略投入，鼓励大家用新人；工厂建设也属于战略投入，但工厂折旧要计入制造成本。

在实际运作中，难免会出现组织绩效和奖金与当初预期出入较大的情形：一种是有的部门组织绩效特别好，奖金可能很多；还有一种是有的部门组织绩效很差，奖金可能很少甚至没有。组织之间出现这种差异，管理层一定要有共识，不能因此轻易推翻以前的分配方案，要看到奖金多的组织给公司创造的价值也多这一事实。即便其中有某些不合理之处，也不过是一次不合理，下一次优化就好了。可以说，这也是契约精神在企业内部的体现。

至于奖金很少甚至没有的情形，华为的经验做法是：部门可以向公司借支奖金，但需要拿出分步还款计划。这是传递经营压力的正确做法。当然，假若出现公司整体业绩没有达到预期的情形，公司就需要将各部门奖金同比例打一个折。从实际操作经验来看，大家对这一点都能表示理解。

### 最后落实到个人分配上

导向增量的绩效与激励的融合设计，最终要落地到每个个体的分配上。企业通过组织绩效考核，实现价值的一次分配；通过个人绩效考评，实现价值的二次分配。那么奖金生成以后，如何分配到组织的每个个体呢？

华为的常规做法是：岗位职级和个人绩效考评结果组成一个分配矩阵，每个人都可以从中得到一个分配权重，分配公式因此可以写成：

个人奖金 = 组织实得奖金 × 个人分配权重 ÷ 组织内所有人员权重之和

每个人的奖金计算出来后，可赋予上级对计算出来的每个人的奖金有 20% 的浮动权力，目的是让奖金分配更好地反映每个人的实际贡献。在项目型组织中，项目成员不存在职级的概念，因此这个分配矩阵中的职级需要用项目中的角色责任来取代。项目角色一般可以分为项目核心成员、项目执行成员、项目支持成员等几类，然后再根据他们的贡献程度形成分配矩阵。

假设有两个同样职级、个人绩效考评结果也一样的人分布在不同的部门，他们的奖金会一样吗？不一样。因为不同部门，组织实得奖金是不同的。

假设组织实得奖金一样，他们的奖金会一样吗？不一样。因为不同部门的人员结构不一样。

假设部门人员结构一样，他们的奖金会一样吗？也不一样。因为上级的调整幅度不一样。

所以，员工之间相互比较是一件徒增烦恼的事儿，关键是和自己的过去比，看到自己的进步就足够了。

顺便提一下，奖金的增加靠的是创造价值增加值，而工资的增加则要靠人效提升。三个人干五个人的活，给四个人的钱，其中一个人的钱交给了平台，剩下一个人的钱由三个人分，这就是工资增加的原因。如果既想加薪，又想多发奖金，那就要既提高人效，又要创造价值增加值。

## 绩效管理的四大误区

对于一个企业来说，要靠什么来推进和实现不断的价值增长呢？当然是有效的绩效管理。但是，在具体实施过程中，很多企业要么错用了绩效管理，要么将原本用来改进个人和组织绩效水平的工具挪作他用，使得绩效管理出现严重误区。

### 第一个误区：KPI 指标导向

在企业当中，普遍存在 KPI 结果好，但企业和客户实际感知不好的现象，原因之一是很多人混淆了 KPI 指标与目标。其实两者是有区别的。

首先，KPI 指标是对目标的不完全反映，不能以偏概全。拿 E/M 值人效指标来说，企业管控 E/M 值的真正目的，是希望人力资源部门把人力资源当作人力资本来管理，实现人力资本增值的目标。围绕这样的目标，人力资源要做的事情太多了，必须从战略人力资源管理的高度，面向企业可持续发展，去优化组织、匹配人才、完善激励、打造文化氛围等，扎扎实实地把人力资本增值给做出来。

但是，如果单纯地从 KPI 指标角度考虑，做事的方式就会大相径庭。比如，你可以把一些人力外包变成成本，E/M 值就改善了，但没有为企业创造任何价值；一些新的业务领域，该投放的资源不投了，也可以改善 E/M 值，但牺牲了企业的未来，这就完全背离了企业的初衷。因此，企业要透过指标看目标，以终为始开展工作。目标达成了，指标一般差不了；目标没有达成，指标再好，也是虚假繁荣。

其次，一些指标型干部思想境界有问题。他们不是目标导向，而是指标导向，满足于短期指标好看，对问题、隐患和系统性风险熟视无睹，甚至不惜弄虚作假。

以华为客户侧指标为例，收入、回款、利润等 KPI 指标背后，其实折射出来的是客户对商业成功的诉求。如果企业不能助力客户商业成功，企业虽然短期可以取得良好业绩，但久而久之必将做空后续的业务经营。

因此，真正责任结果导向的管理者，会懂得将 KPI 指标翻译成客户侧看得见、摸得着的目标、策略、举措和行动，落实到日常的业务实践中。只有那些不负责任的管理者才会干涸泽而渔的事情。

华为有个故事，就能体现出围绕指标和围绕目标做事的不同。

> 华为对驻外机构有一个奖励措施，驻外机构把竞争对手挤出了某个市场，可以获得一定的奖励。有的驻外机构就说："我这里没有竞争对手，是不是可以把竞争对手先放进来，再挤出去，这样我就可以获得公司的奖励了？"

这就是指标型干部的思维方式。打击竞争对手，是要打击现实目标，不是要去自我创造目标。每个人要在各自的业务领域，寻找属于自己的价值和目标才对。

### 第二个误区：认为个人绩效考评结果呈正态分布

正态分布在多数企业里几乎是一种共识，但这的确是一个错误，估计很多公司是受了美国通用电气公司活力曲线理论（也称为"末位淘汰法则"）的影响。

什么是正态分布？按数学上的定义，正态分布是指随机变量与目标之间的偏差的概率分布。正态分布必须满足以下条件。

第一，样本量必须足够大，否则不可能具有统计性。

第二，群体成员目标必须是一致的，否则就不是与目标的偏差，而是各自的偏差。

第三，目标值必须适中，太高或太低都不会呈正态分布。

第四，大家在工作表现上的差异是一种能力上的差异，不像作业类员工那样，是时间投入上的差异。

只有全部具备这些条件，才可能呈正态分布。

在企业组织中，这样的情形客观存在吗？答案是：不存在！原因是每个人职位不同，目标不同，把大家强拽在一起就是生搬硬套。很多企业强制考评比例，硬凑出一个正态分布，这是有问题的。个人绩效考评是对员工已取得的业绩和事先设定的业绩目标相比较后进行的分档，该在什么档位就在什么档位，该是什么比例分布就是什么比例分布，为什么要人为地扭曲大家的贡献，硬性输出一个正态分布呢？我们一定要清楚，所谓考评比例，其实是考评工作完成以后的统计结果，我们不能反过来，把它当成考评的输入条件。

强制正态分布造成的弊端有很多。

第一，轮流坐庄破坏了员工的积极性。

个人考评结果可不可以没有 C 或 D？当然可以。个人绩效考评是肯定而不是否定员工的贡献，大家都超额完成了目标最好；如果非要从中选出 C 或 D，这就是强人所难，平添了管理的烦恼。试想一下：三个登顶的精英人物在拍完照之后，有一个人会被踢下去，大家是什么感觉？

但是，一些企业管理者因为迫不得已或其他缘由，采用轮流坐庄的方式，结果挫伤了一些骨干员工的积极性，让绩效考评沦为形式。

第二，扭曲了一些员工的真实业绩贡献，为后续绩效应用带来很大的困扰。

一些人考评结果不好，但在激励应用时，上级又反馈这些人表现不错，这就是正态分布导致的结果。

第三，不利于对各部门进行绩效管理回溯和改进。

正态分布掩盖了各部门在绩效管理上的问题，如果每个部门都是正态分布，那管理者必然看不到各个部门在绩效管理中的问题，也就无从督促改进。

可能有人会担心，没有比例分布，上级如果虚高员工的考评结果怎么办？

这种担忧纯粹就是杞人忧天。组织奖金确定了以后，进行奖金二次分配是各部门一把手的责任。虚高员工的考评结果，岂不是自己给自己找事？上级若真的不负责任，通过绩效回溯就可以发现问题，强制比例分布是不可能解决主管责任心问题的。作为机制补充，企业可以采用考评结果公示的方式，防止出现考评不公的情况，因为信息公开是最好的监督。

总之，绩效考评是什么分布并不重要，绩效考评真实还原了每个人的业绩贡献才是真正的重点。

### 第三个误区：绩效考评就是人与人比

应该说，各种比较在绩效目标设定的时候就已经进行过了。比如，在绩效目标设定环节，要和市场趋势比较，要和同行比较，要和同类岗位比较，要和过去比较。绩效目标设定以后，就只剩下绩效结果与绩效目标的比较，不存在其他比较。很多人不愿意去做细致的目标设定工作，将绩效考评工作简单化，搞业绩排名。每个岗位面临的情况不一样，排名不可能起到牵引效果。

> 有一家企业，每个月给数百名销售人员搞业绩排名，排名前10%的重奖，排名后10%的淘汰。实施了一段时间，企业发现根本没有效果。排名前10%的人已然处在舒适区，为了给自己留点空间，自然不愿去冲刺挑战目标；排名后10%的人已经被淘汰了，不存在业绩改进问题；排名中间的人，比上不足，比下有余，既得不到奖，也得不到罚，感觉很安全。

这就是人与人比的结果，绝大多数人都处在舒适区，而公司业绩得不到改善。

后来，他们把这些人的当月排名名次作为目标，下个月和这个月的排名名次进行比较，排名每上升一个名次，当月报酬可增加1 000元，反之应减少1 000元。这样效果就完全不一样了，每个人都被激活了。即便排名第一的人，下次也有可能被人超越，没有人敢处在舒适区，从而实现了牵引多数人奋斗的目的。由此还带来了另一个好处，就是公司不需要再另外出钱，只要把排名下降的人的钱分给排名上升的人就好了。

### 第四个误区：无限放大了绩效管理工具的作用

企业有很多的管理工具，比如战略管理工具、领导力管理工具、项目管理工具等。这些管理工具也是各司其职，绩效管理工具只管绩效。但是，很多人动不动就用绩效管理工具去实现其他管理目的，这在无形中就冲淡了绩效管理工具本身的价值。

比如，有的人不服从组织安排，上级用绩效管理工具去解决；员工遇到周边求助，要求人家把任务放进 PBC 里；员工帮领导写 PPT（演示文稿），可以获得好的绩效评价；等等。有一家企业更离谱，他们把员工的日常工作全部用绩效管理工具来管理，对每个人每天的工作进行积分。

可见，绩效管理工具被滥用到什么地步！在他们眼里，绩效管理工具就像一部购物车，什么都往里面装，最终所有人都迷失了自己真正的绩效目标。有一篇《绩效主义毁了索尼》的文章，曾让人力资源专业的很多人怀疑绩效管理是否真正有效。其实绩效是不可能毁了一个企业的，把绩效管理工具泛化使用，才有可能毁了一个企业。

# 第6章

# 增长内核

## 锻造企业文化，激发奋斗者

在《华为基本法》中有这样一段话:“资源是会枯竭的,唯有文化才会生生不息。一切工业产品都是人类智慧创造的。华为没有可以依存的自然资源,唯有在人的头脑中挖掘出大油田、大森林、大煤矿……”从华为的成长历程来看,华为也确实践行了这段话。在每一个发展的新阶段,华为的企业文化都焕发出了新的鲜明特点,而不同阶段的企业文化也基本适应了华为对于企业成长的实际需要。可以说,文化已经成为华为组织的硬核,始终在支撑着华为砥砺前行。

# 以利他的方式利己

在回顾华为的发展史时，任正非曾说："华为以前在和别的公司合作时，一两年后，华为就把这些公司吃了或甩了。华为和其他企业合作，不能再做'黑寡妇'，要开放、合作，实现共赢，多把困难留给自己，多把利益让给别人。"显然，任正非已经认识到，"黑寡妇"式的自私经营模式没有前途，只有与合作伙伴、与对手共同分享利益，同时最大化地保证客户的利益，才能维护健康的产业生态环境。

利己则生，利他则久。企业在经营过程中，只有善于以利他来实现利己，才能保证企业的可持续发展。

## 利他思维：站在客户立场思考问题

很多企业都宣扬要无私奉献，但华为从不把无私和自私对立起来，而是认为"无私是最大的自私"。当一个领导不把功劳归于自己，能够公正评价下属与周边部门的贡献时，就一定会激发出群体巨大的力量，无往而不胜，其结果的最大受益者反而是自己，这就是“无私是最大的自私”的真正含义。

> 有一次我与一位上市公司的董事长吃饭，圆桌上董事长让大家看一个视频来学习一下。视频刚刚开始放映，他就把电脑屏幕背着自己来放置，这样每个人都能随着圆桌的转动来观看。按照一般人的思维习惯，屏幕应该是对着他的，可是他恰恰和一般人的想法是反过来的，他第一时间想到了方便别人，而且事实上这么操作他也可以最大限度地受益。

这就是人与人的区别，很多时候成功与不成功就是“失之毫厘，谬以千里”。很多人不知道，利他思维，其实是为了更好地利己。

华为忠实于自己的客户，从表面上看，这似乎是“利客户”思维，其实质恰恰是利己。因为只有获得了客户的信任，华为的产品才能卖出去，华为才能有收益、有利润。因此任正非说：“是我们始终如一对待客户的虔诚和忘我精神，终于感动了‘上帝’，感动了我们的客户，无论在国内还是在海外，客户让华为有了今天的一些市场……”

很多人喜欢用“说服客户”这样的字眼儿，或者在客户面前说“我解释一下”，这都是客户交往中的大忌。反过来想，如果有人这么待你，你对他有好感吗？“说服客户”的意思是，我不同意你的意见，我希望你采纳我的意见；“解释”的意思是，我是对的，你误会我了。我们的认知与客户的认知，到底以谁的认知为准？按照基本的客户服务理念，在与客户互动中，只有客户的认知才算数，没有人可以与客户的认知争辩，因此我们必须与客户站在相同的立场上说话和行动，才能获取客户的忠诚。客户说价格太贵了，你要顺着客户说：“您说对了，的确贵了些，原因是我们为增强使用者体验增加了一些配置。”客户一听，立场是一样的，彼此就很容易连接。所以我们怎么想不重要，客户怎么想才重要。

然而，为什么很多人在利他问题上走不出来呢？从幼儿园到大学，我们受的教育不可谓不多，可我们发现，一些人越读书，反而越走不出来。君不见，一些大学生走出校园，就端起了架子，连待人接物的常识都没有。记得小时候我们的父母都会说，要去学校念书学文化，长大以后有出息。若干年以后才突然发现，我们在大学里学的绝大多数其实是知识，不是文化，文化是社会学。

可见利他思维是靠后天修炼得来，只有跳出了“本我”和“自我”的人，才算修成了正果。企业组织每天反对的事情，诸如惰怠、不合作、利益侵占等，都是员工文化修炼不够所致。

利他思维中的“他”字，可谓道尽了成就一番事业的全部秘诀。“他”的数量和层次，决定了事业的层次。“他”是谁？企业的“他”是客户，医院的“他”是病人，学校的“他”是学生，政府的“他”是国民，宗教的“他”是信徒……我们不难得出，“他”的本质已经不再是人，而是流量，是连接！连接是一种极其重要的思维模式和行为模式，连接的“他”越多，成就的事业就越大。

一些平台化运作的企业，连接的已经不是价值链而是商业生态，相比价值链的线性机会，商业生态带来的是几何级数的机会。但人们认识到利他和能做到利他是两回事儿，原因是人天性利己，就像看合影照片时，人们莫不在寻找其中的自己。合影如此，人生亦是。所以人尤其需要教化，懂得如何从“小我”中解脱，通过与更多的“他”连接，实现从“小我”到“大我”的人格升华。

## 格局是一种更高层次的利益计算

我们司空见惯的一些例子，特别能说明这个问题。

> 朋友相约吃饭，临到买单时，有人装出很踊跃的样子，可在掏钱时动作总比别人慢半拍；也有一种人，总是趁大家不注意，不知不觉提前把单给买了。如果我们对这两种人做一个跟踪分析，那么大概率结果恐怕是这样的：假装买单的人，人生多半不怎么成功；悄悄地去把单买了的人，反而很多人成了人生赢家。

这就是格局使然。假装买单的人，往往把买单看作以共情为目的的成本投入，一顿饭都心疼不已，格局自然大不了；喜欢悄然买单的人，往往把饭局视作以共情为手段、以共利为目的的价值投资，饭局不过是一种形式罢了，背后指向的其实是积累人脉、获取支持、获得资讯、争取资源、寻求合作等。既然是投资行为，头脑里自然就会有投资回报的计算，所以他们成功的概率比一般人要大是必然的。由此可知，价值思维优于成本思维。在企业，一般来说运营类或执行类的管理者倾向于成本思维；价值思维是领导者的思维，他们决策的依据是整体的趋势而不是短期利益上的患得患失和算计。

可以说，生活中的各种案例都会不同程度地反映出人与人之间的格局差异。我们不禁要问：人与人之间为什么会有格局差异？我们可以归纳出一个共性现象，那就是每个人都有自己的利益计算，然而每个人看到的利益或看待利益的方式却不尽相同。有人价值思维，有人成本思维；有人职业人思维，有人自然人思维；有人全局思维，有人局部思维；有人定位高，有人定位低……不一而足。日常生活中，人们往往会不假思索地把一个人没有格局归咎为这个人自私，多数人思考基本上也就到此为止。这未免有些太过简单了。自私就一定不好吗？未必！自私乃人的自然属性，是基因进化的结果，如果我们还有一丁点儿实事求是的精神，我们就没理由谈“私”色变。我认为自私是推动社会进步的绵绵不绝的内生力量，自私产生需求，需求创造机会，机会成就交易，这是一个内在作用的社会价值链逻辑。正是这套逻辑带动了多姿多彩的经济生态，丰富了我们的日常生活。

企业成熟的标志之一就是谈钱不伤感情，总谈感情却不谈钱，终归伤感情。为什么一些企业创立之初大家齐心协力，发展到一定阶段后反而会发生内讧？很大原因在于利益不透明，利益分配在私密中进行。与其互相猜忌，不如以明规则代替潜规则，摆在桌面上。所以自私不等于没有格局。当然，我们这里说的自私，是一种建立在共赢基础上的无社会污染的自私。同时我也不认为不考虑个人利益就是有格局，因为这违反了人的基本属性，我们必须遵从人性的基本规律。人性的基本规律就是个人利益最大化。原因显而易见，利益是每个人生存的机会！于此我们可以非常自信地推论，一个人没有格局，根本原因其实不在于他无视组织或他人利益，而在于他把个人利益看得太小了。把个人利益看大，才是格局的真谛！

华为的员工股权制就是如此。一些企业不愿给员工让渡公司股权，认为这样就损害了企业的利益。实际上，这是企业在利益计算上出了问题。第一，领导者要认识到，单纯拥有多少股权是没有意义的，蛋糕太小，拥有 100% 的股权又有什么意义呢？关键是把蛋糕做大。第二，凡是不让员工交钱的企业，员工的使命感都会打折扣；交钱了，员工和企业之间就通过利益共同体形成了事业共同体，员工在工作中就会自觉计算自己的长期利益，从而兼顾公司长远利益。但一些领导者据此给员工赠送股份，这又犯了另一个错误，因为但凡赠送的东西，员工心理上都会觉得是额外的，没有代价就没有风险意识，也就不会珍惜。第三，一些领导者真正的担忧是怕失去对企业的控制权，但控制权未必等同于所有权，企业完全可以通过某种合理的机制设计（例如虚拟股权），确保员工与公司风险共担并获得一定的分配权，同时又能确保领导者对企业的掌控力。用员工的钱做生意，如同银行贷款一样，企业可以因此获得杠杆收益，这是双赢而非零和。第四，企业发展壮大了，企业的溢价远大于已分配的实际价值，这是不言而喻的事情。因此，一个会算账的领导者，一定知道给员工适当让渡股权是一件非常合算的事儿，让渡股权看上去无私，但恰恰是这种无私成就了领导者最大的自私。再补充一句，企业不妨围绕主产业相邻领域尝试多种业务模式，设计不同的股权激励，以吸纳员工的闲钱，吸纳得越多，员工的凝聚力和企业价值创造的活力越强。

综上所述，努力把个人利益看大，格局才会大。没有哪个企业不期望员工有格局，但员工的格局从何而来？通过观察发现，员工的格局与他们在企业里的工龄、履历和教育等因素没有必然联系，员工格局的提升很大程度上取决于他们在职业发展和经济报酬等方面的满足程度。也就是说，格局与欲望的满足有关。

世界上有一样东西和欲望是类似的，那就是质量。根据相对论理论，质量随速度的增加而增加。同理，随着欲望的满足，员工的欲望也会增加，这时员工自然会去琢磨如何通过做大自己的贡献来兑现更大的欲望。因此，格局从来不是自然增长的结果，而是不断激活欲望的结果。很难想象一个初级员工在企业经营上会有石破天惊的构想，因为他觉得这些离自己太遥远。企业由此获得的启示是，企业要通过各种手段激活员工的欲望，从而达到放大员工格局的目的。一个不舍得激励的企业，员工格局从何而来？

## 以共识创造效率

为什么共识很重要？因为合作的前提是信任。信任有两个关键点：一是人际距离，二是共识偏差。如果人际距离很近，即使没有共识也容易达成合作；但如果双方有高度共识，哪怕人际距离很远也不会妨碍合作。显然，企业里发生的主要是后者。

企业一般有几项关键共识，做不好执行力一定大打折扣。一是思想。思想权是最大的管理权，最高管理层必须对信念坚定不移，否则上面不能取信于人，下面也会更加不信。二是战略。企业的普遍现状是高层认为有战略，而中基层认为没有战略，为什么造成这种共识偏差？原因就是企业根本就没有一个建立战略共识的过程，战略只存在于高层的大脑中，没有反映在中基层的业务计划里。三是变革。变革表面上是变革组织运作关系，实际上是变革组织利益关系，因此凡是没有高层强力推动、没有利益关系人管理的变革，效果都好不到哪儿去。

在企业，共识首先是思想共识，因为思想决定行为，行为产出结果，没有思想共识，行为和结果就可能偏离。企业文化建设就是试图在员工中建立思想共识。

企业文化建设很容易让人联想到洗脑。其实人从出生那天开始，就在被洗脑，所以洗脑并不是什么贬义词，至少是一个中性词。不往大脑里“写入”一些东西，婴儿如何能适应这个陌生的世界？同理，员工入职到一家企业，也需要进行企业文化洗脑，在员工中建立一些共性的思考和行为模式，方便其更好地适应企业运作。用拔河来打比方。拔河的时候，我们喊号子，到底喊“一二”好，还是喊“一二三”好？其实喊啥都不重要，关键是大家一起喊。企业文化建设就是要达到这样的效果，让大家在一些共性问题上建立起基本的共识，以共识创造效率。但你是否在心里也认同：这可未必。也许你觉得喊“一二”好，但既然集体决定了喊“一二三”，你就得服从。企业的愿景、使命、核心价值观等，就是企业的“一二三”，它们不是拿来认同的，而是拿来在工作中遵从的，而且它们只是在企业内部需要遵从，下班之后就无所谓遵从不遵从了。

所以，在华为内部，企业文化建设一直都不是为了消灭个性，就像我们前文提到的，华为在用人时要学会包容“歪瓜裂枣”。企业文化建设的重点就是要剔除那些没有共性的个性，因为它们是组织的破坏力，不剔除就会造成企业的熵增。在企业，没有共性的个性实在是数不胜数，这里我略举一二。

比如，人格与制度。人格就是个性，制度就是共性。企业明明有相关规定，可就是有人爱做“独行侠”，我行我素，认为自己的做法才是最好的。执行制度和政治正确哪一个重要？在企业，政治正确是上级的主责，下属的主责则是服从，所以对下属来说，执行制度大于政治正确。下属有不同意见，可以以适当的方式向上级反馈，但如果上级不予采纳，下属则必须无条件服从。依照系统论的观点，局部最优不等于全局最优，局部必须服从全局，这是理所当然的，所以人格必须接受制度约束，否则制度就失去了它的效用。一般来说，人格只有在制度形成初期一定程度上代表制度，因为这时共性的制度还未形成；制度一旦形成，就成了组织的共识，全体人员必须在制度的约束下规范作为。组织运作如同我们在路上行车，自由是以秩序为前提的。

华为有个很有名的事件，就是一位刚入职不久的员工给任正非写了一封洋洋洒洒的“万言书”，大谈公司的经营战略问题，最终任正非给出的批复是：“此人如果没有精神病，建议辞退。”每个人的位置都决定了这个人的视野，一个刚刚进入企业的新员工，即使视野广阔，也无法全盘看到企业的问题。此时不认真做好自己的本职工作，反而自诩能力出众、鹤立鸡群，能够帮领导者解决企业所有问题，显然是缺乏共性的个性使然。

再比如，自然人与契约人。组织中普遍存在在其位不谋其政的现象，就是我们常说的不作为。从进化论的角度讲，不作为是人在面对外部生存挑战时的一种自然反应，因为一般情况下，人会根据自己的利害得失来决定自己的行为，一旦感知到某种外在威胁，人们就会习惯性地做出某种防备措施来进行自我保护。不作为一般表现为遇到困难要么熟视无睹，要么习惯性地放大外部的困难，以此作为自己不作为的理由。但这些人忘了，身为组织的一员，自己已不是自然人，而是契约人，契约人就应当有契约人的思维。契约人的共性是责任，契约人必须适当地让渡自己的自由，以兑现那份事先约定的责任。之前提到过，组织好比一个互赖矩阵，不作为的现象会让组织的某个局部坍塌，从而让组织失去战斗力，所以任何组织都不能容忍不作为现象的长久存在。建立思想共识，是一个持续学习的过程，不能一蹴而就。

建立思想共识还有一个难点，世界上没有人能改变别人，一切改变都是员工自我意识到而做出的改变，我们充其量只能做一个影响者。所以建立思想共识是硬件而不是软件，是绝对的硬核工程，必须坚持过程导向，配套各种鲜活的方式方法，反复抓，抓反复，唯有如此，才能潜移默化，渐见成效。

# 企业的基本假设

从文化角度来说，一些价值观听起来相同的企业，其行为和结果可能完全不同。比如“客户利益第一”“产品做到极致”“承担社会责任”等，大家说起来都认同，但真正遇到冲突时，人们在潜意识中就会做出具有差异性的行为。原因就在于一个人最根本的或者企业文化当中最底层的部分叫作基本假设，而这恰恰是人们行为和价值观的终极来源。人与人之间、企业与企业之间，真正的差异皆源于此。

## 基本假设是企业的元规则

合作、分工、利他等底层价值观，在全球任何企业都是普适的，不会有争议，真正的争议点出现在实现方式上。中国人认为，合作、分工、利他等价值观可以在自己的人际圈里很好地发生作用，所以中国文化又被称作“圈子文化”。但圈子只是表象，本质上是中国人持有群体思维的基本假设，表现在工作安排上，就是突出人际关系导向，喜欢先看人，再定工作要求，因人设岗而不是因岗用人。

持群体思维基本假设的企业，制度建设一般都偏弱，因为它们认为能人可以弥补制度的缺失。但人与人之间的合作未必一定要限制在某个圈子里。只要彼此有共识，哪怕素昧平生，相互合作也可以不受影响。这样我们就可以从一个更加广阔的视野来重构人与人之间的关系，扩大人与人之间的连接，从而为我们的工作和生活创造无限可能。这就是西方文化的特点。西方文化的基本假设是个体思维，即个体可以不受人际圈子的束缚，理论上可以无限拓展其人际范围。个体思维表现在工作安排上，就是突出工作任务导向，先定工作要求，再定人，因岗用人，而不是因人设岗。

持个体思维基本假设的企业，比较注重制度建设、重契约，因为它们认为信任必须以不信任和制度约束为前提。可见基本假设在工作和生活中的决定性作用，它是规则背后的元规则。

企业的基本假设是企业文化的始发点。我们不妨用洋葱模型来形象地描摹企业文化的大致结构：首先，洋葱外围代表企业活动、企业形象、企业氛围、员工态度、员工行为等外在直观的事物，它们构成企业文化的表层；其次，洋葱中间代表企业的愿景、使命、核心价值观、经营理念、管理制度、行为规范等企业机制，它们构成企业文化的中层；最后，洋葱内核代表企业存在的基本假设，它们构成企业文化的核心层。一个企业的文化，说到底是领导者的文化，所以企业的基本假设，说到底也是领导者的基本假设。

下面我们逐一分析企业里几种常见的基本假设，如果基本假设出了问题，就会不可避免地给企业造成硬伤，甚至带来无法弥补的后果。

## 共情与共利

在中国，倡导家文化的企业不在少数，有的企业甚至喊出“一进企业门，就是一家人”的口号。“家文化”最大的问题就是模糊了企业责权目标的主线，把情感契约放在了突出位置。企业成员更多地是以人际距离视角来思考和行动，容易出现人浮于事、压力传递困难、不能选贤用能等弊端。在一些家族企业里，这些现象尤为突出。倡导“家文化”的企业，容易混淆激励和福利的界限，导致企业背上太多福利的包袱，而员工则把这些福利视为理所当然。

按照现代组织理论，一个有效的组织应该是正式组织与非正式组织的叠加态，即以责权目标为主线，同时兼顾企业与员工之间、员工与员工之间的情感契约。“家文化”的存在的确具有一定程度的合理性，原因是很多领导者在创业初期企业规模小，从投入产出角度出发，企业根本不具有建立现代企业管理的条件。所以，“家文化”对初创企业而言不仅有效，而且是企业成本最低的管理资源。但初创企业的规模不能一直保持这么小，否则会因缺乏竞争力而丧失活下去的基础，企业必须发展壮大。可企业做大规模以后，如果缺乏现代化的管理，则无法抵御企业规模带来的熵增，人才、技术、资金等无法形成企业可持续发展的力量。所以对规模企业来说，“家文化”必须适时地让位给现代企业管理，此时的企业再也不能简单地靠亲情来维系企业运作。

从“家文化”过渡到现代企业管理，是对管理者的巨大考验。首先，管理者不能无情，否则就会让很多员工伤心，导致组织产生离心力，所以企业的制度只能渐进优化，不宜急功近利；其次，管理者也不能钟情，温情脉脉不是管理，钟情意味着管理上的原地踏步；最后，管理者应该学会忘情，责权目标在先，情感契约在后，两者顺序不能颠倒，总想着顾全每位功臣的历史，企业不可能有未来。

## 人性化管理与基于人性的管理

很多人对人性化管理的理解是，建立一个相对宽松、自由、信任的组织环境，让员工感觉相对舒适，这样员工的工作激情、工作效果才有保证，才能充分发挥员工的创造力。

市面上很多流行的管理书籍，甚至不惜列举大量西方公司人性化管理的实例来支撑这一观点。一些企业倡导“以人为本”，虽然表述方式不同，但与人性化管理其实是一个意思，至少在企业的管理实践中我们没看到它们有多少实质性的区别。这里需要指出的是，有一家跨国企业曾经喊出“科技以人为本”的口号，这里的“以人为本”与上面提到的“以人为本”不是一回事儿，这里的“以人为本”是“以客户为中心”的意思。

第一，员工满意并不代表客户满意。

无论是“人性化管理”还是“以人为本”，在现实中持这种基本假设的企业，执行力往往都不尽如人意，员工的满意非但没能带来客户的满意，反而员工责任心的下降造成了客户满意度的下降。最后大家错愕地发现，“满意的员工”和“满意的客户”之间根本没有必然的因果关系，员工满意并不等于客户满意，员工不满意也并不等于客户不满意。为什么人性化管理效果不彰？原因是很多人性化管理只是让员工感觉到某种放松和自由，并没有给员工带来工作的压力和张力，员工身处其中反而有一种组织涣散之感。

第二，人性化管理的实质是基于人性的管理。

通过之前的分析，有些人可能会提出质疑：人性化管理难道错了？其实不是。错误不在人性化管理本身，而在很多人曲解了人性化管理的真正含义。人性化管理是指根据人性的特点设计的企业机制和制度，从而让机制和制度变得有效。换言之，人性化管理是通过某种机制和制度设计，实现对人性的因势利导，让人性最大限度地为企业服务，让管理效用最大化。所以人性化管理的实质应基于人性的管理。

赋予人性化管理新的诠释，可以有效地指导企业管理实践。比如，人都有趋利避害的天性，一般情况下，少有人愿意被企业派遣到艰苦的国家和地区工作，但如果企业愿意出价，主动把艰苦国家和地区的工作补贴提高，把员工在艰苦国家和地区的工作经验与员工的晋升进行关联，自然就会有更多的员工愿意为此付出。

> 2013 年，华为刚果代表处取得了突出业绩，其销售收入在华为东非地区排名第一，并且实现了所有的订货和市场目标。为了表彰这里所有员工的艰苦奋斗精神，刚果代表处举行了一次表彰庆祝大会，及时地奖励了贡献者。
>
> 这次表彰大会不仅中外员工都可以参加，其家属也全情参与，代表处还提供了 20 部华为 Ascend P6 手机作为抽奖奖品。这一系列活动不但增进了企业与员工的感情，更增加了员工的自豪感和企业归属感，激发了他们继续为企业创造价值的决心和信心。对此，任正非表示：“华为能够依靠的只有华为员工，华为一定要对得起每一个为华为奉献青春与汗水的工作者，让每个人都分享到公司的成功。”这就是一种基于人性的企业管理模式。

再比如，如何计提销售人员的业绩奖励？一般企业的惯常做法是，员工这个月做了 100 万元的业绩，当月可享有比如 5% 的提成比例；做了 200 万元的业绩，高出 100 万元的部分当月可享有比如 10% 的提成比例；等等。这些做法都是按照业绩梯度来进行提成的。这种制度设计具有一定弊端，员工业绩做上去了当然好，做不上去也没有太大的压力，毕竟员工只是想得到，若得不到也就算了。而且员工一旦某个月获得了较高的提成，可能就会滋生下个月歇一歇的想法。

一家电商企业将上述制度设计稍微做了优化，产生的效果就完全不同了。其核心思想是：根据员工当月业绩，决定员工下个月的提成比例。这一制度设计的精髓在于把员工相邻月份的业绩和收益进行了关联，让它们环环相扣，形成递进影响，从而把员工的业绩不断推向新高。假如一个员工当月业绩很突出，下个月他就可以获得比以往更高的提成比例，从个人利益最大化的角度看，他一定会思考如何竭尽全力，下个月做出更大业绩，获取更多的提成。这样的机制就充分利用了人合法逐利的天性。

可见，管理不是为了追求员工满意，而是为了追求员工担责。把员工满意当成管理的目标，就是搞错了方向。即便一些公司刻意营造某种人文关怀的工作环境，本质上也是为了更好地获得产出。

第三，合乎人性规律的管理有一种引导人性的力量。

人的自然之性本来是没有善恶之分的，善恶之分是相对于社会利害而言，有利则谓之善，有害则谓之恶。人性善恶论讲的是人的社会属性，而人的自然属性是利己。利己是一种生物本能，是客观存在的，自然属性既可以向善发展（比如以利他的方式利己），也可以向恶沉沦（比如损人利己）。

企业对人性的理解不同，管理方式也不同。

比如，企业对于发展关键岗位接班人的问题就是各有各的做法。第一种是领导者给干部讲道理，“如果不发展自己的接班人，你就一直无法脱离现岗位，自己累不说，未来也不可能升职”。显然这是人性本善论领导者的管理风格，期望通过大家的自我修身解决问题。可想而知，这样的结果一定不好。造成问题的原因，怎么能成为解决问题的答案？所以当领导者训话干部时，很多干部的心里往往是这样想的：“上面的职位本来就少啊，升职未必轮得到我，还是保住现在的职位要紧，别被人抢走了。不过话说回来，领导哪天真的要给我升职，我可以先兼职一段时间，再发展接班人也不迟。”特别是那些有个人英雄主义情怀的干部，更希望保持自己的唯一性，而不愿意发展接班人。这就是这些领导者感到期望越高、失望越大的原因。

第二种是领导者给干部定规矩，比如每个干部要发展一名接班人，否则将被评为不称职，并将之纳入个人绩效考评，进行专项管理。这是人性本恶论领导者的管理风格。这样做看似力度大，最后结果也不会好，因为大家从内心觉得这个事情再重要，也不如工作中的实绩重要，只要实绩好，这些都不会构成大问题。像干部发展这样的软性指标，很难评价做得好或做得不好，逼急了，弄个人去充数，然后再搞几个学习发展活动，对付一下，是很容易过关的。最后企业在发展接班人方面管理成本是花了，得到的却是虚假繁荣。

第三种是领导者从人性的角度分析干部发展接班人的内驱力，发现干部真正的意愿是发展他的下级接班人，而不是自己的接班人，因为他担心下级可能撂挑子不干影响自己的业绩，得随时准备接班人，避免工作被动，而且发展下级接班人，不会影响自己的职位安全，有利无害。企业领导者认识到这一点后，便让上级提名下级的接班人，同时配套相应的干部继任计划，帮助上级做好下级接班人的发展工作。这种合乎人性规律的管理，不再是一种约束力，而是一种引导人性的力量。

华为就是用第三种方法来发展接班人的。从 1994 年成功研发出 C&C08 交换机以后，华为便开始执行轮岗制度。这种制度不是简单地从一个岗位到另一个岗位，更不是流于形式，而是易职、易岗、易薪，全方位推倒重来。这就给员工带来了很大的压力，但也促使员工越发注重自己，提高工作效率。

对于这种做法，任正非认为，“过去的传统是授权一个人，因此公司命运就系在这一个人身上……非常多的历史证明了这是有更大风险的”。所以，华为不但采取轮岗管理制度，还要求各部门管理者积极培养自己岗位的接班人，帮助下级成长，下级才干的发挥与对优秀人才的举荐，是决定上级管理者晋升与人事待遇的重要因素。这样一方面可以激发企业内每一位员工的责任意识和进取心，拓展其职业宽度；另一方面，还有利于人才的“之”字形成长，便于企业培养复合型人才。

## 员工幸福与商业成功

企业是一个功利组织，以满足客户需求为功，以获得利润为果，企业本质是追求商业成功，而不是员工幸福。尽管这个观点不太符合很多人的需要，但事实就是如此。试问，企业若没有商业成功，员工的利益诉求将如何依托？不过话说回来，企业要实现商业成功，却又谈何容易。伟大的背后都是苦难，那些获得商业成功的企业，人们看到的往往都是它们表面的光环，看不到的却是企业内部全体员工艰苦卓绝的努力和前赴后继的执着追求。

第一，不是直线最短，而是曲线最短。

从过程和结果的两个维度看，成功其实是一种“不得不”的选择，我们不妨看看这两个维度下的4种情形：一是过程舒服，结果也好，这大概是每个人的梦想，但这就像天上掉馅饼，几乎没有可能发生；二是过程舒服，结果不好，这种情形应该没人想要，但现实中很多人就处在这种情形中，得过且过以至不能自拔；三是过程不舒服，结果也不好，这是最坏的情形，当然没人想要，但处在这种生活状态的人也不在少数；四是过程不舒服，但结果好，这应该是成功最真实的情形，很多人虽饱受过程的煎熬，却不得不承认，成功路上没有捷径，迈向成功的彼岸不是直线最短，而是曲线最短，幸福是奋斗出来的这句话一点不假。

华为高级管理顾问吴春波在评价华为时曾说：“我于1995年进入华为，那时华为的创始人任正非就像一个土匪头一样，带着一帮穷人抢粮食，先在村里抢，抢一笔算一笔。抢着抢着，村里庄园抢完了，接着任正非就带着这帮人进城，一进城吓个半死，因为城里的市场早被跨国公司切割了。这时任正非才发现，他带的这帮人要跟正规军打，不可能取得战略上的胜利。所以，他提出一个口号：‘脱下草鞋换皮鞋，把这帮土八路改成正规军’。”

所以这个把“土八路”改成“正规军”的过程肯定是不舒服的，刚开始不用说，组织问题凸显，这时更需要正规化的管理才能提升企业竞争力，于是华为开始了组织管理变革。对此，任正非曾慨叹道：“刚刚创立华为公司时，如何组织起千军万马，对我来说是个天大的难题。”

好在华为一直都在坚持走“自救”之路，过程虽然痛苦，但完成变革之后的结果却是相当显著的。

第二，员工幸福不能完全成为企业的追求。

企业成功就意味着员工一定幸福吗？未必！企业成功只能说是为员工幸福提供了更多的条件和选择，但不能说员工就一定幸福。要理解这一点，我们先要理解什么是幸福。

幸福分两种，一种幸福叫“适度匮乏后的满足”。比如，员工有了工作成绩，因此得到了升职、加薪或组织认可；生活本来没着落，突然找了份好工作，从此生活有了保障；等等。曾经一段时间没有的东西，突然拥有了，人就会内生出一种幸福感，但这种幸福感具有边际效应递减的特点，比较浅层，随着时间的推移，这种幸福感会渐渐减弱，乃至消失。

另一种幸福叫“未来的意义”。比如，当前工作虽然报酬一般，但对积累工作能力非常有帮助；在一个前景看好的大行业企业平台工作，会有更多的发展机会和更大的施展空间；等等。人一旦感知到某种未来的意义，就将不再视之为一种浅层的快乐，而是一种深层的自我激励和满足感。随着阶段性成功的不断实现，这种自我激励和满足感会不断得到强化。

不论是“适度匮乏后的满足”还是“未来的意义”，幸福在本质上都是一种认知，即与我们看事情的角度有关。就像林黛玉看见落花，触景生情，想到了伤春，发出“花谢花飞花满天，红消香断有谁怜”的悲叹；而积极的人同样是看见落花，却想到了“化作春泥更护花”，这说明心境决定了我们看到的风景。由此可知，幸福只与自己有关，与别人其实没有太大的关系。企业领导者又怎么能搞定员工的幸福呢？持这种想法的企业领导者，只会最后把自己搞得灰头土脸，因为他们实在是想多了。

员工幸福不宜完全成为企业的追求，但不等于说员工的幸福不重要，幸福完全可以作为员工个人的追求，企业可以为员工追求幸福创造平台和条件。

> 2012 年，华为某项目团队攻克了多年未能拿下的大客户，中标近 10 亿美元，公司因此奖励该项目团队 700 万元。在正式签订合同后，任正非表示应该再奖励团队 1 000 万元，当时该地区部总裁认为，上次已经奖励过了，这次就不要了，请大家吃个饭就行了。结果任正非非常生气地说："你自己吃饱了就不管兄弟们死活了？那我天天请你吃饭，你把你的奖金、股票、工资都给我。兄弟们在一线拼命不容易，要给大家分好钱……"

所以，企业经营的目的不是追求员工幸福，但企业的发展却可以让员工获得更多幸福。

## 公平与效率

功利组织的特点就是讲效率，而不是讲公平。企业里有很多做法看似不公平，其实很合理。

新员工转正以后，就与相同层级的老员工站在同一条起跑线上接受挑战，这公平吗？不公平，但企业就是要通过这种丛林法则，倒逼新员工快速成长。

企业从社会上获取人才的机会成本逐年上升，导致新老员工之间出现工资倒挂现象，这显然不公平，可是企业如果不引进人才，将如何可持续发展？企业如果在引进人才的同时不假思索、静态地去解决工资倒挂，则又必然导致人力成本不受控制地攀升。解决上述问题的出路是什么？出路只有一个，就是企业必须将解决倒挂与企业的效率关联起来，比如三个人干五个人的活，给四个人的钱，只有效率提升了，才能兑现员工的涨薪。这里面的指导思想就是，设法把工资倒挂这种“压差”，成功地转化为员工进一步提升业绩的“势能”。当业绩问题解决了，工资倒挂也就自然解决了，唯有如此，企业和员工才能实现共赢。

开发新市场时，有人撞了“狗屎运”，碰巧遇到一个好客户，签了一个大订单，这公平吗？不公平，但企业就是要鼓励这种偶然性，因为消灭了偶然性，就不会有必然性。一些企业针对这种情况，非要摆出一副鸡蛋里面挑骨头的架势，搞平衡，还美其名曰是公平，这完全没必要，且得不偿失。人性中都有投机心理，只要这种投机是合法的，企业和员工能实现双赢，企业就应当鼓励。华为把这种现象称为“抓住稍纵即逝的机会窗”，允许偶然性存在，允许在员工中创造意外，因为没有偶然性和意外发生的企业是没有活力可言的。不断发生偶然性和意外，才能可以激发员工对成功的追求和想象，就像企业不断有年轻的基层干部被破格提拔到了关键岗位，对其他年轻人会起到极大的鞭策和激励作用一样。

部门完成与上一年度同样的目标，所得奖金却比上一年度减少了，这公平吗？不公平，但这就是企业，企业必须设法提升每个组织单元的产出效率，这样企业才有活下去的基础。企业存在的基石，就是要把社会的低效单元转换为高效单元，这意味着企业必须比外部更加高效才行，因此各组织单元不断提高单位投入的产出效率绝不是企业心血来潮，而是由企业的商业属性决定的。评估企业是否高效，可以有人效、毛利率、周转率等指标。企业要谨防出现只谈增长率和市场占有率的所谓效率管理，避免不计成本地投入造成低效。

对企业来说，效率优先就是公平。公平意味着可能要对各项业务活动进行精确计价，这无疑是一项烦琐而复杂的管理工作，且会衍生出大量的管理工作量和管理成本，得不偿失。从人性的角度看，公平很多时候只是人的主观认知，且每个人对自己的认知往往大于别人对他的认知。所以，绝对客观的公平是不存在的，公平只存在于组织公认的价值标准和规范体系中，并随价值标准和规范体系的演变而演变。与其静态地讨论公平，还不如提高企业的效率，大家都能获得好处。所以谈效率优于谈公平，效率可以对公平起到很好的降维管理效果。

这里顺便说一下平衡与打破平衡之间的关系。平衡不是没有意义的，平衡的目的是保证企业是一个整体。尤其企业在初创期，大家都处在饥饿状态，大的利益还没有显现，再加上没有完善的制度和平台，工作界限不分，组织流动性大，各种矛盾交织，个人英雄主义抬头……这时候平衡确实可以起到很好的整合或黏合作用。但平衡不是公平，充其量只是一种平均。随着企业的进一步发展，企业的利益和生存压力越来越大，如果继续执行平衡政策，就会平衡出一堆懒人，导致惰怠，最痛心的是导致能人纷纷出走。这时候组织必须适当打破平衡，拉开差距，激活组织。

# 思想比产品更具有穿透力

从 1987 年创立至今，华为已经走过了 30 多年。而这 30 多年的实践表明，华为从来没有一个固定的老师，它向美国人学习技术创新，向德国人学习做事严谨，向日本人学习精益求精……一个企业，只有积极吸收优秀的管理思想和管理经验，拥有良好的企业愿景、使命与核心价值观，再结合企业发展的实际情况，制定相应的制度与规范，真正做到服务于客户，才能在市场上获得竞争优势。

## 愿景：众里寻他千百度

企业不能没有愿景（vision），没有愿景就没有“未来的意义”，不能给人激动人心的力量，更谈不上有号召力。企业愿景的核心是要回答“我们的事业是什么”（what）这一问题。所谓“我们的事业是什么”，其实就是告诉和吸引客户，企业能为他们解决什么问题。

好的愿景也是最好的营销，能够给客户一种强烈的带入感。就好比大街小巷卖糖葫芦的，喊一声“糖葫芦”，马上会让人有一种香飘飘口感的联觉产生，从而引来很多人回眸。那些回眸者就是客户，愿景就是要达到这样的效果。一家叫乔诺商学院的咨询公司提出的愿景是“成就下一个行业领导者”，这个愿景对那些有梦想的企业无疑有着极大的吸引力，因为它喊出了这些企业家心中对商业成功的渴望。

企业在提出愿景时，至少要基于客户的价值提出，而不能基于企业自身的价值提出，打通了客户的下游，客户就很容易选择上游。但一些企业把“成为行业领导者”之类的作为自己的愿景，显然它们不知道愿景在企业里到底能发挥什么作用。这样的愿景只是一厢情愿的愿望而已，除了自娱自乐，别无用处。试问一个把自嗨挂在墙上的企业，会对客户产生吸引力吗？同时还要注意，愿景区隔出来的客户，在数量和质量上一定要能支撑企业可持续生存，否则这个愿景就没有意义。比如，苹果公司的愿景是“让每人拥有一台计算机”，它把全世界的人都圈进去了，足够苹果公司兴盛许多年。而华为的企业愿景是“构建万物互联的智能世界”，这样的愿景足显华为的泛在商业诉求和霸气。

愿景比目标更远、更魔幻，所以愿景应该介于可实现和不可实现之间。如果能实现，它就只是目标；如果不能实现，它就只是谈资。归纳起来，好的愿景是对客户的召唤，是客户心中的未来图景，以及客户未来图景下的企业的投影。

## 使命：舍我其谁

使命（mission）是企业存在的理由，企业使命的核心是要回答“客户为什么选择我”（why）这一问题，即企业的独特价值在哪里。

前面讲的那家咨询机构提出的使命是“让有追求的企业实现长期有效增长”，这个使命提得特别到位。那么如何评价一个企业使命好还是不好呢？按照欧洲管理泰斗弗雷德蒙德·马利克的观点，使命一般有三个要素。第一，使命必须由需求驱动。很多企业都面临成长的烦恼，这个使命不正是雪中送炭，成为它们的解药吗？第二，使命必须有足够的能力。没有能力，就不能兑现对客户的承诺。能力代表实力，实力才能换来客户的认可与尊重。赢得客户的最高境界是什么？就是企业自己要足够强大，因为没人愿意把一份合同托付给一个不值得信赖的弱者。第三，使命必须给客户展现自信。给客户展现自信，客户才会选择相信。所以一个好的使命必须由需求驱动，必须能力足够，必须展现自信。只有做到了这些，企业存在的理由才充分，企业才有资格在客户面前自信地说出“舍我其谁”！

此外，愿景和使命是有因果关系的，不能颠倒。愿景在前，使命在后。比如“打土豪分田地”，“分田地”可以是愿景，一喊，大家全来了；“打土豪”可以是使命，“分田地”是要大家通过“打土豪”去实现的。愿景和使命颠倒了，号召力也就没了。一些企业把愿景和使命的顺序颠倒过来，就是没有理解到使命其实是对愿景的承接。

## 核心价值观：大河有水小河满

如果说愿景是企业与人类（或客户的客户）的对话，使命是企业与客户的对话，那么核心价值观则是企业与员工的对话。企业的员工来自五湖四海，成长环境、教育背景各不相同，思考和行为模式也各异，企业若不建立一套思想和行为的语法系统，大家在一起就很难高效地分工合作。核心价值观就是这样一套语法系统，借由核心价值观的教化作用，唤醒员工的心灵，让员工的思想和行为符合企业期望。

员工为什么愿意被教化？如果教化不能给员工带来好处，教化将不可能有效。管理层必须清醒地认识到，利益是员工生存的机会，也是员工从四面八方走到一起的原因，因此企业不应教化员工通过放弃个人利益来服从组织利益。比如“不计个人得失”之类的教化，可以说基本起不到多大作用。按照亚当·斯密《国富论》的观点，利己心是人类一切经济行为的推动力。前文我们也说到，利己是人的自然属性，所以唯有顺应人的自然属性，予人更大增值和更多实惠的教化，才会被他接受和内化。核心价值观就是要着力于此，它算的是利益账，它并不直接影响员工的利益，而是抄底去影响员工对利益的看法，从而帮助员工建立正确的利益观。

我们不妨以华为核心价值观（以客户为中心、以奋斗者为本、长期艰苦奋斗和坚持自我批判）为例，来看一看其中的算账过程。

## 以客户为中心的算账逻辑

客户是企业价值之源，只有客户感觉到价值剩余才会选择买单。蛋糕不是企业从客户那里抢来的，是客户心甘情愿地从它的大蛋糕中切出来的，所以客户利益和企业利益本质上没冲突，要把矛盾对立转变为矛盾统一，实现与客户的共赢。只有把客户的蛋糕做大了，企业的蛋糕才会跟着变大，因此企业要设法助力客户的商业成功。

总而言之，为客户创造价值，就是为企业和自己创造价值。一味强调为企业或个人创造价值，而忽略了客户价值，企业和个人价值也就失去了根基。强调以客户为中心，不过是把天平往客户那边倾斜了一些而已，即便华为提出“以宗教般的虔诚对待客户”，也没见华为员工因此完全不顾企业和个人利益。

### 以奋斗者为本的算账逻辑

企业为客户创造价值，就必须讲效率；讲效率，就必须崇尚强者；崇尚强者，就必须把发展机会、激励资源向奋斗者倾斜。结论就是，企业要建立不奋斗、没有交换价值的员工就没有出路的机制。

### 长期艰苦奋斗的算账逻辑

企业长期生存是员工可获得持续生存资源的基础。企业要长期生存，不仅当下要创造价值，还要把一部分当下创造的价值转化为长期生存能力。生存是一个艰难的过程，挑剔的客户，激烈的竞争，充满不确定性的环境和未来，不断上升的社会成本，人才的吸引和保留，内部熵增，员工成长的冲动，等等，这些因素叠加在一起，足见企业生存压力与日俱增。让员工感同身受地认识到企业要实现商业成功，唯有长期艰苦奋斗，企业不能变成老员工休息的地方。当然，这里的“艰苦”特指思想上的艰苦，即通过创新和创造性的服务产出高价值。

### 坚持自我批判的算账逻辑

趋势的转变是一个企业生死存亡的关键，企业不能做昙花一现的英雄。成功是面向过去的，过往的成功不是未来前进的可靠向导，所以企业要谨防经验主义。只有自我批判才能自我进化，企业不能刻舟求剑，必须在实践中提高对业务发展规律的认识和把握。同时，自我批判不是自我否定，而是不断扬弃和成长。开放、包容、实事求是才是自我批判的前提，要营造包容试错、不容犯错的文化，鼓励经过组织确认的大胆尝试，允许偏差，在不完美中无限逼近合理。因此在华为看来，自我批判就是一个企业最大的战略储备！

此外，核心价值观也可以看作一种利益上的合理安排。以客户为中心，是客户与企业间利益的合理安排；以奋斗者为本，是做出不同贡献的员工之间的利益的合理安排；长期艰苦奋斗，是员工与企业之间利益的合理安排；坚持自我批判，是企业短期与长期之间利益的合理安排。企业只有把各种利益关系安排好了，才能焕发活力。

总之，核心价值观是对“以利他的方式利己”思想的具化，它最后留给员工的是一种心理契约——大河有水小河满。人类价值浩如烟海，客户价值是江河，企业价值是湖泊，员工价值是径流，每个人既贡献人类价值，又共享人类价值。

## 经营理念：调节生产关系，解放生产力

企业一般都有自己的经营理念，因为经营理念是企业管理的总纲。但经营理念对准什么目标，这个问题很少有人拷问。但凡不清楚目标，理念就会沦为空谈。我们知道，企业是承载社会生产活动的器官，而生产力和生产关系是社会生产活动的两个方面，因此经营理念对准的目标就是调节生产关系，解放生产力。经营理念的提出，理论上应聚焦生产力三个方面的诉求。

第一，企业要由外往内看，调节好与外部的关系。华为的业务管理哲学就是调节企业与客户之间的关系，强调要聚焦客户需求和客户价值，构筑企业的产品力和业务运营。为此，华为提出了“产品发展的路标是客户需求导向，企业管理的目标是流程化组织建设”的理念，强调产品必须满足客户需求，技术是实现客户需求的手段和工具，不能工具最

大化，这样做出来的产品才能有人买、有钱赚；同时要从客户需求出发，梳理流程和组织运作，流程调用组织，组织适配流程。

第二，企业要调节好与内部的关系。华为的人力资源管理哲学就是调节企业与员工之间的关系，希望用激动人心的理念、目标和机制把员工团结在一起，形成聚焦商业成功、前赴后继的战斗队列。华为为此提出了“人力资本增值优先于财务资本增值”的理念，强调企业最核心的资产是人，人是一切资本的携带者，人力资本增值是其他资本增值的前提。可以这样说，企业经营的本质是经营人。

第三，以上调节最终要落脚在企业的价值管理上。华为的财经管理哲学就是调节企业投入与产出之间的关系，以经营结果出发的目的性和规律性为指引。华为为此提出了“长期有效增长”的理念，并以此定义华为的商业成功。它强调资源用在找目标、找机会，并将机会转化成商业成果上，企业要在现实获利与未来潜在获利机会之间找到平衡点，从而实现一定利润率水平上有价值、有内涵地增长。

总之，经营理念就是对企业和企业运作的理解和诠释。企业形成系统化的经营理念，可以帮助员工理解企业和企业运作，有利于大家在工作中快速形成共识和进行合作。从生物学意义上说，生物机体在适应变化的时候需要时间来进行调整，看得越远，越能掌握适应的主动性。掌握了企业的经营理念，有助于企业和员工提前对未来做出判断和选择，共同面对不确定性挑战，减少人为的不确定性，避免混乱，从而增强企业对未来的适应能力。

## 制度与规范：预防失效，才能有效

制度与规范就是我们通常说的管理体系，它是企业文化的载体，是业务良好运行的保证。任正非下面这段话就形象地为我们描绘了制度与规范的堤坝作用：

> 管理就像长江一样，我们修好堤坝，让水在里面自由流，管它晚上流，白天流。晚上我睡觉，但水还自动流。水流到海里面，蒸发成空气，雪落在喜马拉雅山，又化成水，流到长江，长江又流到海，海水又蒸发。这样循环搞多了以后，它就忘了一个还在岸上喊“逝者如斯夫”的人，一个“圣者”。它忘了这个“圣者”，只管自己流。这个“圣者”是谁？就是企业家。①

道理好懂，但关键是如何建立一套行之有效的管理体系。一些企业在这方面花费的人力物力不可谓不多，可有效性的确值得商榷，原因何在？让我们先把话题切换到“堤坝”上来。如何评判堤坝的有效性？这个问题我想任何一个理智健全的人都知道答案，堤坝的有效性显然不能通过水是不是正常流动来评判，评判堤坝的有效性在于建堤坝时人们是否了然并规避了堤坝在什么情况下将溃堤。也就是说，如果不知道如何预防失效，就根本谈不上有效！

认识到这一点太重要了，可以让我们少犯很多错误。但这确实不是

---

① 摘自 2005 年 4 月 28 日，应中共广东省委中心组之邀，任正非所做的《华为公司的核心价值观》的专题报告。——编者注

什么深奥的道理，把这个常识推而广之，就可以得出许多类似的结论：真正的产品专家不是知道产品在什么情况下能正常工作，而是知道产品在什么情况下不能正常工作；真正的投资专家不是知道投资在什么情况下能赚钱，而是知道投资在什么情况下有重大风险，赚不到钱；真正的管理专家，不是知道什么样的管理方法重要，而是知道什么样的管理方法在什么情况下起不到管理效果。有效只有通过对无效的认识和体验，才能得以深化。这就好比一个品行端正的人，他如果不比一般人更清楚在什么情况下自己会变得品行不端，就极容易犯错误，想品行端正都难。

还是用两个案例，来说明如何建立有效的制度与规范吧！

案例一：很多企业都有受理客户投诉的呼叫中心，如何制定电话接听规范？如果规范这样规定，“电话铃响后，必须在第一时间接听客户电话”，那么这个规范基本不起作用，因为大家还是不知道该怎么做。如何接听客户电话最有效？按照心理学的观点，在电话铃响三声的范围内接听客户电话，客户感知会比较好；超过三声，客户一般会滋生不满情绪。因此规范必须这样规定，“电话铃响后，必须在电话铃响三声的时间范围内接听客户电话”。这样的规范，员工会感到明确且可操作。呼叫中心可以按照规范的要求，定期抽查响铃记录，督促员工遵守规范。

案例二：某跨国企业为体现对晚上主动加班员工的人文关怀，便在工作日的 18 点，免费为员工提供便餐服务。本来出发点很好，可很多员工由此产生了占便宜心理，选择吃完晚饭后再下班回家，于是企业的行政服务成本超支不少。怎么办？取消，员工感觉不好；不取消，企业管理不当。后来他们想出了一个简单且非常有效的办法，把便餐时间调整到 19:30，理由是兼顾加班员工夜宵的需求。

很多不加班的员工，自然也就懒得等那么久，而选择直接回家吃了。

以上两个案例都很好地说明了“预防失效，才能有效”的道理。

## 狼文化的行为特征

为什么正确引导员工的态度和行为很重要？因为它事关企业的商业成功。一般人们会认为，客户价值似乎是企业单方面为客户创造的，其实不然，客户价值是由企业和客户共同创造的，因为客户要的不仅仅是产品的所有权，还包括客户的参与感与体验感。所以在与客户互动中，员工的态度和行为就起到了决定性的作用，这就像人要通过感官系统才能与外部交流一样，企业的愿景、使命、核心价值观、经营理念、制度与规范、战略等再好，客户也很难有直接的感知，他们更多的是通过与之互动的员工的态度和行为来感知一个企业。可见，只有在企业的末梢，企业文化才能变为现实。员工的态度和行为好比树木的根系，只有根系发达，才能吸收到更多的养分。

一个企业到底要求员工具备什么样的态度和行为，是由组织的需要决定的。这里我们以华为的狼文化为例，来说明组织与员工的态度和行为之间的关系。

### 狼文化综合了组织行为、管理行为和个体行为

在草莽创业阶段，华为其实根本没有狼文化一说，华为一直都是在市场夹缝中求生存。在历经残酷的市场竞争后，华为渐渐意识到组织建设的重要性。1994 年，华为第一次针对市场一线部门提出了狼狈组织

计划，用狼的进攻性和狈的管理性，来比喻市场一线部门的分工合作，也就是有的部门要负责扩张，有的部门要负责平台支持和管理。1997 年，华为提出要在市场和研发端建立一个适应狼生存发展的组织和机制，理由是要把目标瞄准世界上最强的竞争对手，不断靠拢并超越它们，因此要吸引、发展大量具有强烈求胜欲的进攻型、扩张型干部，激励他们像狼一样嗅觉敏锐，团结作战，不顾一切地捕捉机会，扩张产品和市场；同时发展一批善统筹、会建立综合管理平台的狈一样的干部，以支持狼的进攻，形成狼狈之势。1997 年后，狼文化逐渐将定位扩大到了部门或项目团队成员、正副职搭配以及公司后台部门。领袖只是头狼，主要是抓机会，抓住机会以后就由狼群自动实现综合平衡，这是一种以文化为基础的自觉的综合推进系统。至此，狼文化成了对华为全体员工的行为要求。

上面描述中，我们可以看到狼文化其实综合了组织行为、管理行为和个体行为三个方面：组织行为是指狼和狈的分工合作；管理行为是指头狼的团队综合作用；个体行为是指狼有敏锐的嗅觉、不屈不挠的进攻精神和群体奋斗精神。但从根本上说，组织行为和管理行为都可以理解为是个体行为在不同场景下的外延，因此我们仅就员工个体行为做进一步的展开。

## 机会第一

狼的敏锐嗅觉，映射到企业，其实就是商业敏感，也就是捕捉机会、创造机会的意识和能力，华为称其为“机会第一”。市场和机会是两个不同的概念，任何一个行业，市场可以很大，但市场和企业有关系吗？没关系，就只能望洋兴叹；有关系，才称得上是机会。这里的关系，特指市场需求和企业能力之间的交集。所谓商业敏感，不外乎是想方设法把这个交集扩大。一般而言，扩大交集有三种方式：第一，管理市场需求，把更多的真实需求导入企业，包括客户的临时变更需求；第二，理解和外延企业能力，使之覆盖更多的市场需求，充分发挥已有能力的效用价值；第三，围绕市场需求，拓宽企业能力。这是一个动态的观念，也是企业容易犯错的地方，需要特别予以说明。

事实上在多数情况下，市场需求是在未来发生的，企业要拓宽的能力也是在未来发生的，故“机会第一”就是说，企业在当下就要对未来的机会进行锁定。因此，企业管理者必须明白，决策不是决定组织明天应该做什么，而是决定今天为不确定的未来做什么，也就是说，决策意味着承担风险而不是消除风险。当下锁定了未来的机会，就会对企业未来的能力形成一种倒逼，企业的能力是在这种倒逼下逐渐形成的。企业锁定的机会越多，企业的成长也就越快，机会和能力之间永远保持一定的延时，企业才是最安全的，才可以确保能力的最大化利用。

### 责任结果导向

狼的不屈不挠的进攻精神映射到企业，就是责任结果导向，套用华为的说法就是“多交粮食”。企业是商业组织，商业组织讲求交换，没有结果谈什么交换？一切过程要素不过是为结果提供了可能性，企业不可能靠这种可能性维持生存，故任何一个有追求的企业都应理直气壮地告诉员工，员工唯一可以证明自己的价值和权威的只有结果。对组织来说，责任结果一般指经济成果；对个人而言，责任结果既可能是经济成果，也可能是履责承诺。

什么是责任结果导向的态度和行为？让我们先看一个案例。

某企业计划召开中层以上管理者参加的业务研讨会，为期一天。

行政部门事先安排好了司机，准备在当天早上 8 点，准时去酒店接一位顾问来做现场辅导，并把司机的联系方式告诉了顾问。结果当天早上 8 点 10 分了，司机也还没有来，顾问便主动打电话问司机。司机的回答是路上堵车，还不知道什么时候能到。顾问一听，觉得这个司机极不靠谱，赶紧自己打了个车赶到公司，差一点就迟到了。

这个案例我们一看就知道，这是不以责任结果导向的典型，但类似的案例在日常工作中可以说俯拾皆是。我们不禁要问，难道就没有共性的工作方法，防止人们犯类似的错误？答案是有，但人们在做事的时候，往往忘了或根本就没意识到一些方法，比如计划、组织、领导、控制，都是很好的工作方法。如果这 4 个环节都做好了，工作结果就基本可以保证。

计划部分的关键是澄清目标。目标是组织期望达成的结果或事情结束的标志，目标不清晰或目标错了，结果肯定好不了，做得越多错得越多。正如上面的案例，行政部门和司机显然把目标理解成了“派车到酒店接顾问”，而不是“确保顾问准时到会场”，所以工作方向一开始就错了。

组织部分的关键是前置管理。这里的“组织”是个动词。前置管理意味着要对未来可能出现的情形做出预判，提出问题，提前组织资源、制定预案。事先没有预测或预测不到，就会给工作埋下隐患或造成被动。就像上面的案例，行政部门事先根本就没有考虑过可能出现的异常情形，因此也就没有任何预案。

领导部分的关键是 Owner 意识。这里“领导”也是个动词。Owner 意识是指当事人要以终为始，领导整个事情的进程，直至结果达成，尤其不能像案例中那样，行政部门派完车就甩手不管了。

控制部分的关键是设置控制点。控制的目的是及时发现和纠正偏差，让事情保持在正常轨道，掌握主动，避免被动，防患于未然。其中设置控制点是第一步，知道在什么地方设置控制点，可以看出一个人对事情的进程及可能偏离的边界的理解程度。案例中行政部门完全可以在事情的主要进程上设置关键控制点，以掌控事情的进展和状态，可是他们没有，说明他们根本就不知道偏差可能在哪里。

澄清目标、前置管理、Owner意识、设置控制点，这些都是以责任结果为导向的态度和行为。在澄清目标部分，很多人容易犯的错误是喜欢“我以为”，而不是与相关人员建立共识；在前置管理部分，很多人容易犯的错误是临时抱佛脚，而不是“预则立，不预则废”；在领导部分，很多人容易犯的错误是知难而退，而不是遇难而上；在控制部分，很多人容易犯的错误是不知道关键控制点在哪儿，也就不知道什么情况下可能有偏差，更甭提管理偏差了。

### 群体奋斗，分工合作

狼的群体奋斗精神映射到企业，就是分工合作。

华为内部大致把人才分为通才和专才两类：客户经理是通才，解决方案经理和履行经理是专才。通才的特点是宽频带，低振幅；专才的特点是窄频带，高振幅。通才和专才相结合，优势互补，才能增加项目成功的概率。分工合作的好处还在于可以让组织收益最大化，马太效应[①]在其中发挥了关键作用。

分工合作给我们带来的管理启示至少有两点。一是生活中真正有能力的人都懂得借力，分工合作实际上就是相互借力。能量运动是宇宙的法则，谁能驾驭更大的能量，谁就能取得更大的成就。二是企业不应该

① 马太效应是指强者越强、弱者越弱的现象，它是社会学家和经济学家常用的术语，反映的社会现象是两极分化。——编者注

把成功寄希望于力挽狂澜的英雄身上，英雄是难获取、不稳定和高成本的，即使获取到了，也容易滋生个人英雄主义。真正有效的组织建设，是让平凡人做出不平凡的贡献。

## 灰度哲学

非黑即白是典型的二元思维，可很少有人知道，绝对的黑和绝对的白其实是不存在的。绝对的黑，意味着光子全部被物体吸收；绝对的白则意味着光子全部被物体反射，显然这两种情形都不可能出现。

现实世界其实是介于两者之间的，是灰色的，华为称之为灰度。灰度才是世界的真实存在。这就不难理解华为为什么要反对一分为二，而倡导一分为三了，因为这个“三”就是灰度。去掉绝对的黑和绝对的白这两个根本不存在的极端状态，“三”就变成了“一”，因此灰度本质上是一元思维。在物理学上，灰度其实是亮度的概念，每天打开计算机，我们看到屏幕上不同的色彩，这些色彩代表的就是灰度区间的各种颜色组合。

城市交通信号灯就是灰度哲学的典型应用。红灯代表停，但并不是说红灯就一定不能走，多数城市规定红灯状态下可以右转；绿灯代表行，但并不是说绿灯就一定不能停，有行人就必须停。但真正体现人类智慧的是黄灯，它是一种可行可停的状态，完全取决于驾驶员对汽车所处行驶状态和环境的综合判断，接近斑马线则赶紧走，离斑马线还有一段距离则赶紧停。没有黄灯的缓冲作用，每天不知道会发生多少交通事故。所以，红灯、绿灯和黄灯都是灰度区间里区隔出来的三种存在状态。

华为干部选拔标准明文规定：选拔干部到管理岗位必须有成功的实

践经验。但在实际操作过程中，华为又有一条干部配备基本原则：不虚位以待，先立后破，小步快跑。意思是说，如果暂时没有合适的干部，企业不应停下来傻傻地等着员工成长，而应该把那些还凑合的人放到岗位上，先把工作开展起来再说，一边干一边学，在这个过程中自然会产生一批将军。在华为看来，企业选干部不是为了好看，更不是要优中选优，而是为了打造出能创造商业成功的战斗队列，建立一支建制相对完整的干部队伍。企业要清楚的一点就是，建制中的干部未必都是将军，只有那些带着伤疤、成功地从硝烟中走出来的才是真正的将军。归纳起来，干部选拔标准可以是清晰的，它体现了企业的牵引方向；但干部选拔结果必须是灰度的，它综合了企业的现实需要。

华为还有一条明文规定：英语认证不达标的人不能派遣到海外工作。但是，每次认证总有人不达标，那这些人派还是不派？华为的处理方式是：原则上不派，但如果海外确实需要某个人，公司照派不误。因为所有的制度都是为目的服务的，管理不是追求规范性，而是追求有效性。相比不派，派反而对公司更有利，那为什么不派呢？表面上这是在打破规则，其实恰恰体现了对规则精神的精准把握。

所以，灰度哲学可谓是一种基于规则并超越规则的管理艺术。先哲说："人不能两次踏进同一条河流。"这句话强调的是任何事物都是发展变化的，一切经验世界的真理都有时空局限和假设条件。因此，我们任何时候都不能僵化、教条地恪守规则，关键是要懂得如何让规则因地制宜。

# 塑造企业文化

经过 30 多年的持续探索与发展，华为终于形成了与自身发展需要相契合的企业文化。但面对复杂多变的国际市场环境，以及各具特点的员工队伍，华为要想真正地将企业文化转变为行动，还需要经过一系列有效的形式才能得以实现。

在华为企业文化的塑造和实践方面，作为华为的创立者，任正非功不可没。正是在任正非的倡导和带领下，华为各级干部才带头积极践行和宣扬华为文化，并逐渐将这种文化思想渗透到企业的每一位员工的思想当中。

## 聚焦企业的机会与挑战

企业发展的过程充满了不确定性，因此塑造企业文化不能僵化、教条，要根据企业未来的机会与挑战动态地诠释，从而更好地为开发业务服务。华为认为，思想权和文化权是企业最大的管理权，这同时也意味着，企业永远要保留对文化的解释权。

一些企业把文化建设等同于文艺活动、文化宣传、氛围建设等，这绝对是认知上的误区。文化是矢量，不是标量，企业文化建设有明确的指向性，指向的目标是企业的商业成功。因此企业外部的机会与挑战，才是企业文化建设最重要的驱动因素。企业要根据外部的机会与挑战，提出文化建设的目标和要求，在机会与挑战来临之前着力建设企业文化。

华为为什么把干部的使命与责任的第一条明确为“干部要担负起文化价值观的传承”？因为干部在实施重大业务行动之前，必须事先对团队成员进行思想动员，确保大家有正确的思想站位和行动共识。如果大家思想不统一，怎么能号令三军，又如何能确保胜利？在组织行为学上，这就叫锚定效应。

所以在华为看来，干部最重要的任务就是创造和管理文化，通过文化和价值观，有效地整合资源和要素，驱动价值创造和商业成功。关于这一点，可以说很多企业根本就没有这方面的意识，很多企业文化建设归文化建设，业务行动归业务行动，文化建设和业务行动基本上是两张皮。文化建设若不聚焦目标方向，就很难做到有效果。

2000 年，国内通信行业发展势头正劲，华为却组织全体干部学习《华为的红旗能打多久》这篇文章，警示大家要有居安思危的意识。在当时的学习过程中，很多干部并没有走心，不明白公司为什么要在形势一片大好的情况下学习这篇文章。然而到了年底，当公司召开干部奔赴海外市场誓师大会，就此拉开了波澜壮阔的国际化序幕时，大家才恍然大悟，原来公司看到了网络建设的周期性会在一定范围内带来市场的周期性这一规律性变化，并预见到国内业务高潮期一过，接下来可能就是退潮期，到时公司在高潮期构建起来的资源和能力将何去何从。因此，公司必须未雨绸缪，为当前的资源和能力寻找出路。而公司组织的此次文化学习，就是为接下来开拓海外市场提前进行思想松土和思想动员。

从这个案例中可以看出，企业最好在采取重大策略性的行动之前，有针对性地配套必要的企业文化活动，更好地为企业的战略目的服务。一般来说，形势好的时候，企业文化建设的重点是危机教育，警示大家不要自满，要不断寻找自我改进的空间；形势不好的时候，企业文化建设的重点是凝聚信心，让大家认识到困难只是暂时的，要看到希望和出路，要着眼于光明的未来。

## 制度内化

企业文化需要制度来进行内化。好的制度不只是为了明确企业价值实现的标准、条件和方式，还要能简单有效地指导企业的实践。以效率为例，效率是任何一家追求商业成功的企业的价值诉求，那么企业制度如何践行企业的效率观呢？我们不妨拿一线员工差旅费用管理制度为例来加以说明。

企业在这方面都有不同的做法，效果也各不相同。有的企业采用严格的审批制度，看上去运作规范，却牺牲了业务响应速度和灵活性，且管理成本高。

有的企业在这方面管理相对宽松，一线员工可以自主决定出差，差旅费按照一定的费率进行控制，节省的费用一半可以归个人，这样确实减少了很多监管环节，但助长了一些员工在费用报销上

> 的故意套利行为。
>
> 有的企业干脆采用费用包干制，节省的费用全部归个人，这样故意套利行为是没有了，但在利益扩大之后，很多人就愿意选择成熟业务而不愿意去拓展新业务。因为拓展新业务消耗费用不说，关键是不容易那么快有产出，结果又滋长了员工竭泽而渔的短期行为。
>
> 有的企业做法相对合理，在费用包干制的基础上，将拓展新业务的目标和费用进行单列，既简化了管理，又兼顾了企业的长期利益。

当然企业还有其他差旅费用管理制度，这里不再一一赘述。

有人可能会问，如何评价一项制度是不是好的制度？其实评价好制度的核心标志只有一点，就是制度让真正想干事的员工有一种释放感而不是束缚感，能够将员工的身心全部聚焦到企业的效率和产出上。如果一项制度可能导致员工总想钻空子，为了单纯的个人利益而罔顾企业利益，那么毫无疑问，这项制度一定是坏的制度。坏的制度，就不可能生长出优秀的企业文化。

## 塑造人物故事

企业文化还需要人物故事作为载体。人物故事具有鲜活、丰满、情节生动、特点鲜明、富有趣味性等感性元素，容易给人一种带入感，因此塑造人物故事比一般的说教更有效。以华为新员工文化培训为例，我们加以详细说明。

> 为了让新员工对责任结果导向有更加具体化的认识，在很早

以前，华为就将《把信送给加西亚》这本书作为新员工的文化培训教材。在学习过程中，大家深深地被罗文那种不畏艰险、不屈不挠、无条件地主动完成任务的精神感染，罗文身上那种鲜明的精神气质和行为特征也会在大家的脑海中经久回荡。只要后续工作中遇到类似情景，罗文的形象就会从脑海里跃出，不断冲刷大家的思想和灵魂，让人情不自禁地内生出一种奋进的力量。

但人物故事有正面的，也有反面的。一位驻外机构的主管，在公司领导过来考察工作时，竟安排员工到办公室楼下打横幅欢迎领导，结果被公司撤了职。华为经常通过类似的故事，教育干部和员工要以客户为中心开展工作，把笑脸对着客户；不要以领导为中心，尤其不允许通过取悦领导来换取个人的好处。

人物故事越是发生在身边的，越具有催人奋进的力量。在一家企业的新员工培训期间，在一位清洁工身上就发生了一件事。这位清洁工每天都把办公楼一楼的地板擦得很亮，被领导看到了，领导当场奖励了这位清洁工一块手表。新员工听到这个故事后，都感到异常兴奋和激动，因为他们立马会将这个情节和他们以后的工作联系起来，脑子里会浮现出一个画面：哪天自己在辛勤工作时碰巧被领导看到了，也摘下一块手表给自己，这样就激发了他们对成功的憧憬和渴望。

企业如何让员工有内驱力，是主动学习好的榜样，自觉摒弃坏的榜样吗？答案是必须有制度牵引。华为以奋斗者为本、“不让雷锋吃亏”的制度，就非常有利于牵引员工学习好的榜样；而惩前毖后、治病救人的制度，则有利于员工自觉摒弃坏的榜样。但塑造人物故事时也要注意，不要刻意抬高个人贡献，尤其要审慎对待把太多的企业外部荣誉和光环加在个人身上，这样就容易给人一种错觉，以为成绩和成果是个人的功劳，事实上任何个人的成功都离不开团队的合作和大家共同的努力。

## 仪式感

塑造企业文化有时需要仪式感。仪式感可以给员工创造一种心理暗示，从而激发员工内在的成功渴望。一般来说，华为都会在例行的干部大会上要求全体干部统一着装，合唱电视剧《五星红旗迎风飘扬》的片尾曲《中国男儿》。身临其境，每个人都会不由自主地产生一种满血复活的使命感和凝聚力，心中油然而生一种坚定的信念：没有什么可以阻挡我们前进的脚步！

2005 年，华为的发展已经逐渐步入正轨，这时企业高层警觉到，公司最大的风险可能来自内部，而企业要发展，就必须保持干部队伍的廉洁自律。于是 2005 年 12 月，华为召开了经营管理团队（EMT）民主生活会，EMT 成员共同认识到，作为公司的领导核心，正人需先正己，以身作则，于是会上通过了《EMT 自律宣言》，要求在此后的两年时间内完成 EMT 成员、中高层干部的关联供应商申报与关系清理，并通过制度化宣誓方式，层层覆盖所有干部，接受全体员工的监督。2007 年 9 月 29 日，华为举行了首次《EMT 自律宣言》宣誓大会，并在后来将这项活动制度化。这种在下属监督下的具有仪式感的宣誓，第一次大家可能认为只是一种象征意义，但次数多了以后，就会慢慢地变成一种干部心中潜移默化的思想认识。

总结起来，塑造企业文化不可能一蹴而就，企业要建立相应的传播平台，就需要采用多种多样鲜活的方式和形式，静水潜流，让文化像空气一样，成为组织无处不在的养分，引导员工的文化自觉。

## 跨文化管理

华为早就认识到，全球化是必然趋势。按照华为的理解，制造可以被剥离出来，销售与服务可以贴近市场，它们之间的关联可以通过网络来进行，因此经济的全球化不可避免。1997 年，华为在莫斯科成立办事处，走出了全球化的第一步。这么说还不够准确，其实华为从创立之初，就在自己的家门口碰到了全球最激烈的竞争，因此准确地说，华为从一开始就走在了全球化的路上。

全球化必然绕不开文化冲突的话题。跨文化管理，就是管理文化冲突，让不同生活方式的人走出文化对立，走向文化统一。要让企业实现跨文化管理，企业必须在以下几个方面努力（见图 6-1）。

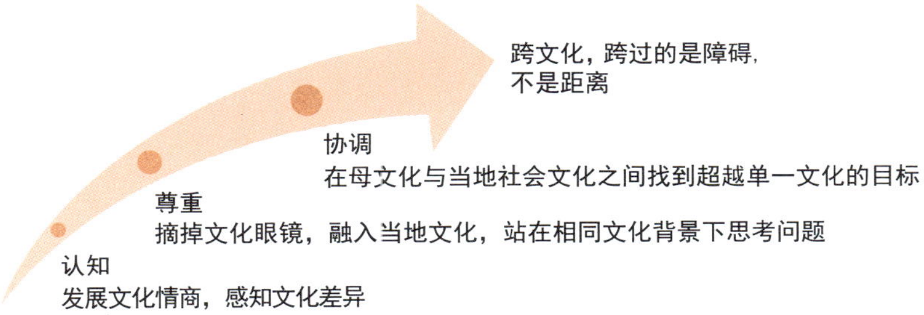


图 6-1　跨文化管理

第一，发展“文化情商”，解决文化认知的问题。

文化情商是一种感知文化差异的能力，其要点是：不要以为别人与你持有相同的基本假设，不要假定你听到的就是别人想表达的，不要假定你想说的就是别人想听到的……任何看似熟悉的事物背后，可能都有不同的含义，因此在一些可能引起冲突或误会的事情上，尤其需要加强沟通和确认，以确保双方的认知一致。比如，中国人摇头一般表示不同意，但是在印度、斯里兰卡、尼泊尔等国家，摇头却表示同意。如果不能正确认知这些文化差异，双方按照各自的方式行事，就会造成文化冲突。

第二，跨文化管理要摘掉文化眼镜，尊重文化差异，不要用有色眼镜看待文化差异。

有的国家有手抓饭的习惯，是因为他们喜欢用“指尖上”的美食享受增添“舌尖上”的美食体验，如果用自己的文化眼镜看手抓饭现象，就可能给这种现象贴上“陋习”的标签。文化没有好坏之分，都是不同国家、民族长期与环境相适应的结果，因此要以开放的心态，尊重、欣赏、接纳和尝试不同的文化方式。

第三，跨文化管理要跨越文化障碍，协调文化冲突，在母文化与当地文化之间找到超越单一文化的目标。

母文化和当地文化虽然在现象上可能存在差异，但在本质上一定有相似之处，所以企业可以通过管理和方式创新，发展出两种文化都可接受的解决方案。

比如按照非洲某国的习俗，客户要是欣赏你，就会把咬过的面包给你吃。你要是顺着客户咬过的地方咬下去，就代表与客户的关系非同一般；你要是换个地方咬，客户就觉得你和他之间的关系是有距离的。这种情况下如何找到超越单一文化的目标？最好的办法就是在拜访客户的时候自带一些面包，在需要的场合可以把面包拿出来先咬一口，然后与客户共享。因为当地习俗要的是在同一个地方咬，并不区分先后顺序，既然如此，那么谁先咬、谁后咬并没有什么不妥。

可见跨文化其实跨的不是距离，而是障碍，这个障碍看似存在于现实中，其实存在于我们的思维方式和行为方式里，所以必须破除我们自身的认知和行为局限。破除的办法就是，增加与新文化中的人们接触与互动的机会，融入他们的生活方式。在这个过程中，我们可以逐步建立起感知两种文化相似性的能力，有了这样的能力，我们自然就能找到跨越文化障碍的方法。

在全球化过程中，企业要有节奏地开展跨文化团队建设，避免混乱。事实上，全球化是企业拓展全球市场的最后一个阶段，前面还有国际化、本土化和跨国化三个阶段。首先，国际化阶段就是市场导入期，此时企业主要利用母公司的能力拓展全球市场，因此在专业性很强的领域或把握公司政策、与总部交互非常频繁的岗位，不宜过早地开放给本地员工。其次，本土化阶段是规模拓展期，在这个阶段企业要着力开发当地经营运作能力，这时候主要的业务执行团队可以来自本地，总部更多是派遣专业人员进行知识传递。再次，跨国化阶段是不对称发展期，此时，总部权力进一步向一线下沉，鼓励不同区域对全流程运作的探索和贡献差异化，这时一些关键岗位可逐步开放给本地员工，但开放核心管理岗位仍然要特别审慎。最后，全球化阶段是企业的一体化运作期，总部在集团战略、业务计划、预算管理等方面都需要进行拉通管理。由于流程体系比较完善，这时候将成熟区域核心管理岗位开放给本地员工，可以成为选项。

总而言之，对于华为来说，企业文化是华为成功的核心基因，也是华为的思想统一平台，更是华为经营管理中的最高指导思想。而在全球化业务的拓展过程中，华为也必须不断通过实践总结自己的经验，通过认知、尊重、协调，在母文化与当地的社会文化之间寻找到共存的理念。这既是一个企业文化的工程，更是一种企业精神与当地人文精神的共存。

# 附录

# 任正非关于长期有效增长的思想精要

美国实体清单去年打击我们，没起到多大作用，我们当时认为自己基本能够抵抗，因为十多年前我们已经开始做了一些准备。今年美国可能会继续升级对我们的打击，我们会受到一些影响，但影响也不会很大。十几年前，华为实际上是一家很穷的公司……钱到哪儿去了？全部投资在公司研究、开发上。如果当时我们对美国有安全感，实际不需要做备份，正是由于我们没有安全感，才花了数千亿做了备胎，应对了去年第一轮打击。今年第二轮打击，因为有去年抗受打击的经验和队伍的锻炼，我们更加胸有成竹，不会出现多大问题。

——2020 年任正非在世界经济论坛发言纪要

美国对我们的制裁没有想象中那么严重，我们不要那么紧张，踏踏实实一步步向前走。教导队、战斗队、咨询中心等有关口都要尽快加强建设并 IT 化，通过战略后备队机制、专家团机制，使技术传递通畅。新技术和商业模式随时能通过人的流动到达最基层，逐步提高服务质量，这样我们公司就会必胜。这靠每个环节苦练基本功，产生优秀的战士、管理者，在危难的时候能够“村自为战，人自为战”。减人不是我们的重要指标，我们的重要指标是提高服务质量，在服务质量提高以后再来讲效率。

——2019 年任正非在 GTS 人工智能与交付模式结合实践进展汇报会上的讲话

现在公司处在危亡关头，第一是号召大家立功，第二是尽快把优秀人员选拔上来，增加我们组织的“活血”。每个职能部门、每个代表处都要想一想：如果你认为自己不适合这个岗位，可以下岗让道，让我们的“坦克”开上战场；如果你想上战场，可以拿根绳子绑在“坦克”上拖着走，每个人都要有这样的决心！

——2019 年任正非在运营商 BG 组织变革研讨会上的讲话

我们要转变观念，追求打造可信的高质量产品，不仅仅是功能、特性的高质量，也包括产品开发到交付过程的高质量。我们知道，功能、特性对产品至关重要；我们更知道，进度对满足客户需求也至关重要。今天，我们要把可信作为第一优先级，放在功能、特性和进度之上。除非客户信任我们的产品，否则这些优秀的特性都没有机会发挥价值。

——2019 年任正非《致全体员工的一封信》

有人问：“如果组织经营结果不好，主官有没有可能会有好的绩效结果？”回答是：“肯定没有！”但是这个主官可能是优秀的，就先边缘化到战略预备队中去，重新接受挑选，剃了头去冲锋，证明他还是一条好汉，再组建队伍去冲锋作战。例如，李云龙、向坤山、史耀宏就几下几上的，是金子总会发光的。我们不会为了一个人，畸化了我们的考核导向体系。当然，这个人可能受冤枉了，但既不关“监狱”，也不“杀头”，到战略预备队重新成长，有何不可以呢？重新爬起来再战斗。

——2018 年任正非在个人绩效管理优化工作汇报会上的讲话

不要认为全世界都有好的商业模式，唯独华为没有。我们的分配机制有世界领先水平，它是用几十年叠加才能形成的，不是一朝一夕可以实现的。虽然我们的机制还不够优化，逐步去改良就行。获取分享制，“拉车”比“坐车”分享更多的利益，新来者就会保持冲锋的干劲。而且人工智能化以后，人越来越少，“饼”越来越大，我们是吃苦过来的，他们一来就有“汽车”开。一代有一代的希望，只要我们建好内部机制，就会有迭代更新，一层层冲锋。

——2018 年任正非在干部管理研讨会上的讲话

共同的价值观，是共同发展的基础；有了共同发展的基本认知，才可能针对业务特点展开差异化的管理；共同的平台支撑，是我们在差异化的业务管理下，守护共同价值观的保障。“天”和“地”是守护共同价值的统治，中间业务的差异化是促进业务有效增长的分治。

——2017 年任正非在人力资源管理纲要 2.0 沟通会上的讲话

如何形成共同基础？我们要有价值创造及价值分配的共同思想基础。为客户服务是我们共同的价值观，支撑这个价值观的长期、短期激励机制，是实现这个目标的有力措施。精神激励要导向奋斗，物质激励要导向多产粮食。我们的长期激励，是对员工已有贡献及可持续贡献的价值分配，这也是共同的基础、共同的理想，是不可动摇的理念。短期激励，是对当期贡献的分配，同时兼顾其为增加土地长期肥力的隐形努力。这是我们努力改进的方向。

——2017 年任正非在人力资源管理纲要 2.0 沟通会上的讲话

我们要管住边界，简化考核，结果导向，重塑这种精神。华为过去“胜则举杯相庆，败则拼死相救”的精神就很好，大家一听说你做的产品有问题，都到你那里帮忙。那时虽然我们的产品不够好，但勤能补拙，大家互相帮助、互相信任。我们要回到这种状态，这是有价值的。

——2017 年任正非在人力资源管理纲要 2.0 沟通会上的讲话

我在达沃斯有一个全球直播的讲话，记者提问，我说首先我不懂技术，我不懂管理，也不懂财务，我手里提着一桶糨糊……这桶糨糊在西方就是胶水，这黏结人与组织的胶水本质就是哲学。前面 30 年，我提着这桶胶水浇在大家脑袋上，把 18 万员工团结起来了。现在我又把这胶水提到加拿大来了，也要浇到加拿大你们这些伟大人物身上，把全世界的科学家紧密黏结成一个群体。这个哲学的核心就是价值创造，价值分享，共有共享，保护每一个贡献者的合理利益，形成一个集群，这个战斗力是很强的，这个就是分享的哲学！这个哲学要黏结全世界优秀的人。

——2017 年任正非访问加拿大四所高校校长座谈会，
及在公司员工座谈会上的讲话

当今形势下，未来两年泛网络业务的前进路程可能比较困难，终端业务和企业业务可能有发展。但企业网要改善盈利低的状况，如果盈利太低，就没必要进行扩张；终端要改善盈利高的状况，如果盈利太高，也可能丧失机会。泛网络业务处于改变时期，各级主管要把优秀干部派到其他战略机会点去抢粮食，顶住公司的业绩下滑。这批生力军经过两年磨砺，到时又能冲上来，顶住了天，全盘激活了优秀干部、专家、职员。大家要从全局出发，把优秀干部放到机会点上去炸开“城墙口”，给他们一个立功的机会。两年以后泛网络增长时，他们已成熟。已派出去的优秀干部，也可以螺旋回来。

——2017 年任正非在第四季度地区部总裁会议上的讲话

未来的价值创造来源“以客户需求和技术创新双轮驱动”，我是同意的。商业模式创新是一个工具，目标还是满足客户需求。我们要不断地保持方向大致正确、组织充满活力，就能胜出。如果方向不正确，是产生不出价值来的，组织也难以充满活力。方向正确是领袖要素。领袖要素是方向大致正确的一个保障，组织充满活力要成为方向大致正确的另一个保障。组织充满活力既要能够使得大致正确的方向得以贯彻执行，也要善于自我批判，使得一旦方向脱离大致正确后，能及时纠偏。在知识爆炸、行业快速变化的今天，充满活力的组织要让领袖听得见来自各个层级的声音，吸收全组织的精华，以保证持续维持大致正确的方向。

——2017 年任正非在人力资源管理纲要 2.0 沟通会上的讲话

我们有称霸世界的能力，也需要有称霸世界的队伍，而且要有称霸世界队伍的纪律。我们在大兵团作战中要遵守流程，不要胡乱作为。10% 的主官末位淘汰率不能降低，甚至还可以扩大。主官被淘汰后，就上战略预备队去“磨刀”，重新争取机会。这就是我们为什么要推行破格提拔，破格提拔一定有提错的，但大多数人是会被提对的。提对的人还可以再上台阶，那我们就培养了一批朝气蓬勃的生力军。提错的人就再上不去第二个台阶，也许还会降下来。

——2017 年任正非在第四季度地区部总裁会议上的讲话

公司经营权下放，如何考核执政者？首先强调内外合规，在此基础上，结果是最好的考核，即多产粮食和增加土壤肥力。公司已经精简KPI 考核指标，未来一两年内，人力资源也会转变为以信任为中心的考核体系，抓住几个重点 KPI，简化对过程行为的考核。将来代表处的考核，70% 根据产粮来量化计算，30% 根据汇报土壤肥力的情况来决定是否给予激励，这样我们不会因为授权而短视。公司一直强调，代表处应该实事求是地增长，即使增长不动，也不要去做烂合同。

——2017 年任正非在子公司监督型董事会年中工作会议上的讲话

我们应当组合世界上最优秀的资源，和优秀厂家结成战略合作伙伴关系，我们就会变得更优秀。我这个人不懂技术，不懂管理，不懂财务，不就是用“一桶胶水”把你们组合在一起，又组合了 18 万员工，为我所用不就行了吗？华为是为积蓄能力而创新的，而不是完全叠加一些东西，有一个整体的系统能力。

——2017 年任正非在全球能力布局汇报会上的讲话

我们过去的业务管理多是基于不信任的集中职能管理，机关拥有太多的否决权，而且日积月累，没有做减法。未来要逐步走向基于信任的管理，倡导在内外合规的边界内谁能“多产粮食和增加土地肥力”，谁就是英雄。前线将领审时度势，呼唤炮火，并对结果负责。机关要逐渐放权，慢慢培养一批能独立支持服务作战的人员。

——2017 年任正非在规范职能组织权力工作组座谈会上的讲话

我们过去是技术导向的公司，包括选拔干部也受到很大影响。往往能力强的人提得快，能力强也是考评考出来的，我们的考评、任职资格管理是以技术能力为导向的，但没有商业成功的技术导向有什么用？所以我们坚持以责任结果为导向，选拔、晋升员工。我们要打破“做低端产品的人就低端，做高端产品的人就高端”这个僵局。低端产品如果赚钱好，一样可以拿高职级的待遇。我们对价值的评价，要用商业成功来评价，而不是用高端、复杂的技术来评价。

——2017 年任正非在 IRB（产品投资评审委员会）改进方向汇报会议上的讲话

华为不是万能的公司，不可能一直增长下去，要练好内功，要做减法，聚焦到主航道来，否则样样都会，样样都不精通。如果我们不主动降低产值，就像“骡子”加上太多包袱，爬不上坡，而且长期驮重东西，还可能会被压死。如果我们希望长期生存下来，可以减少一些销售收入，但是利润不能减少。因为“骡子”驮的东西轻了，跑得也就更快。比如，减少系统信号的转发次数，数据中心的机柜就会两个并成一个，设备需求减少，运营商的数据中心建造成本降低，经营能力增强，我们给客户创造价值，客户也会给我们相应利润。

——2017 年任正非在战略务虚会上的讲话

我们要瞄准高质量前进，敢于投资，要以胜利为中心，不以省钱为中心。我们所有业务的本质是实现高质量，高质量的实现是需要投入高成本的，我们一定要明白我们要的是胜利。5 000 年来最省钱的是谁？是农民，但直到今天农民也没有富。你看我们这 30 年来干了啥事？就是不停地花钱，构建起了这个共同的平台，这不是随便就能拷贝的。谁能打败华为？只有我们自己。如果搞个低质量，一下子就让我们栽了。

——2017 年任正非在松山湖工厂考察时的讲话

研发的目标要从产品开发转向支持商业变现。客户需要的不是产品，而是服务和运营，产品需要将能力使能到运营、服务，才能实现商业变现。我们不要单纯地追求指标，还要考虑网络实际的体验结果，产品一定要有竞争力，一定要支持商业变现。时代要求我们更往前走一步，研发要进一步提高对客户需求的敏感度。我们的组织建设能否从以技术分类走向面向客户、面向需求集合？我们要思考如何把希望变成现实，如何把技术上的理想主义和客户需求的现实主义结合起来，从而来满足客户需求。

——2016 年任正非在市场年中会议上的讲话

华为公司的增长要建立在高合同质量上。如果国际政局上发生危机，我们公司还有钱买“老面馒头”，就活下来了。如果没钱怎么办？所以，我们不能任性地冲过去，要加强合同管理，在市场上强调提高效率、效益。

——2016 年任正非在市场年中会议上的讲话

华为过去是一个封闭的人才金字塔结构，我们已炸开金字塔尖，开放地吸取“宇宙”能量，加强与全世界科学家的对话与合作，支持同方向科学家的研究，积极地参加各种国际产业与标准组织，各种学术讨论，多与能人喝喝咖啡，从思想的火花中感知发展方向。有了巨大势能的积累、释放，才有厚积薄发。随着突破越来越复杂，跨界合作越来越重要，组织边界要模糊化，专业边界也要模糊化，培育突破的土壤。

——2016 年任正非在全国科技创新大会上发言的内部稿《为祖国百年科技振兴而努力奋斗》

我们要把网络能力开放，这个世界是丰富多彩的，未来会有几千万家公司在平台上跑。华为上不碰内容，下不碰数据。内容是一个开放系统，我们没有能力做；数据涉及国家安全问题，我们更不能碰。但只要做好了网络管道操作系统，天上的“咖啡”就有可能流到我的“咖啡杯”里，怎么不可能呢？系统集成的目的也是使得网络更加简单，对我们来说，在系统集成的过程中，其实是构建更多的开放能力，我们要适应这个社会的变化。

——2016 年任正非在专业服务业务策略汇报会上的讲话

我们要敢于拉开分配差距，破格提拔贡献者，优秀员工要多拿钱、快速提拔。不拉开差距，优秀苗子就起不来，被压得嗷嗷叫，升不了官，团队士气就低落。铁军都是打出来的，打赢了就快速提拔，士气高涨，战斗力就强。选出几个优秀人员来树立标杆，大家看到了榜样，就会开始争着上战场冲锋，去超越标杆，这样队伍的士气才能起来。

——2016 年任正非在中亚地区部员工座谈会上的讲话

未来的网络结构一定是标准化、简单化、易用化。我们一定不要用在高速公路上扔一个小石子的办法形成自己的独特优势。要像大禹治水一样，胸怀宽广地疏导。我们不能光关注竞争能力以及盈利增长，更要关注合作创造，共建一个世界统一标准的网络。要接受上世纪（20 世纪）

火车所谓宽轨、米轨、标准轨距的教训，要使信息列车在全球快速、无碍流动。我们一定要坚信信息化应是一个全球统一的标准，网络的核心价值是互联互通，信息的核心价值在于有序地流通和共享，而且也不是一两家公司能创造的，必须与全球的优势企业合作来贡献。

——2015 年任正非在市场工作会议上的讲话

面对着未来网络的变化，我们要持续创新。为世界进步而创造，为价值贡献而创新。在坚持延续创新的同时，要容忍不同意见和不同创新。创新要有边界，我们要继续发扬针尖战略，用大压强原则，在大数据时代领先突破，要坚持不在非战略机会点，消耗太多的战略竞争力量。

——2015 年任正非在市场工作会议上的讲话

我们在管理上，永远要朝着以客户为中心，聚焦价值创造，不断简化管理，缩小期间费用而努力。任何多余的花销都是要由客户承担支付的，越来越多的装饰只会让客户远离我们。因此，我们明确任何变革都要看近期、远期是否能增产粮食。

——2015 年任正非在市场工作会议上的讲话

持续有效增长，当期看财务指标，中期看财务指标背后的能力提升，长期看格局，以及商业生态环境的健康、产业的可持续发展等。商业成功永远是我们生命全流程应研究的问题。管理要权衡的基本问题是现在和未来、短期和长期，如果眼前的利益是以损害企业的长期利益，甚至危及企业的生存为代价而获得的，那就不能认为管理决策做出了正确的权衡和取舍，这种管理决策就是不负责任的。

——2015 年任正非在市场工作会议上的讲话

从事基础性工作的员工应该有社会可比性的收入待遇，如果总是拉高顶端，容易产生内部矛盾。在华为公司不要形成两个对立的群体，所有人都要分享到公司未来收益，我们一定要把这两方面都做好，才能形成新的战斗力，万众一心。

——2014 年任正非在公司近期激励导向和激励原则汇报会上的讲话

真正的金融危机并没有过去，有可能还没有发生，后面还有多大的爆炸力并不知道。面对这场金融危机，华为实际也是危机重重。华为要避免这场危机，不让自己崩溃，就要遵守世界各国的法律，自觉遵守世界的硬性规则。

——2014 年任正非在西欧地区部工作汇报会上的讲话

我们以客户为中心，帮助客户商业成功，但也不能无条件去满足客户需求。第一，不能满足客户不合理的需求，内控建设是公司建立长久的安全系统，和业务建设一样，也要瞄准未来多产粮食，但不会容忍你们用非法手段增产。……第二，客户需求是合理的，但要求急单优先发货，那就多付钱。因为整个公司流程都改变了，多收飞机运费还不够，生产线也进行了调整，加班加点，这个钱也要付。因此在满足客户需求中，我们强调合同场景、概算、项目的计划性和可行性。

——2014 年任正非在销售项目经理资源池第一期学员座谈会上的讲话

我认为企业业务不需要追求立刻做大做强，还是要做扎实，赚到钱，谁活到最后，谁活得最好。华为在这个世界上并不是什么了不起的公司，其实就是我们坚持活下来，别人死了，我们就强大了。所以现在我还是认为不要盲目做大，盲目铺开，要聚焦在少量有价值的客户、少量有竞争力的产品上，在这几个点上形成突破。

——2013 年任正非在企业业务座谈会上的讲话

我们强调聚焦，聚焦后我们还是需要很多东西，就去和别人战略合作，而且是真心诚意地合作，我们就有帮手去抵抗国际上的压力。合作要找强者合作……我们要敢于、善于搭上世界各种车，我们这个利益多元化了，利益多元化，谁能消灭你？就像微软，多少人在微软 windows 上开发了二次应用、三次应用，如果微软没有了，它所有的应用都要重新搞一遍，它怎么会希望微软垮掉呢？……我们也要向这些公司学习，也要走向这条路。

——2013 年任正非在企业业务座谈会上的讲话

末位淘汰是从西点军校学来的，它的目的是用来挤压队伍，激活组织，鼓励先进，鞭策后进，形成选拔领袖的一种方式。高端员工要去做领袖，逼着他优秀了，还要更优秀，是痛苦一些。不是天将降大任于斯人吗？必将先苦其心志。不能指望基层员工一下子就去做领袖，要让他们在轻松的状态下去工作，创造绩效，多些收益。所以考核要简单，导向要清晰，只有标准基线，没有人和人的相对比例。

——2012 年任正非在基层作业员工绝对考核试点汇报会上的讲话

要加强内部的整改，要集中精力，在主航道、主战场上建立优势地位，决不轻言横向发展，削弱了垂直进攻的力量。在清晰的战略目标架构下，以垂直业务整合为中心，一定要提高效率。只有在有效增长、提高盈利的基础上，才有可能战略夯实长期优势的基础。不改革，效率不能提高，我们就不能把握未来几年的机会。

——2012 年任正非在常务董事会
民主生活会上的讲话

把握行业转型的机会，敢于加大投入，抢占战略机会点；以有效增长为核心，有舍有弃地加强战略集中度，把握住战略制高点，构筑公司面向未来长期生存发展的基础。

——任正非关于 2012 年经营环境分析与
关键经营策略指导意见

我们要“力出一孔”，力量从一个孔出去才有力度。我们“利出一孔”做得比别人好，但是我们“力出一孔”做得不好，研发的力量太发散，让竞争对手赶上来了。每一个产品线、每一个工程师都渴望成功，太多、太小的项目立项，力量一分散就把整驾马车拉散了。你们无线产品要“力出一孔”，要加强向主航道的投入，提高主航道的能力，在主航道上拉开与竞争对手的差距。

——2011 年任正非在无线业务汇报会议上的讲话纪要

鼓励继续加大研发投入。公司保持适当的盈利水平即可，我们要合理消耗部分短期收益，加大投入，以促进公司长期竞争能力的提升。建议将泛网络的研发投入占销售收入的比例提升到 12%，且要求研发必须完成这个投入水平。

——2010 年任正非在 EMT 办公例会上的讲话纪要

我的长远看法，就是从内部来提高服务质量，不要把价格降得太低。不提高服务质量，客户没的比较，比较就只是比价格。我们服务质量没有提高，然后我们价格还很低，实际上竞争力差距是没有拉开的。我们通过提高产品质量来进行竞争，避免把西方公司逼到死路上去。

——2010 年任正非在 EMT 办公例会上的讲话纪要

华为在前面 20 年以规模为中心，是因为那个时候的市场潜在空间很大，利润还比较丰厚，只要抢到规模就一定会有利润。但是现在我们正在发生改变，我们强调每个代表处、每个地区部、每条产品线，都必须以正的现金流、正的利润和正的人的效益增长为中心做进一步考核，我想三年内会发生比较大的变化。如果继续以规模为中心，公司会陷入疯狂。以利润为中心一定是我们最后的目标。

——2009 年任正非与 PMS （工程生产管理系统） 高端项目经理的座谈纪要

# 后记

## 回归普遍适用的增长法则

一口气写完本书，突然发现，书中很多内容其实都是常识，并无深奥之处。那么问题来了，在日常工作和生活中，我们为什么经常看不到常识，甚至违背常识呢?

这个问题，借用通信协议来解释就很好理解了。以 OSI（open system interconnect，开放系统互联）参考模型为例，OSI 层次结构一共有 7 层，最底层是物理层，物理层传输的基本单位是比特流，即 0 和 1，也就是最基本的电信号或光信号，其他层说白了都是在物理层上定义和衍生出来的。OSI 最高层是应用层，负责为应用程序提供服务，但一般用户往往只接触到应用程序，应用层是接触不到的。不同的人处在不同的层次结构上，大多数人是不用关注物理层的，久而久之，大家就忘了通信其实就是 0 和 1 的传输，忘了这个最基本的常识。人生，和 OSI 模型何其相似啊!

管理者如何认识常识及常识的意义?《道德经》第十六章有相关论述:“至虚，极也;守情，表也。万物旁作，吾以观其复也。夫物云云，各复归于其根，曰静。静，是谓复命。复命，常也；知常，明也；不知常，妄；妄作，凶。知常，容；容乃公，公乃王，王乃天，天乃道，道乃久，沕身不殆。”这段话用在管理上可以翻译为：“管理者应以空杯的心态，直达事物的本质；执守于事物的情状，只是看到了事物的表象。管理者可以通过观察身边事物的演化，来洞察事物如何回归本质。万物虽然纷纭变幻，但万变不离其根本，我们把洞察事物本质的过程称为静（内省），静才能洞察到本质。回归本质，就是回归普遍适用的法则上来；回归普遍适用的法则，有助于我们明辨是非；不掌握普遍适用的法则，就会产生虚妄不实的想法，按照虚妄不实的想法做事情，就会产生凶险。回归普遍适用的法则，就懂得包容；懂得包容，就能公正地为人处世；做到公正，就会形成众望归附的局面；众望归附，也就是顺应了天意；顺应了天意，也就是合乎了道；合乎了道，国家（也可以泛指企业等组织）就会经久不衰。管理者有形的生命虽像万物一样消亡，无形的生命却生生不息。”①

华为把常识称为规律，要求干部要知恩畏罪，知恩就是懂得规律，畏罪就是不违反规律。生活中人们喜欢谈论命运，但命运是什么？命就是规律，运就是恰好遇见了规律。实事求是，才能遇见规律，掌控自己的命运。

---

① 本段《道德经》文字是作者根据1973年出土的马王堆汉墓帛书《道德经》原文句读引用的。同时，作者结合华为的经营管理思想进行了阐释。——编者注